后浪出版公司

李小龙技击法

（全新完整版）

BRUCE LEE'S FIGHTING METHOD

(THE COMPLETE EDITION)

李小龙 著

水户上原 编辑整理

钟海明 徐海潮 译

北京联合出版公司

Beijing United Publishing Co.,Ltd.

序　言

　　我父亲李小龙对于本书最初的想法是将之写成一本截拳道专著，并限量发行（不超过200册）。他还为此拍摄了照片。这些照片拍摄于1967年下半年，那时我父亲已提出了"截拳道"这一术语。然而，在图片拍摄完成后，他改变了出版这本截拳道专著的想法。1972年~1973年，我父亲开始对这些照片进行排序并为之增写说明，所以很可能他那时又重新考虑了这个计划。

　　李小龙希望这本书展示的动作尽可能地接近真实，这也是为什么他要寻找一位摄影师来帮助他把瞬间的动作拍摄下来的原因。很多镜头他用了高速摄影机去捕捉。那些在李小龙武馆里的照片都是在两天内拍摄完成的。其他镜头则是在李小龙房前、后院以及《黑带》杂志办公室外面完成的。

　　为确保动作看起来真实，我父亲坚持在击打时要做到实打实地接触，但是他不敢使用全部力量，因为他不希望伤害到任何人。不过他仍固执地要让这些动作看上去尽可能真实。黄锦铭（Ted Wong）曾回忆过这样一个情景：当时他要承受李小龙的一记踢击，专门找来剑道的护胸穿上，可李小龙仍担心防护不够。于是，黄锦铭又撕了不少硬纸箱，将这些碎片与类似填充物一并塞到自己衣服里，以使其在这次冲击中能起到帮助保护自己身体的作用。然而，即便如此，那天结束后他身上还是青一块、紫一块的，这些镜头至今仍是他非常美好的回忆。

　　没有丹·伊鲁山度（Dan Inosanto）、黄锦铭、乔·伯德纳（Joe Bodner）、奥利弗·庞（Oliver Pang）、水户上原（Mito Uyehara）、琳达·李（Linda Lee）等人的帮助，当然，还有李小龙，这本关于李小龙技击方法的书将永远不可能问世。非常感谢《黑带》杂志、Rainbow出版公司、Ohara出版公司和

Active Interest Media 的帮助以及他们对李小龙书籍与遗产的传承工作一如既往的支持。特别感谢黄锦铭在书籍更新修订方面所提供的帮助。我们希望你能喜爱这本全新完整版的《李小龙技击法》。

李香凝（Shannon Lee）

2008年

打开通往中华武道殿堂之门

李小龙作为当代最具影响力，以影视为主要职业的技击家，以其短暂的一生给世界带了巨大的影响。然而，李小龙对世界的影响却不仅限于"功夫片"本身，他让世界看到的正是中华民族历史上所具有的"武道精神"。他使人们看到了一种中国人特有的精神和骨气，这正是习武之人所追求的"浩然之气"。李小龙通过他一系列的中国"功夫片"，以及在世界武坛中的强悍形象，彻底改变了"中国人是东亚病夫"的形象。从而使"Bruce Lee"成为在世界各地都路人皆知的大英雄。

李小龙对世界武坛的影响，也不仅限于他创建的"截拳道"（Jeet Kune Do）武技本身，还有一种对当代世界武术的启迪。故而，现代搏击运动中的MMA和UFC等搏击形式均推崇李小龙为创始人。

然而，在二十世纪六七十年代，首次将中国武术推向世界，并为此做出突出贡献的李小龙，当初却是以中国传统武术的叛逆者的形象开辟国际武坛。李小龙首次打破了传统武术的门户之见，摒弃了武术中许多华而不实的技法与套式，直取传统武术技击之精华。特别是将传统武术中长期蕴含的哲学思想——武道哲理提升了出来[①]。创建了"以无法为有法"与"以无限为有限"两句名言为代表的截拳道，从而为中国武术拉开了开创性改革的序幕。

四十年的时间转眼即逝，后人却还在困扰截拳道究竟是什么。其实正如李小龙自己所解释的"我只能说是国术，一个没有门派之分的国术，是反对让武术流入形式化的国术，是从传统中解救出来的国术"[②]。李小龙提

---

① 参见李小龙《武道释义》一书。
② 参见李小龙《我与截拳道》一书。

出"国术应当有一套完整的道理才对，我希望用哲学精神，融化到国术里面去"的思想。无疑这将对中国武术各门派之间的整合，以及中华武道体系的建立起到深远的影响。其实早在李小龙去世前两年（即1971年）就曾声称，要收回截拳道的名称，改称为"Tao of Chinese Gung Fu"（中国功夫道或中华武道）。[①]可以说李小龙是中华武道理念的第一位倡导者。

随着李小龙文化现象的兴起，在国际上出现了许多李小龙文化研究的学者，开始对李小龙功夫片背后的文化内涵进行全面、系统而深入的研究。

从"死亡之迷"到"王者之路"，从"一代巨星"到"一代宗师"，从"成功之道"到"对生命的感悟"，人们在不断地探解着其中之谜和他的人生之道。在随之形成的李小龙文化现象中，更是把这种探解引向了对中华文化与生命的探讨。但大部分人却依然很少了解这位"一代武学宗师"更加深层的一面。[②]

李小龙的过人之处，正在于他的武道体系中蕴含着十分丰富的哲学理念。他不是一名普通的武师，而是一位武术哲人，一位武道学者。他的武学体系有着鲜明的武道合一的特征。

当前，中国武术的发展正徘徊于十字路口。李小龙倡导的是"大武道"的理念，中华文化的修行都是由"艺"入"道"的。无疑，他的武道思想和理念对于抛弃"竞技"、回归"传统"，以及中国武术各门派之间的整合，具有十分重要的启示。同时，对中华民族武道体系的建立将起到十分深远的影响。

李小龙把中国功夫推向了世界，他的武道理念对中国武术的发展具有深远的意义。他在传统武道理念上第一次提出了开放的理念，也就是在技法上无门无派，以人为本，挖掘自身潜能，不断前行、向上，不断自我完善的精神，这正是一种学无止境、艺无止境的心境。

李小龙是一位勇敢的践行者，他在不断挑战许多传统观点和理念的同时，也在不断地挑战自我，从而使传统武术在变革中走向世界。他对世界武坛的影响是实实在在地存在的，而且仍然在不断地影响着一代又一代人。

---

① 参见梁敏滔编：《李小龙技击术》，人民体育出版社，2007年。
② 参见钟海明等著：《王者之路——探秘功夫之王李小龙》，黄山书社，2010年。

李小龙由"武道"中悟出的哲理思想之影响也已超越了他对武术本身的诠释。

李小龙的一生是璀璨的一生，也是成功的一生。对其成功之路的解读，会给人们，特别是年轻人十分重要的启示，也会给中年人带来许多人生之道的感悟。纵观中华文化和中华武术数千年的历史，李小龙是中华民族近代史上最具影响力的武道思想的倡导者和推行者！

《李小龙技击法》和《截拳道之道》正是进入其武道体系的敲门砖，李小龙以他的武道理念与体系为人们打开了通往中华武道的殿堂之门。

钟海明

2013年5月

前　言

　　本书写于1966年，书中的大部分图片是当时拍摄的。出版这本书，是李小龙的生前宿愿。但是，当他听说武术界有人要利用他的名声来抬高他们自己时，就决定不出版此书了。那时常常听到这样的言谈："我教过李小龙武术"，或是"李小龙教过我截拳道"。其实，李小龙从未见过或根本不知道这些人。

　　李小龙不愿意让人们盗用他的名义，来抬高他们自己或他们举办的学校。他更不愿意他们用这种方法吸引学生，特别是年轻人。

　　但是李小龙死后，他的遗孀琳达感到李小龙在武术方面作出了极大的贡献，如果让李小龙的武术知识也随他一起消失，那将是一个巨大的损失。虽然此书不能代替实际的教学和李小龙曾拥有的全部武术知识，但还是能够帮助武术工作者们在训练中提高技击技巧的。

　　李小龙始终相信所有勤奋训练的技击运动员，不论他们从事柔道、空手道还是其他功夫，其根本目的就是要应付任何意外的情况。为达到这一目的，就必须认真地进行训练，必须集中全力踢打沙袋。李小龙常常这样说："进行训练时如果没有实战观念的话，那么只能是欺骗自己。当踢打沙袋时，你必须确定你是在同对手真实较量，集中百分之百的力量去踢打，这是取得成功的唯一方法。"

　　如果你没有读过李小龙的《截拳道之道》（*Tao of Jeet Kune Do*）一书的话，不妨一读，那本书可作为本书的补充。这两部书中谈到的知识将会给你一个李小龙武道艺术的完整形象。

水户上原（M. Uyehara）

目录

第一部分 基础训练

第二部分　技法训练

第三部分　高级技术

第四部分　自卫技术

第一部分

基础训练

第1章

技击者练习

1.1　有氧训练

　　技击运动员最容易忽视的训练之一就是身体素质的训练。他们往往花过多的时间增强技巧和技术，而在身体素质方面却训练得极少。

　　当然，技击的技巧是重要的，但是这种技巧的发挥正是依赖整体的身体条件。实际上若要在实践中获得成功，这两个方面都是必不可少的。训练是锻炼智力、增强体力和提高耐力的手段，也就是说，训练的目的是为了强壮身体，避免身体素质的退化。

　　李小龙是典型的健壮型体格。他每天坚持训练，饮食适量。他生活严谨且有规律，从不让工作干扰训练。

　　李小龙的日常训练包括身体素质和实战技巧。为了避免单调，他竭力使训练多样化。他每天要在24~25分钟内跑完6.4公里路。跑步时，他常变换步幅和节奏。以同样的步幅连续跑数里之后，又大跨步地跑一段，再冲刺跑几步，然后恢复到放松跑。李小龙没有专门的跑步场所，他经常在海滩、公园或树林里进行练习，如图1-1。

　　为了提高腿部力量和心血管系统的功能，他除了跑步之外，还全速蹬骑健身脚踏车，时速为56~64公里，连续骑45分钟~1小时。他经常在跑步之后便立即骑健身脚踏车，如图1-2。

　　李小龙把跳绳作为日常训练的另一种耐力练习。这种练习不仅能够增强耐力和腿部肌肉，还能提高身体的灵活度，让你感到"身轻如燕"。最近，通

图1-1

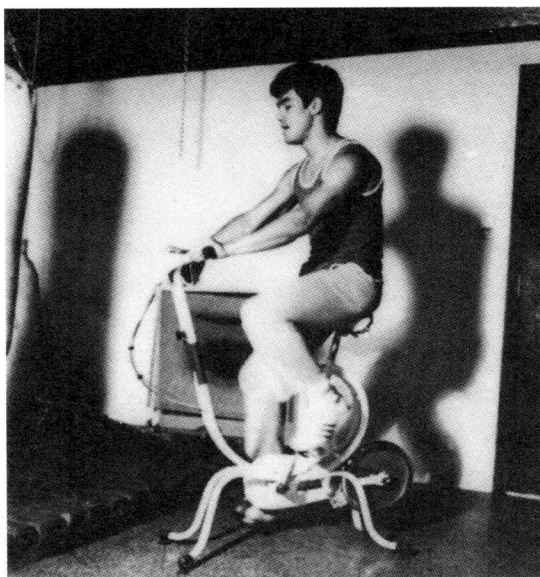

图1-2

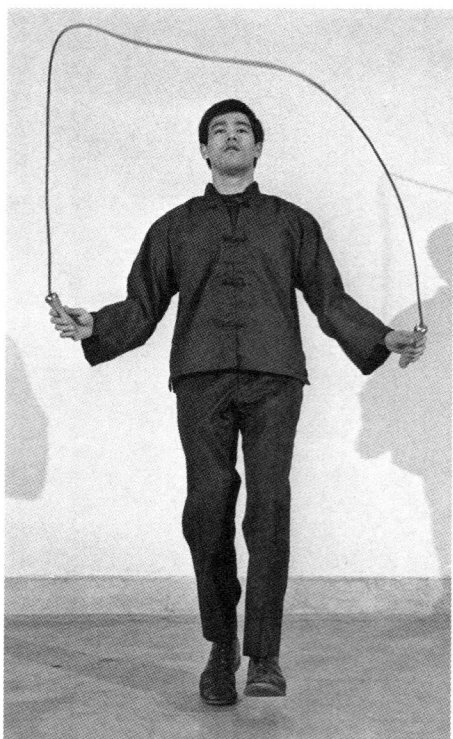
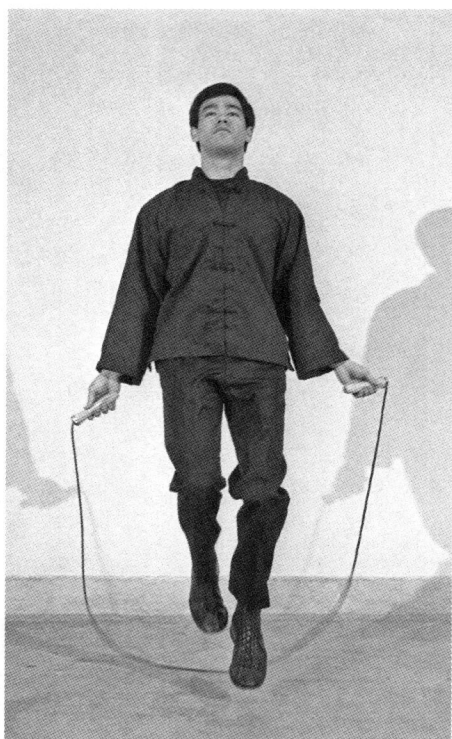

图1-3   图1-4

图1-5

过一些试验，生理学家们才知道，跳绳比小步跑更有益，10分钟跳绳的运动量相当于30分钟的小步跑。这两种运动都是对心血管系统非常有益的活动。

跳绳对于增强平衡感也是很有帮助的。方法是用一只脚跳，另一只脚向前抬起（如图1-3），然后交替，绳子每转一周脚就变换一次（如图1-4），逐渐加快跳的节奏。减小手臂摆动的幅度，用手腕来摇动跳绳。当绳子绕过时，脚稍微跳离地面，恰好让绳子通过。跳3分钟（大约相当于拳击比赛的一个回合），然后休息1分钟，再进行下一组练习。一次训练课做三组练习即可。当你觉得已经适应这种运动量时，便去掉中间的休息时间，连续做30分钟的练习。最理想的跳绳是皮质的轴承跳绳。

另外还有一些耐力练习，即与假想的对手做模拟出拳练习及对抗性练习。空击练习能够很好地锻炼身体的灵活度，并能加快动作速度。练习时要使身体放松，学会轻松自如地移动。首先注意站立姿势，步履要轻松，要让你感到自然、舒适，如图1-5，然后再要求动作快速有力。为了使全身肌肉放松，训练时最好多做与假想对手的对打练习，设想站在自己面前的是最凶狠的对手，要将他打倒！如果始终认真地运用这种假想，就能够把一种真正的战斗精神灌输到头脑中。

许多初学者很懒，不能迫使自己持久地练下去。只有严格、连续不断地练习才能增强耐力。必须迫使自己进行极限训练，练得上气不接下气，做好全身肌肉酸痛一两天的准备。最好的耐力训练方法，是在一段较长的训练时间里进行短时间、高强度的练习。有氧耐力练习应该逐渐地完成，并谨慎地增加，六个星期的耐力训练对于任何一种要求具有相当耐力的运动项目都是最低限度的要求。我们一般要经过数年的时间才能达到耐力的最佳状态，而且一旦停止这种高强度的训练，耐力就会很快地消失。根据一些医学专家的意见，如果在训练期间中断一天以上的练习，就将前功尽弃。

1.2　热身练习

要使肌肉得到放松，并准备做更大强度的训练，那么准备活动就应当选择一些较轻松、容易做的练习，准备活动除了有助于提高成绩之外，还是防止肌肉损伤必不可少的条件。这些准备活动的动作，应当尽可能地同接下来的训练内容接近。

准备活动的时间长短，要根据具体情况而定。如果在较冷的地区或寒冷的冬天，准备活动就要比在温暖气候里所做的时间长些；在清晨做准备活动，要比在下午做准备活动所用的时间长些。一般来说，5~10分钟较适宜。

1.3　柔韧练习

李小龙知道哪些练习对训练有帮助，哪些练习会妨碍或有损技术动作的完成。他发现，有益的练习是不会让肌肉产生对抗性紧张状态的。

肌肉对不同的练习有不同的反应。在像倒立这类静止或慢动作练习，或者像举杠铃这类举重练习中，运动关节两侧的肌肉强有力地使身体处于令人满意的合适位置。但是在像跑、跳或投掷活动中，肌肉被直接地向相反的方向拉长。这时虽然两侧的肌肉仍然紧张，但肌肉承受的张力已经相对减少了。

当被拉长的肌肉处于过度的对抗性肌肉紧张时，必将阻碍或减弱你的运动。其作用就像制动器，会导致过早疲劳，一般只与一个新动作有关联，该动作用不同的肌肉来执行。一个动作协调、正常的运动员，能够很轻松地完成任何体育活动，因为他在运动时很少引起对抗性的肌肉紧张。另一方面，初学者在练习中由于过度紧张和用力，往往会造成许多无效动作。虽然有些人在协调性方面更有天赋，但是所有的人都可以通过严格的训练取得这种本领。

下面是一些你可以纳入日常训练的练习。为了提高柔韧性，你可以把脚放在栏杆或类似的物体上（如图1-6、1-7），腿与地面保持水平，并根据自己腿部的柔韧性来决定腿放置的高低。

对于初学者来说，不要做强度很大的练习。把脚放在栏杆上之后，要将脚尖正对你的身体方向，上体用力向前移动，你只需要往回收脚尖，使伸出去的腿成直线就好（如图1-6）。几分钟之后，换另一只脚。几天之后，当腿部肌肉变得柔软而富有弹性时，就可以像图1-7那样，进行下一步，即

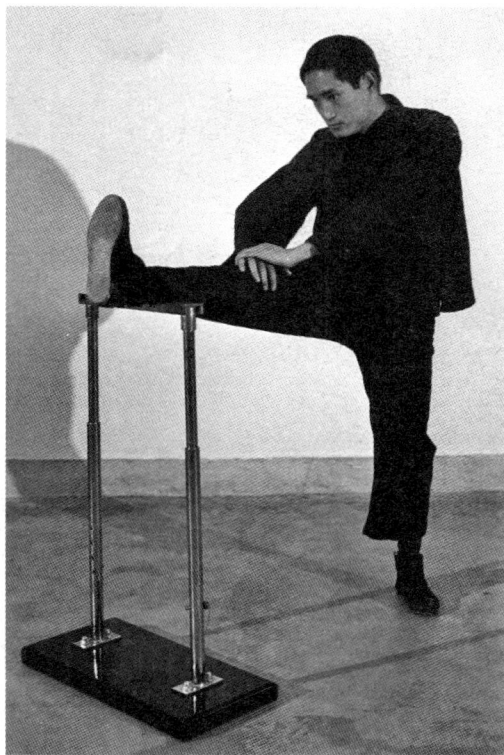

图1-6　　　　　　　　　　　　　　　　　图1-7

按压膝部，使腿完全保持直线。在不伤害肌肉的情况下，收髋使身体尽量向前倾斜。完成这个练习后，可以模仿图1-8，腿伸直，手向下伸。在进行这个动作时，你会发现你的身体正在向前倾斜，向腿部肌肉施加更强的压力。最后成图1-9那样，手能够摸到脚趾。几个月之后，就完全能够像图1-10那样用手抱住脚，甚至可以把脚下的支撑物升得更高些。

　　另外还有劈叉、吊腿上升这样的腿部柔韧性练习，如图1-11。做这种练习，可以用绑着滑轮的长绳作支撑。用活套套住脚，拉绳子的另一端，直到腿部韧带可以承受而又不致损伤的最大限度。在整个练习过程中，要尽量使腿成一直线。这一练习，有助于完成高位侧踢法。在这些练习中，两条腿要轮换做。

　　有些高年级学生愿意专门做高空弹踢的技巧动作，他们可以在蹦床练习中有所收益。在图1-12中，可以看到李小龙手拿两只轻哑铃在蹦床上高

图1-8

图1-9

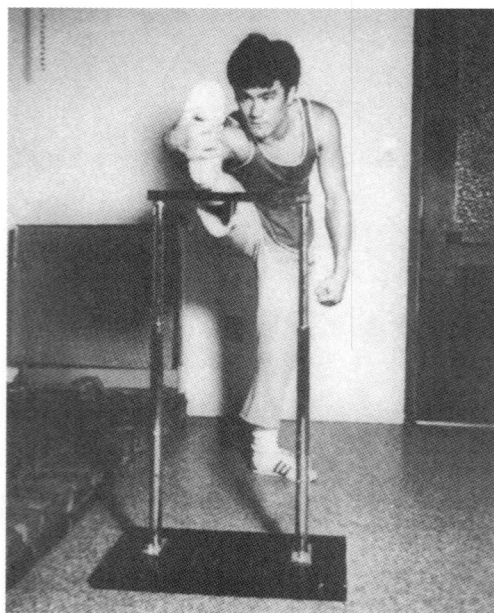

图1-10

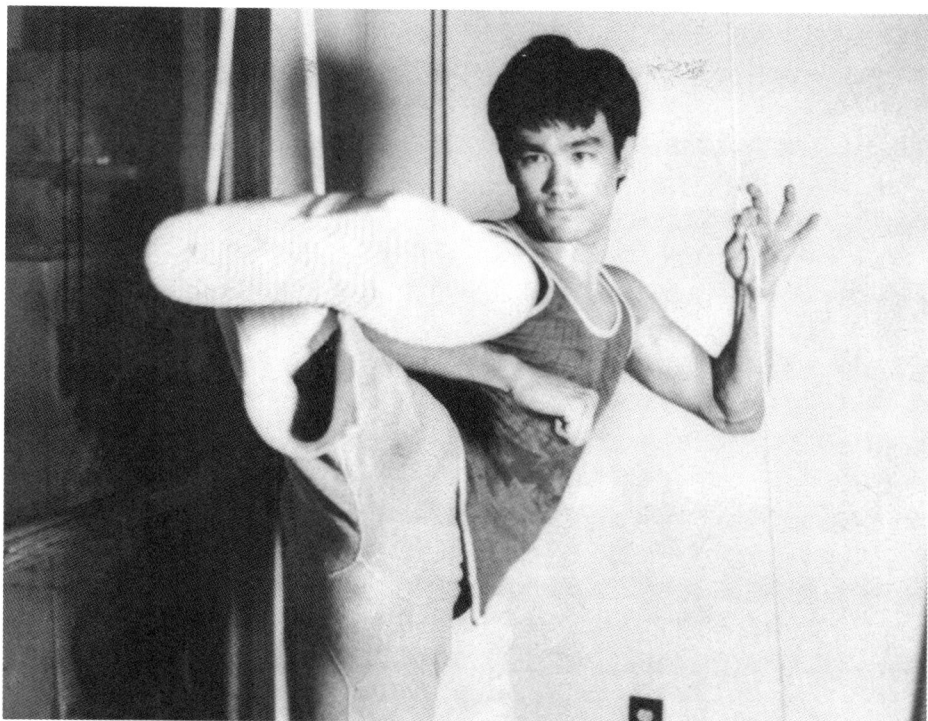

图1–11

高跳起的动作，为的是增强双腿的平衡能力和弹跳力。一旦在蹦床上能控制住身体，也就能够像图1–13那样，做劈腿双飞脚、向前高踢腿（图1–14）、腾空侧踢腿（图1–15）了。

此外，还有一些包括身体伸展的柔韧性练习。在增强了腿部肌肉的弹性之后，应该尽量向后展体，然后再尽量向前屈体，直到头部能够触到膝盖，如图1–16、1–17和1–18。

1.4　腹肌练习

想必很多人都注意到了李小龙那强有力的腹肌。他常说："最重要的格斗形式之一就是对抗。为了适应对抗，腹部必须能够经得起拳的击打。"为

图1-12

图1-13

图1-14

图1-15

图1-16

图1-17

图1-18

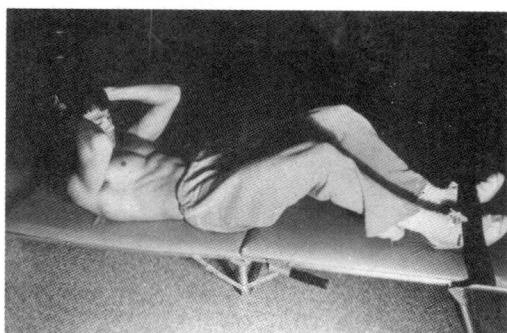
图1-19

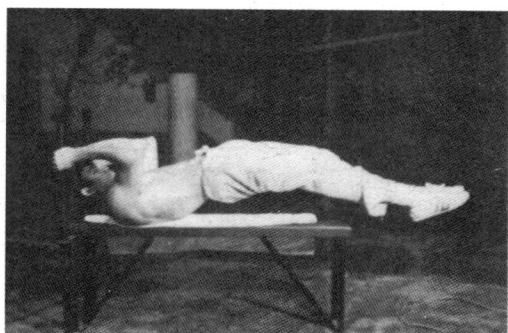
图1-20

图1-21

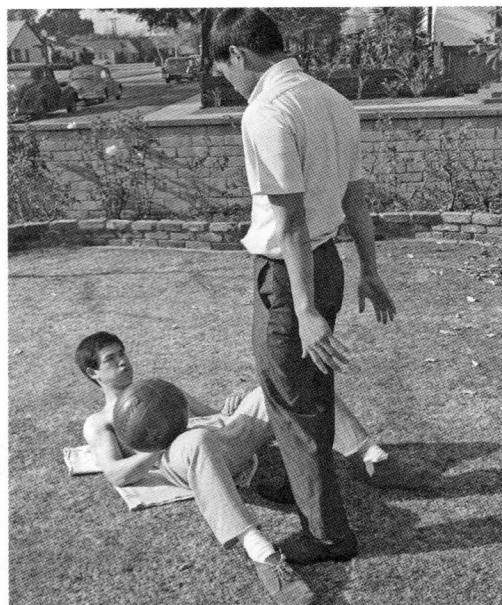

图1-22

图1-23

图1-24

此，李小龙综合编排了几种练习。最简单的就是在一块斜板上做仰卧起坐，如图1-19，绑住双脚、屈膝，两手放在头后，向两脚方向抬起身子。这样反复练习，直到觉得腹部疲劳为止。当你能够重复做50~100次之后，可以将哑铃或杠铃片放在颈后做仰卧起坐。

练习者也可以坐在一条板凳的边缘上，让助手按住两脚的踝关节，练习者要充分伸展身体，使其尽可能低的贴近地面，该练习可以充分地伸展身体中段的腹肌，不过做起来也比较困难。用单杠也能增强腹肌力量，即两手握杠悬垂，然后慢慢抬起两腿，直到两腿抬至水平位置。这个姿势持续的时间越长越好，在每次做这一练习时都要尽可能地超过上次的时间。

另一种增强腹肌的好方法是躺在地板上，背部与地板贴平，然后慢慢地抬起头，直到能看到脚为止。两腿并拢伸直，缓缓抬起，尽量抬高，然后将两腿缓慢放回地面。

为了使该练习达到更好的效果，不要让脚接触地面，当脚距地面约2~3厘米时，开始再次抬起双腿。尽可能地反复练习，直到力竭。如果备有举重凳，可像图1-20那样做此练习。这种练习对于增强腰背部肌肉的力量也有好处。

做腹部运动的一大优势是可以同时做其他的活动。例如，李小龙在收看电视节目时，他躺在地板上，将头略微抬起，并保持他的双脚伸展开，略高于地板。

为了增强腹部力量，也可以拿一个实心球，让助手投到自己的腹部，如图1-21和图1-22所示，还可以做各种变换练习，如让助手把球直接投向腹部，在抓住球以前，让球打在自己身上，见图1-23和图1-24。如果是独自做这一练习，则可用重型拳击袋代替实心球，摆动拳击袋，让袋撞击身体。

在日常生活中，我们也有很多机会进行更多的补充练习。比如说，上楼不坐电梯，代之以步行。爬楼梯时你也可以奔跑着上楼，或者跨过1~2个台阶，这些都是很好的锻炼方法。

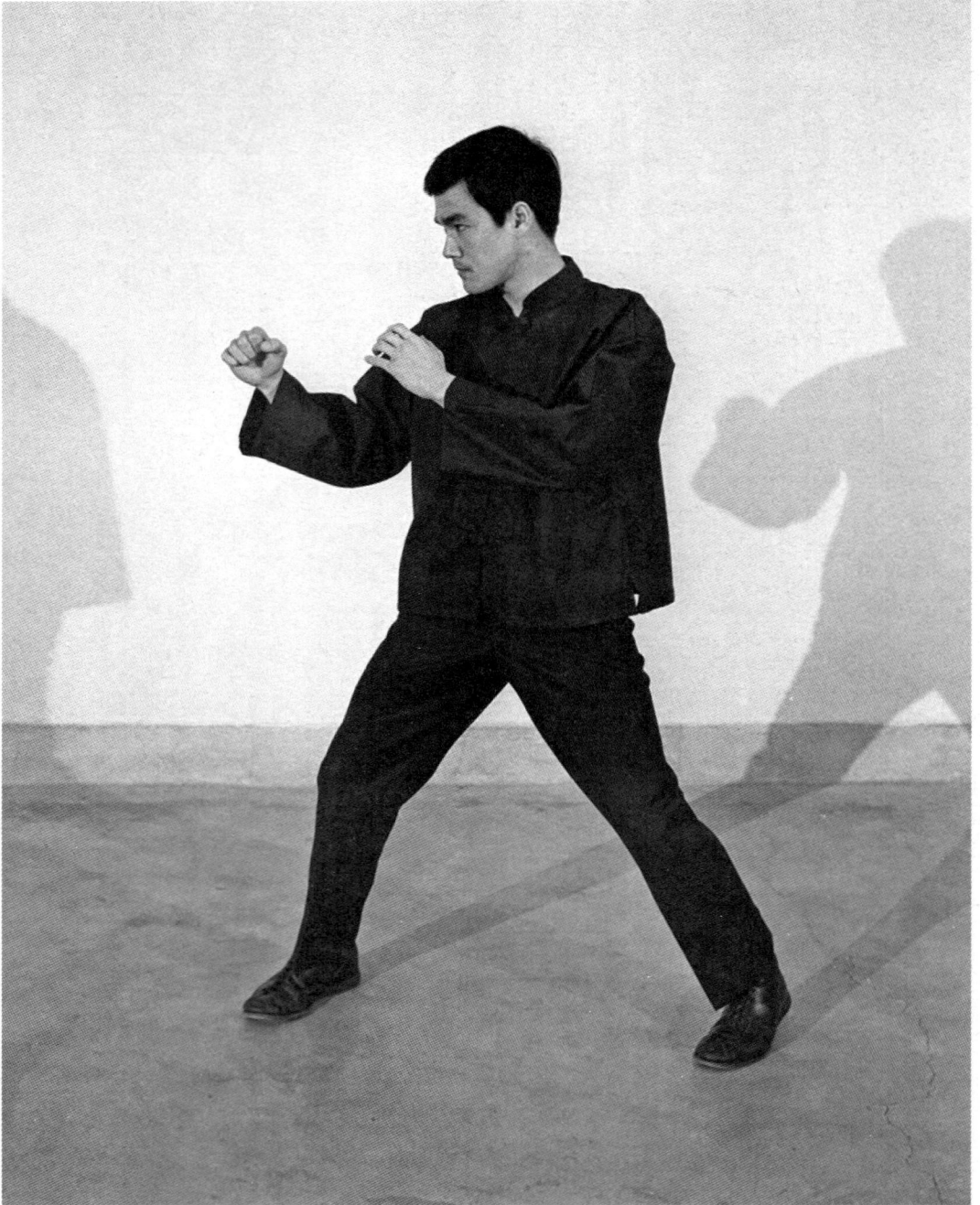

第2章

警戒式

2.1 警戒式

在截拳道中进攻和防御的最有效姿势是警戒式。这种半屈膝的姿势是格斗的完美姿势，因为它可使身体始终处于强有力状态。这一姿势，无论发起进攻、反击或防御，都不需要事先做任何调整动作。它是一个既轻松自如，又能保持平衡的姿势。它能使全身放松，同时又可在一瞬间很快地做出反应。这种姿势在运动时协调稳固，并能不受任何约束地为下一动作做好准备。这种姿势还能够给对手造成错觉或假象，以便隐蔽自己进攻的意图。

警戒式对于进攻和防守都是极为有益的。采用这种姿势可使你在接近对手时能用小碎步做快速移动，并且保持身体平衡，还能帮你掩饰进攻时机。由于前面的手和脚最靠近目标，所以百分之八十的打击要靠前面的手和脚来完成。李小龙以右手作为主攻手，采用习惯的"左手式"或称"非惯用式"的姿势，因为他认为大多数的动作应该由较有力的手和脚来完成。

两臂、两脚和头的位置都是十分重要的。以"左手式"为例，下颏与肩部要互相靠拢，右肩抬起4~5厘米，下颏则降低大约同样的距离。在这个姿势中，肌肉和骨架结构处于最大可能的协调位置上，以保护下颏的要害部位。在近战中，头与下颏要保持垂直，下颏的下缘紧贴在锁骨上，下颏的一侧隐藏于前肩内。但是这一姿势很少被采用，只是偶尔用在对打最激烈时，因为这种姿势会改变头部的角度，使颈部处于不自然的状态。另外，

前视图

图 2-1

侧视图

图 2-2

后视图

图 2-3

不正确的姿势

图 2-4

以这种姿势对打时，容易使前肩、前臂的肌肉紧张，并妨碍动作，引起肌肉疲劳。

　　前手伸出的位置，应当稍稍低于肩的高度，如图2-1和图2-1A（半身照）。在图2-2和图2-2A（侧面照）中，要特别注意李小龙左、右手的伸展长度。图2-3、图2-3A从背面展示出李小龙的另一种姿势，对他伸出的手臂可看得更清楚。

　　在图2-4中，可看到两位拳师的防御姿势都不正确。左边那位的右脚跨出太大，身体暴露过多。右边这位的右脚与左脚相距太近，限制了动作，并且容易失去平衡。

　　有时（但这种情况很少）可以采用低势，两手不分前后。因为许多技击手还没有做好对付这种防御姿势的准备。这种类型的姿势可以迷惑对手，有力地牵制对手，在某种程度上能够阻止对手的突然攻击。这时，暴露的头部容易成为打击的目标，但是你可以依靠灵敏性和与对手保持较安全的距离来保护自己。

　　处于警戒式时，后手同身体要保持10~11厘米的距离，以便保护脆弱的肋骨部位。前臂轻轻地挡着身体，以便保护身体中部。后手同前肩成直线，置于胸前。

　　前脚控制着身体的姿势，如果前脚的位置合适，那么整个身体自然会呈现正确的姿势。前脚同身体成直线是十分重要的，当前脚向内转时，身体也随之向同一方向运动，这样就只向对手暴露出一个较小的部分。如果前脚向外转，身体成正面，暴露的部分就大些。对于防御来说，暴露得越少就越有利，但是，中正协调的姿势对发起攻击更为有利。

　　正确的姿势是警戒式的基础，它可以减少无效的动作，让你以最小的体力消耗取得最大的效果。要减少那些容易引起疲劳的无效运动和肌肉活动，手臂、肩膀都必须充分放松，出拳要像闪电般迅速有力。前手或两手要不断地晃动，但是做动作时要掩护好自己。前手不断地晃动，就像蛇吐信一样迅速地闪进闪出，随时准备做出攻击。这种威胁性的动作，能使对手处于迷惑、慌张的困境。

　　要牢记，如果你处于紧张状态，就会失去平衡和灵活性，而这些对于所有精通武术的人来说是最基本的。虽然松弛是一种身体的形态，却是受

右前式
（左手式）

1.头：摆动和摇晃，以免受到攻击。

2.右肩：微微拾起，下颏稍稍下降，以便保护下颏和面部右侧。

3.右手：主要用来发起攻击，以及保护脸和小腹。

4.右肘：用来防卫身体的中部及右侧。

5.右膝：微微内扣，防卫小腹区域。

6.右脚：处于25度~30度角的位置。踢击主要依靠右脚。

7.左手：防守主要依赖于左手，用来防护脸和小腹。

8.左前臂：用来防护身体的中部。

9.左肘：用于防守身体的左侧。

10.左脚：成45度~50度角，脚后跟抬起，具有较大的灵活性，并像一个绕紧的弹簧一样，做好激发身体向前运动的准备。

图2-5

精神支配的，所以必须在自觉的努力中学会引导思想和身体去适应这一新的肌肉活动。实际上，放松是肌肉紧张的另一种状态，无论进行哪一种身体运动，肌肉都有轻度的紧张，这是很自然、很正常的。但是对抗肌必须保持低度的紧张，以便进行协调、优雅而有效的运动。通过不断实践，就能够随意获得这种放松的感觉。习惯了这种方法后，就应该在可能引起紧张的情况中采取这种方法。

要经常对着镜子检查自己的姿势、手的位置和动作。看你的姿势是否像

左前式
（习惯式）

5.头：快速地摆动和摇晃，以免受到攻击。

1.右手：防守主要依靠右手，用以防护脸和小腹。

6.左肩：微微抬起，下颏稍稍降低，以便防护下颏和脸部的左下侧。

2.右前臂：用来防护身体的中部。

7.左手：进攻主要靠左手来完成，并用来防护脸和小腹部。

3.右肘：用于防守身体的右侧。

8.左肘：用来防卫身体的中部和左侧。

4.右脚：成45度~50度角，脚后跟抬起，以便具有较大的灵活性，并象一个绕紧的弹簧一样，做好激发身体向前运动的准备。

9.左膝：微微内扣，用以防卫小腹区域。

10.左脚：处于25度~30度角的位置，踢击主要靠左脚来完成。

图2-6

一只猫站在那里，弓背、低颏、前肩稍微抬起，随时准备扑跳。腹肌局部收缩，同时肘部保护侧翼，不要给对手留有袭击的空隙。这种警戒式被认为是最安全的姿势。对于蹬踢、击打以及给身体提供足够的力量来说，也都是最有利的姿势。

以下姿势中的缺点：

图2-7：前脚跨出得太远，妨碍了做动作，把全身重量都放在了后脚。两拳置于髋部，把上半身和头部完全暴露给了对手。

图 2-7

图 2-8：姿势过于端正，容易失去平衡。还击出拳的时机也被限制了。

图 2-9：前脚跨步过大，身体延伸过度，易受攻击，特别是身体的前半部给对手造成了进攻的空隙。伸出的手无法灵活机动，而且撤回时会在无意中泄露进攻的意图。

图 2-10：两手伸出过多，后臂抬得过高，使身体暴露部分过多。前手过分伸出以至不能进行任何攻击。

图 2-11：两脚站位过窄，妨碍了进攻和撤退，也很容易失去平衡。

图 2-12：两臂位置过低，头部和上半身都暴露出来了。

图 2-13：身体过分僵硬，进攻的前手伸出得过多，后手又太低。

图 2-14：两脚站位过宽，无法进行任何形式的变化，采用这种姿势想发起不暴露意图的突然进攻是很困难的。下身太暴露，易于被踢中。

图 2-15：右臂抬得过高，使肋部暴露；手臂伸出过长，不易发起攻击。

图 2-16：这种猫式站立姿势限制了动作的灵活性，特别是以右前式站立

图 2-8

图 2-9

图 2-10

图 2-11

图2-12

图2-13

图2-14

图2-15

图2-16

图2-17

图2-18

图2-19

图2-20　　　　　　　　　　　　　　　　图2-21

时，向右方做侧步是很困难的。其次，以这种姿势击出的拳没有力量，因为身体的全部重量都落在了后脚上。

图2-17:两脚站位太窄，失去了步法的弹性。为了具有爆发力和弹跳力，腿应稍微弯曲。

图2-18：如图2-16中猫式站立姿势那样，身体重量过多地压在后脚上，这样就限制了向前运动的灵活性。特别是两脚站位较宽，当为了打出一拳时，就不得不把身体重心移向前脚，但这就暴露了进攻的意图。

图2-19：大部分的身体重量压在了前脚上，这样就容易被对方的扫蹚腿扫中而失去平衡。向前跨度太大的站立姿势，膝和胫部也易于被对方踢伤。

图2-20：两手置于髋部，身体和头部完全暴露，容易被击中。由于后脚处于十分别扭的位置，使裆部毫无必要地暴露出来。

图2-21：这种姿势使身体、脸以及前腿的膝、胫部都易遭受攻击。此外也限制了自己进攻和防御的灵活性。

俯视图

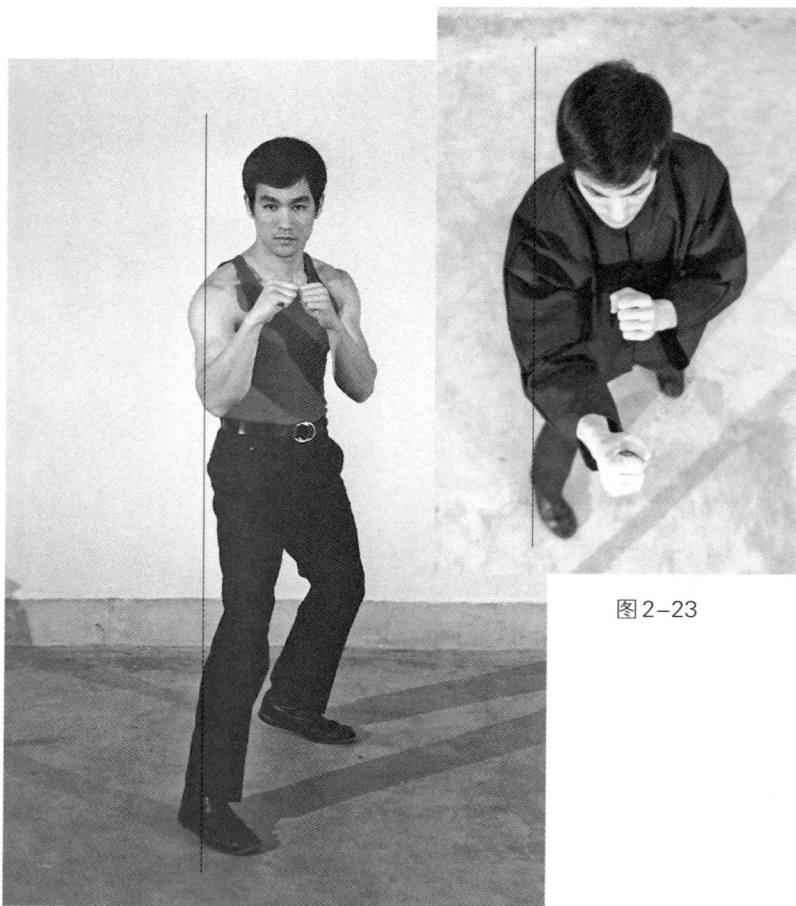

图2-23

图2-22

2.2　平　衡

　　平衡是警戒式中最重要的方面。如果没有始终如一的正确平衡，你就会在动作中失去对身体的控制，只有正确、及时地调整身体的重心，你才能保持平衡。双脚应当位于身体的正下方，两腿自然、舒适地分开，间距为一自然步，这样就能站得稳，身体重量可以均匀地落在两脚或稍偏重于前脚上。前腿膝关节要微微弯曲，身体重心稍前移，但前脚脚跟要轻轻着地，以保持身体平衡和减缓紧张程度。前腿也应该与膝盖相对成直线，不是锁定，

图2-24

　　而是要处于灵活和适度宽松的状态。虽然以上原则一般是适用的，但并未严格规定脚后跟是应该抬起还是放平，这要取决于当时的情况和身体的位置。

　　出拳时，后脚跟要像弹簧似地抬起，促使身体重心很容易地迅速地移向前腿。在实施打击时，其对整个身体的作用就像弹簧一般。后腿膝关节应像前腿膝关节一样稍稍弯曲，但要保持放松和稳定。很难见到一位优秀的拳击手出拳时，其膝部是直的，甚至在他突然移动时也是如此。警戒式为身体提供了极好的平衡条件，并应该不断地保持下去。身体向前的一面从前脚脚跟到肩的端部形成了一条垂直线，如图2-22（正面）和图2-23（俯

图 2-25

图 2-26

视）。在图2-24中，李小龙的侧视姿势显示出他两脚间的正常距离，两膝关节微微弯曲，后脚脚跟抬起得比前脚脚跟略高。

这种姿势具有如下几个优点：快速、轻松，能让你保持身体平衡、移动自如和出拳有力。

有效的平衡是在任何位置上都能够通过控制重心来控制身体。即使身体因倾斜或处于不稳定的状态而失去根基，也能够迅速地保持和恢复平衡。

在图2-25中，李小龙在面向对手后退时，仍然保持着稳定的平衡。在图2-26中，他长击一拳，但仍控制住了身体，以防对方反击。

要想在运动中更好地控制身体重心，你就要使用碎步和滑步，而不要用跳步或交叉步。要想移动得迅速，可采用几个小快步。在同一段距离里用两个中等步子代替一个长跨步。要根据对手和自己的动作情况来不断地变换身体的重心。例如：迅速前进时，身体重心就应敏捷地移向前脚，发出快速、短促而突然的一拳，做后撤或迅速后移时，身体重心应稍移向后脚，以便在平衡中躲闪或还击。

除了在出拳或起腿的时候，你必须避免做大跨步及在运动中不断把身体重心从一只脚转向另一只脚的动作。因为在重心转换那一瞬间的失衡，势必会使你处于一种容易受到攻击的位置。这样不仅会阻碍你强有力的攻击，而且会给对手提供进攻的机会。

你不仅要在静止中保持平衡，还应该力求在运动中也保持良好的平衡。特别是在有效地出拳和起腿时，必须力求用完美的平衡状态来控制身体，因为此时你必须不停地在两只脚之间转换重心。在不断改变身体重心的情况下保持平衡，这的确是一门不易掌握的技艺。

在进攻或防守时，改变战术是理所当然的，但是不可过于偏离基本姿势。图2-27的姿势不错，但身体重心偏前脚多了一点。所以只要他试图出拳进攻就会失去平衡，如图2-28。正确的姿势取决于正确的平衡，掌握正确的平衡和完美的时机是持续进行踢、打动作所必不可少的条件。

两脚理想的站位是一只脚能够迅速地向各个方向出击，并能成为全力进攻时的一个转动轴心，而另一只脚能够让你保持有效的平衡，用以抵挡来自各方的攻击，同时也提供了出其不意的打击力，就如同打棒球一样，挥动球棒的力量也是由腿部产生的。

图 2-27

图 2-28

图 2-29

图 2-30

　　警戒式展示出了由于身体在一条直线上而产生的平衡和运动自如的状态。图2-29中的姿势两脚站位过宽，偏离了正确的直线，这种姿势虽然提供了强劲的力量，但是丧失了速度和有效的运动范围。图2-30所示的姿势两脚站位又过窄，尽管提供了速度却失去了力量和必要的平衡。

　　在出拳或踢腿时，全身动作不要过大，因为那样会影响平衡。一个站立姿势的对手在进行反击练习时，当他一拳打空而失去平衡的一瞬间，就往往容易受到反攻。他唯一能够依赖的，也是相当安全的办法，就是保持膝部的稍微弯曲。

　　学习了解动觉的感知度，这是一种感受肌肉收缩和舒张的能力。要掌握感受肌肉的收缩与放松的本领，唯一的方法是置身体及身体各部分于不同位置，并深切地感受它们。例如，先使身体处于平衡的位置，然后再使身体倾斜失去平衡，在向前、向后及向两边运动时感觉其中的悬殊差别。一旦获得了这个感觉，当身体运动从自如到别扭，从轻松到紧张时，就可运用这种感觉来不断引导身体的运动。最后，使动觉达到很敏锐的程度，即当身体的动作不能以最小的努力来取得极大的成效时，就会感到不舒服。

　　为了培养正确的平衡能力，要采用左右两边的站立姿势练习，特别是在完成同一种战术或训练时，应左右交替进行。在两个练习的间隙，穿运动服或鞋子时，要用单脚站立来穿，因为这样也是一种锻炼。

　　黐手练习是锻炼平衡能力的最好方法之一。在黐手过程中，两位练习者的两脚相互平行站立，如图2-31和2-32。双方的两手伸出，直至双方两手的腕部互相接触在一起。各自的一只手在对方的内侧，另一只手在外侧，两臂前后做反时针旋转运动。练习时向手臂施加压力，以迫使对方离开原来的位置。为防止离开原来的位置，各自的膝部须稍微弯曲，并降低髋部位置以保持身体重心的稳定。这种姿势能够获得两侧的良好平衡，但不是前后的平衡。最后，李小龙是用一只脚向前来改变他的姿势的，如图2-33和2-34。这种姿势具有较好的全面平衡，并为能量的运用形成更好的结构。虽然这并不完全是截拳道的警戒式，但却与它比较相近。在67~71页对"黐手"将有更多的讨论。

图2-31

图2-32

图 2-33

图 2-34

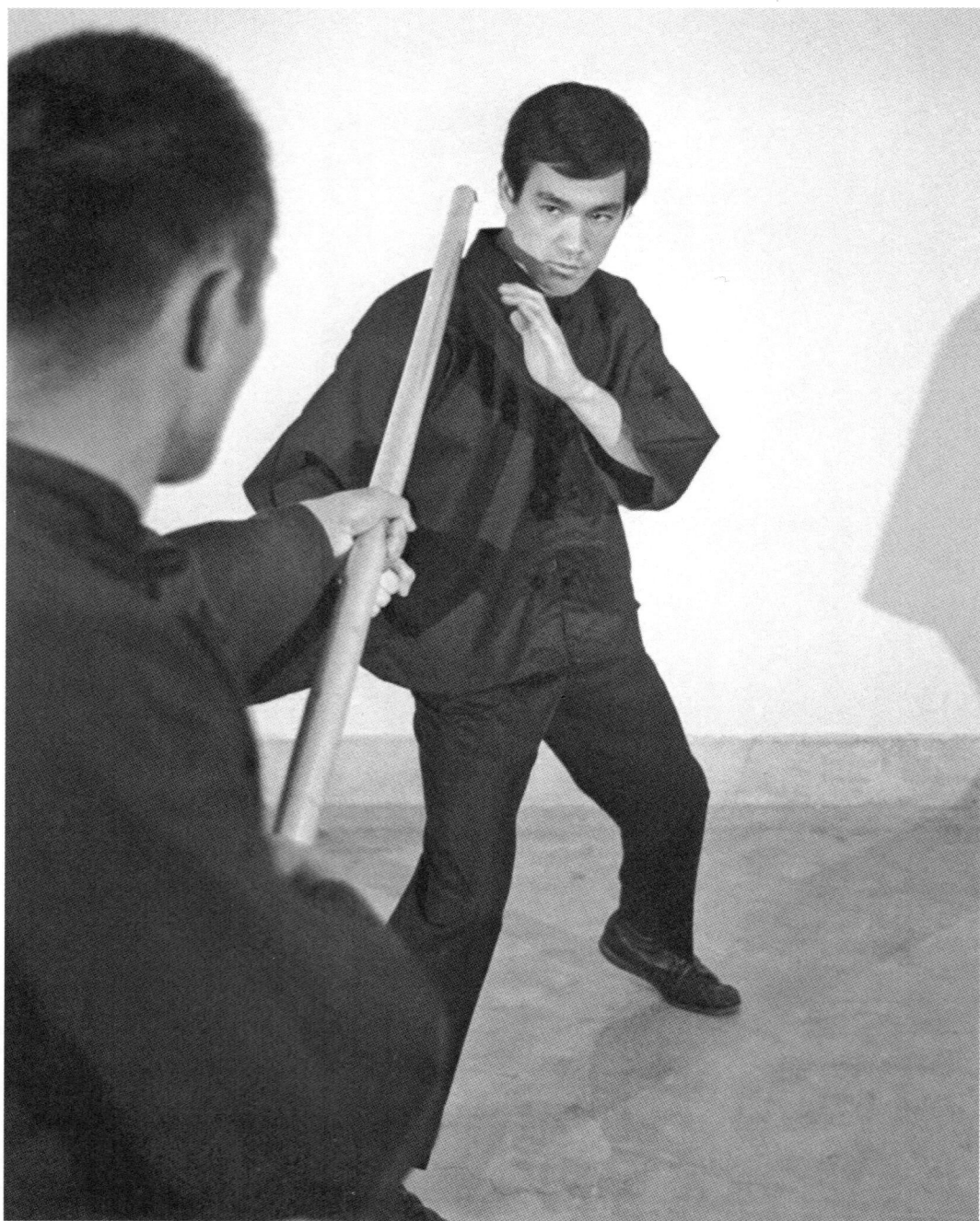

第3章

步　法

截拳道非常重视机动性与灵活性，因为对打是一种运动的形式。要实施有效的技巧，就必须依赖自己的步法。快速的步法有助于迅速地出拳和起脚。如果脚下动作慢了，手的动作也就慢了。

　　技击的原则是运动的艺术——寻找你的目标或避开目标。在截拳道中，步法应该是十分轻松自如、有活力的，而且动作要坚决果断。传统的"马步"站立姿势要求静中求稳健。这种不必要的僵硬姿势，在实战中是无用的。因为在技击中，需要在瞬间向任何方向移动，而这种姿势既笨又慢。

　　正确的步法可以让我们在行动中保持良好的身体平衡，有力地发起攻击和避免对方的进攻。好的步法能为我们进行任何方式的踢打提供便利。运动中的目标要比固定的目标难打得多。熟练地运用步法，可以减少我们被迫用手臂来格挡对方踢打的几率。通过灵巧的移动，你能够避免许多攻击，并能同时做好反攻的准备。

　　除了躲闪攻击以外，步法还能使你迅速地接近对手，摆脱困境，并保存体力，以发出更有力的拳脚攻击。一个攻势凶猛但步法不精的拳手，往往在试图攻击对手的时候，就已经耗尽了自己的体力。

　　脚的位置最好是能够向任何方向做迅速的移动，同时又能保持身体平衡，以抵挡来自任何角度的攻击。两脚必须始终位于身体的正下方，这样才能提供正确的身体平衡。

前滑步（前视图）

图3-1　　　　　　　　　图3-2　　　　　　　　　图3-3

前滑步（侧视图）

图3-4　　　　　　　　　图3-5　　　　　　　　　图3-6

前滑步（后视图）

图3-7　　　　　　　　　图3-8　　　　　　　　　图3-9

后滑步（前视图）

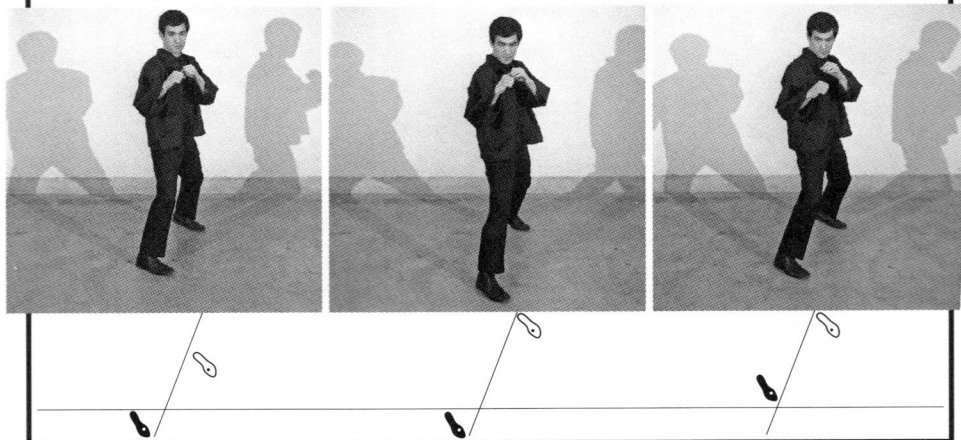

图3-10　　　　　　　图3-11　　　　　　　图3-12

后滑步（侧视图）

图3-13　　　　　　　图3-14　　　　　　　图3-15

后滑步（后视图）

图3-16　　　　　　　图3-17　　　　　　　图3-18

3.1　滑　步

前进时，不要用交叉步或跳步，而要用滑步。开始时，可能会感到动作笨拙，速度缓慢，但是只要每天坚持练习，就会提高速度，变得得心应手。如图 3-1、3-2、3-3（正视），图 3-4、3-5、3-6（侧视），图 3-7、3-8、3-9（后视），以警戒式小心地向前滑步。先用前脚向前滑动大约半步，两脚一分开，后脚随即跟上，立即恢复原姿势，然后再向前滑动，重复这个过程。

注意图中李小龙持续地保持着完全平衡和防御的状态。不要平足移动，而应以两脚的前脚掌高度敏感地滑动。要像走绳索的人那样去移动，即使蒙上眼睛，也能在一条很高的绳子上安全地走动。

两膝要微屈且放松。前脚展平，但不能死死地钉在地上。在迅速运动或突然移动身体时，前脚要轻而自然地抬起 4.5 厘米左右。

无论是在静止还是运动中，后脚跟总是要微微抬起的。一般略高于前脚 0.5 厘米~1 厘米。击拳时，后脚跟抬起便于迅速将身体重心移到另一只脚上。抬起的后脚跟要富有弹性，能够做出迅速的反应，便于从各个角度出击。当然，在出拳时脚跟要落地。至于脚跟何时抬起，何时放平，并没有规定，这要取决于几种因素，比如身体的位置，手或脚对进攻、防御的反应等。

向前滑步时，脚步要轻，身体重心放在两脚之间。只有在前进过程中前后脚处于分离的一瞬间，身体重心才能略向滑动脚移动一点。

在后撤或谨慎地向后移动时，你恰好是在做相反方向的移动。后滑步的基本动作与前滑步的一样，只是方向相反，如图 3-10、3-11、3-12（正视），图 3-13、3-14、3-15（侧视），图 3-16、3-17、3-18（后视）。后脚由警戒式向后滑动或移动大约半步，如图 3-11。当后脚后滑时，两脚间的距离只是瞬间的加宽。一旦前脚定了位，就应该立即恢复警戒式，并保持完好的平衡状态。与向前滑动不同的是：前脚向后滑动时，身体重心应稍移向后脚或支撑脚。若要继续后退，重复以上过程即可。要学会脚步轻和后脚跟抬起的本领。

向前和向后的滑步必须用连续的碎步进行，以便保持身体平衡。这个姿势可随时向任何方向迅速地移动身体，因此对于进攻或防御来说都是最完善的姿势。

快速前进

图 3-19

图 3-20

图 3-21

图 3-22

3.2 快速移动

快速前进（如图3-19、3-20、3-21、3-22）几乎和向前滑步一样。前脚由截拳道的警戒式向前跨出了大约7.6厘米，如图3-20。这个表面上无关紧要的动作，却能使身体成直线，并有助于你在向前运动时保持平衡。这使你能用两脚运动，均匀地给身体提供平稳的力量。如果没有这一小步，其主要任务就要由后脚来完成了。

只要前脚一滑动，就要立即滑动后脚，并几乎踏在前脚原来的位置上，如图3-21，除非前脚忽然地移动，后脚不能及时地跟上，因为前脚正在移动过程中。最好是后脚刚刚触到前脚，前脚就向前滑去。在这个位置上，如果不打算再前进一步，那么两脚就应自然分开，并立即恢复到警戒式，但是这种动作的目的是使身体迅速移动一定的距离（2.5米以上），这就需要用几步来完成。除了第一步跨出7.5厘米以外，其余的一连串步子都同正常走步的距离一样。这种走步可以让身体完全成直线，并迅速向前移动。

在图3-21中，李小龙似乎处于一种十分不稳定的状态，但是这种状态仅仅是一刹那。如果亲眼观看李小龙的连续动作，就会发现他的这个动作既自然、流畅又优雅，绝无不稳妥之处。

3.3 快速撤步

快速撤步或快速后退的步法，几乎同快速前进的动作一样，只是运动的方向相反。前脚由警戒式向后移动，如图3-23、图3-24、图3-25。前脚与快速前进时的动作一样，前脚先后撤，后脚随即后撤。如果在前脚尚未缩回时就先移动后脚，前脚就会站立不稳。与快速前进不同的是，任何一只脚都不必先滑出7.5厘米。它仅仅是一个快速动作，但身体要成直线并保持平衡。如果仅移动一次，则两脚到位后，应立即恢复警戒式。但是该移动的目的是要让你的身体撤出四个脚印或更多的距离。

快速移动和滑步只能用灵活的步法来完成。提高下肢灵活性最好的练习是跳绳，以及几分钟与假想敌人的对打练习。训练时，必须不断有意识

快速撤步

图3-23

图3-24

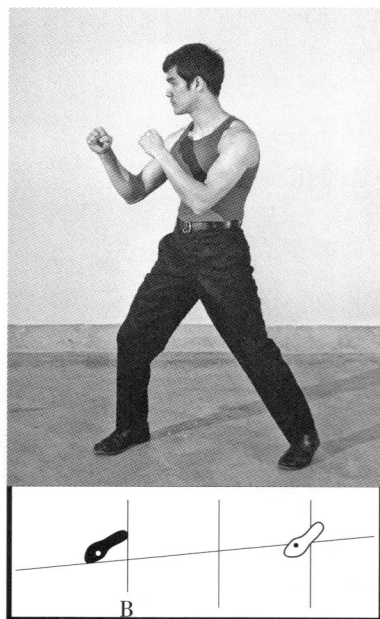

图3-25

地使两脚"轻如羽毛"，这样到最后走起路来就会自然、轻快。

运动时不要紧张，用两脚掌滑动，两膝稍稍弯曲，后脚跟抬起。你的步法要保持敏觉性。快速、轻松的步法实际上是一种适当的动态平衡。在训练中，做完每一个动作之后都要恢复到警戒式。在继续做下一个动作之前，可以用两脚轻松而有意识地用脚掌做滑步。这种训练是对实战的模拟，能够提高你对技巧的掌握。

除非你有什么战略目的，不然前进和后退的运动都应该用碎步或快速滑步来完成。而大跨步的动作，除了出拳的时候，都应尽量避免采用。因为这种大跨步动作会约束你的进攻或有效的防御。在运动中，过多的做交叉步是个坏习惯，因为它将使你失去身体平衡，并暴露出下腹部。

运动不应当连续地跳动，也不应当颠簸摇晃。两脚要在地上有节奏地滑动，像一个优雅的跳舞者一样。从视觉上来看，运动不应像袋鼠在开阔的平原上横跨跳跃，而应像骏马那样驰骋，步伐优雅而有节奏。

3.4　疾　步

向前疾步突进或猛冲是截拳道最快的动作，也是最难掌握的动作之一。这要靠身体良好的协调性，不然就很容易失去平衡。这一动作多用于向纵深发起的攻出，主要采用侧踢进攻或踢腿反击的方式。

向前疾步是一种向纵深的猛攻。由警戒式开始（如图 3–26），前脚向前跨出约75厘米，同快速前进的动作一样，身体保持直线与平衡（如图 3–27）。然后，为了做出较快的反应，以前手作为动力向上猛扫。这样可以造成一个猛冲的势头，就像你用手拉着绳子时，有人把你突然拽过去一样（如图 3–28、3–29）。手的这一突然袭击，不但分散了对手的注意力，而且也打乱了对手的计划。

当手向上扫去时，髋部也几乎同时向前摆动，并将后脚向前拉。在这一瞬间把身体的重心落在前脚上，也就在这一瞬间伸直腿推动身体向前。有时做大幅度的纵深跳跃，像图 3–30 中那样在空中滑动时，后脚可能会跑到前面去，这就必须只用左脚着地，因为右脚正在做侧踢，如图 3–31 所示。

图3-26

图3-27

图3-28

图3-29

图 3-30

图 3-31

图3-32

一旦完成侧踢动作，右脚就要立即着地，恢复警戒式。一个跳跃动作，至少应把身子带出去1~2米远。

在最近进行的测验中我们发现，用疾步向前，只用四分之三秒便可前进2.5米；而用老式的猛冲动作或交叉步，得用1秒半才能达到同样的距离，即需要两倍的时间。

这种跳跃更多的是水平方向的运动，而非垂直方向。相对高跃而言，这更像是一种跨跃。你要试图让脚保持贴近于地面的距离。膝盖要始终保持微微弯曲，从而使强而有力的大腿肌肉的弹性爆发力得以发挥。

开始练这一步法时，不要担心你的两手，只要把两手保持在截拳道所规定的正常位置，注意力集中在步法上就可以了。等你习惯了用正确的平衡来完成脚步动作之后，再学习每跳一步手向前猛挥一下。

为了提高速度并使动作变得自然协调，你可以每天进行以下练习：由警戒式开始，做手向上挥动、向前疾步的动作，但是不要做太纵深的突破。不用使劲地向前跳跃，要迅速落下前脚而不做踢击动作。要连续不断、反复地做这个动作，并保持在运动中的平衡和连贯性。此练习对于使身体变得轻松自然而有节奏地运动极有帮助。随着对动作的逐渐适应，可以加快速度，用越来越熟练的技巧来缩短在一定距离上所用的时间。最后，可以用翻背拳来代替挥拳动作。

向后方猛撤的动作跟快速撤步的动作很像，只是前者能使身体向后运动得更快、更远。由警戒式开始，前脚掌蹬地，使前腿伸直，将身体重心移到后脚上。前脚离地后不要停顿，不要与后脚交叉。在前脚落地之前，后腿先弯曲，然后像一个弹簧似的猛然伸直，身体随着腿的突然伸直而向后猛冲。应该在后脚着地前的一瞬间，用前脚掌先着地。这一快速的动作，应该至少带动身体向后撤出大约两个普通步。

向后疾步，可以使身体同向前跃进一样快。在同一实验中，向后撤2.5米所用的时间同向前跃进所用的时间一样，都是四分之三秒；而在老式动作中，跨越这同一段距离要用1秒钟。

在日常的训练中，可做向后疾步以获取速度、平衡和节奏感。但步法要轻巧，并通过不断的练习来缩短在一定距离上运动所用的时间，如图3-32。

右侧步

B　A

图3-33

在慢跑中，做快速滑步向前动作，然后再恢复慢跑。另一个练习可以和同伴一起做：当你疾步跃进时，让同伴疾步后退。也可以从警戒式开始，当同伴试图同你保持一定距离时，你可以用一个轻轻的侧踢点到他，然后换位再练。

要学会不鲁莽地进攻对手，但要以冷静而准确的方式缩小距离的空间，这就要求每天都以猛冲动作来练习二三百次，因为只有步法的训练才能提高加速作用。

3.5　侧　步

侧步，是身体向左、右运动而又不失去平衡的一种步法。这是一种安全的基本防御招数，同时，可在对手估计不足时，发起反击或制造空当。侧步，通常是避免直接向前出拳或起腿发起进攻的。当对手进攻时，可以用这种简单的移动躲闪来使对手的进攻落空。

图 3-34　　　　　　　　　　　　　图 3-35

由警戒式做右侧步（如图 3-33），敏捷地移动右脚，轻轻地向右前方迈出约 25 厘米（如图 3-34）。当右脚前掌轻快地落地时，左脚（即在后面的脚）可以提供向前的推力。在落地的一刹那，肩部向右摆，膝关节略屈，身体重心移向前脚。当迅速滑动左脚，并以正确姿势恢复警戒式时，让肩部自动成水平状态（如图 3-35）。

由警戒式做左侧步动作（如图 3-36），左脚向左前方移动 25 厘米（如图 3-37）。在这个动作过程中，身体要比向右移动更易成一直线。而身体越成一直线，平衡就保持得越好，并能在移动中使身体的重量平均地分布在两只脚上。右脚（即前脚）应以准确的动作迅速跟上，并恢复警戒式（如图 3-38）。人们会发现向左方侧步比向右方侧步做起来更自然、更容易些。

李小龙用一根棍子练习步法，在图 3-39 中，他把这根棍子放在靠近脖子且稍高于肩的位置上，助手企图把这根长棍子刺向一个准确的位置，并让李小龙适应这种攻击。

在图 3-40 和图 3-41 中（正视图），助手用棍子刺李小龙，李小龙向左侧步，并保持身体的平衡，眼睛始终盯住助手。他必须突然地移动，以避

左侧步

B　　　A

图3-36

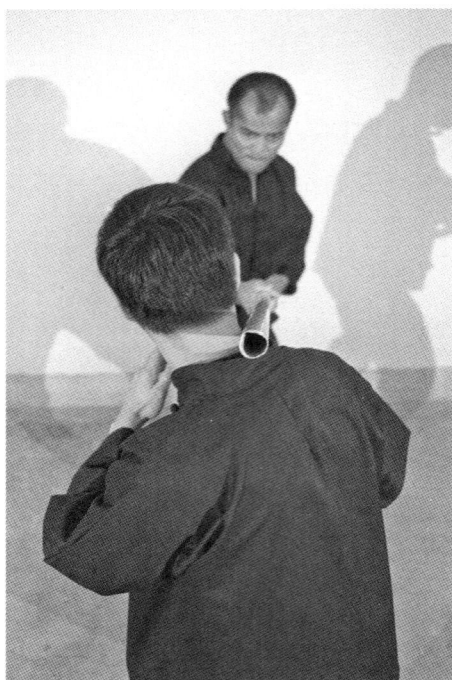

图3-39

图3-40

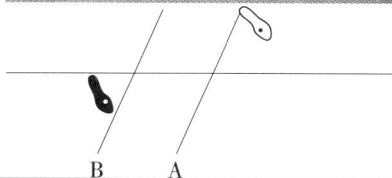

图 3-37

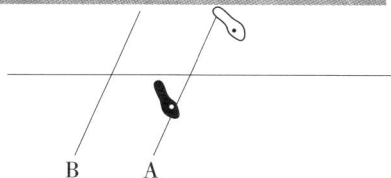

图 3-38

图 3-41

图 3-42

免棍子的边缘刺到自己。

在近战或格斗中，降低身体姿势是十分安全的，一般用变换步法的方式来移动身体重心或向前移步来降低身体重心（如图3–42）。使身体向前并稍向左移动，做耸肩、抬高双手动作。这样通常能获得内侧或外侧的防御位置，并可打击对手的小腹部，也可向上兜打、踩其脚面或将对手摔倒。当运用同样的步法向前移动时，可直接向左、向右或向后移动，这取决于你在那一瞬间的策略或安全需要。

要对付以左侧置前的对手，你要做右侧步，远离其后手。对付左撇子，要向相反的方面移动，通常是向左边移动。侧步的技巧要求移动得晚些，但是要快，要在即将被击中时迅速移动。

几乎在所有的动作中，脚移动的第一步，都是要向你想要达到的那个特定方向迈出。换句话说，如果要向右侧步，右脚移动的第一步就是向右侧迈出。同样，如果向左侧步，左脚就向左迈出第一步。

为了迅速完成动作，应该在刚刚要迈出第一步时，身体向那个方向倾斜。

在截拳道中，步法运用的目的是用最少的动作来取得最有效的结果和速度。移动只要能避开对手的进攻和打击就足够了。要让对手充分消耗体力，而不消耗自己的体力。

在训练中，自然地站立要做到放松、舒适，这样肌肉就可以充分发挥效用。要学会区别人们在生活中的舒适感和训练中的舒适感。要灵活机动、沉着应战，绝不能使自己处于僵硬或紧张的状态之中。

第4章

力量训练

打击的力量并不全凭蛮力。有许多肌肉并不发达的拳击手，却能集中全身力量于发拳之中，从而打出有力的一拳。然而一些肌肉十分发达的拳击手，却打不倒任何人。其中的道理是力量并不完全产生于肌肉的绝对收缩力，而是取决于爆发力，以及手臂与脚的动作速度。体重只有59公斤的李小龙，却能打倒比他体重大两倍的人，秘密就在于他能集力于一点，发力于瞬间。

在截拳道中，出拳不是仅仅去晃动手臂，而是要集中全身的力量，肩、髋、两臂和两脚要协调一致地参与到猛烈的攻击之中。击拳的惯量要集中在鼻子前方的一条直线上，并以鼻子这点作为引导点，如图4-1所示。出拳的发力之源并不是来自臂膀，而是来自身体的中心部位（腰际——译者）。

在图4-2中，由于拳头的落点过于偏左，把整个右边暴露给了对方，这有利于对手还击，却不利于自己防御（拳头来不及收回）。在图4-3中，用臂力打出的拳没有多少力量。他的动作太僵硬，以致不能够运用上髋部和身体的力量。

4.1　出拳力量

直接的出拳和踢腿，是格斗的基础。这一运用拳头的现代观念，是由对身体力量和素质的了解与掌握而得来的。仅仅用手臂打出的拳头，是无法提供足够力量的。严格地说，手臂只是力量的运载工具，而只有正确地

图 4-1 　　　　　　　　　　图 4-2 　　　　　　　　　　图 4-3

运用身体才能提供足够的力量。在任何有力量的猛击中，身体必须是平衡的，并与前脚成一直线，主要依靠身体的这一部分起到轴心作用从而产生力量。

在掌握出拳技术之前，必须首先学会正确地握紧拳头，不然在格斗中手很容易受伤。从四指和拇指张开的姿势开始（如图 4-4），把指尖卷向手掌（如图 4-5 和图 4-6）。然后，把拇指紧紧地压在握紧的四个手指上，且拇指尖延伸到中指中间（如图 4-7）。

这里有几种可供练习出拳力量的方法，其中最好的方法之一是学会运用髋部。为此，可以在一张大约 20×28 厘米的纸上系一根绳子，绳子从天花板上吊下来至齐胸高。

以这张薄纸为目标，两脚平行站立，距离这张纸约 17~25 厘米，两手握拳（别握得太紧）放于胸前，肘部自然垂于两侧，顺时针转动身体直到脚趾跟着转动。为了使身体充分转动，膝关节须稍微弯曲。这时身体应面向右侧，与目标成 90 度角，身体重心移至左脚，但眼睛要始终盯住目标。

以脚趾为轴，髋部做突然转动的动作，使身体重心迅速移向另一只脚。在髋部转动时，肩也跟着自然转动。当身体旋转时，右肘抬至与肩同高，刚好能用肘部击向规定的目标。这个冲击力量，应当能使身体转动 180 度，以

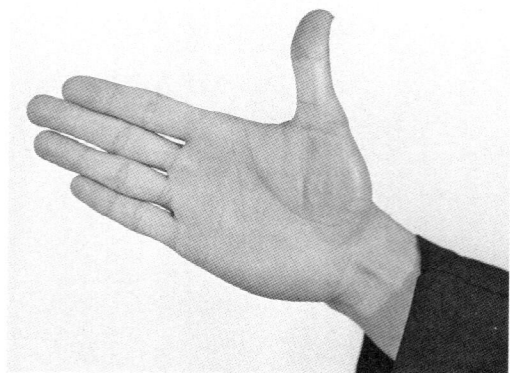

图4-4

图4-5

图4-6

图4-7

正好面对相反方向或左面。为了获得最大的力量，髋要比肩稍早一点转动（即由髋带肩——译者）是十分重要的。

由左边重复做相同的动作，用左肘打击目标。当你学会了控制身体，并开始在此练习中感到轻松时，就可以使用拳头了。

从目标向后撤步50~60厘米，保持准确的身体位置，然后猛地转身用直拳打向目标。身体应与目标成一直线，由髋部发力，转体应该保持良好的平衡，动作要协调连贯。这样，可使出拳的力量增加80%~100%。

在这个过程中要保持身体的平衡，特别是在完成了转动动作之后，更要注意以左脚在前，右脚在后的姿势站立（正确姿势）。由这个姿势做顺时

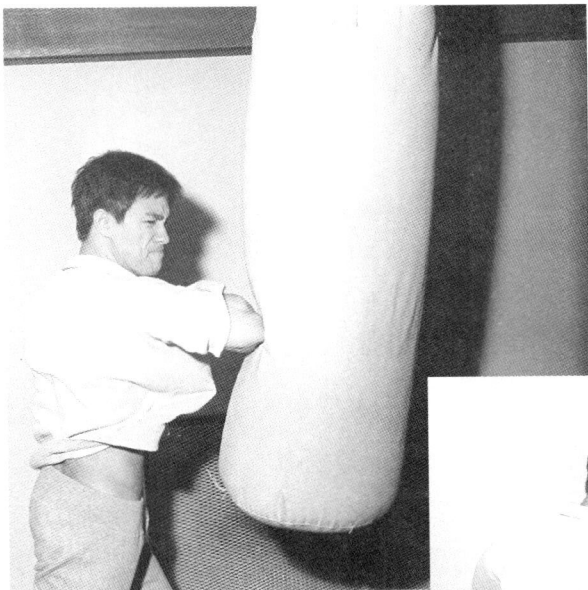

图4-8

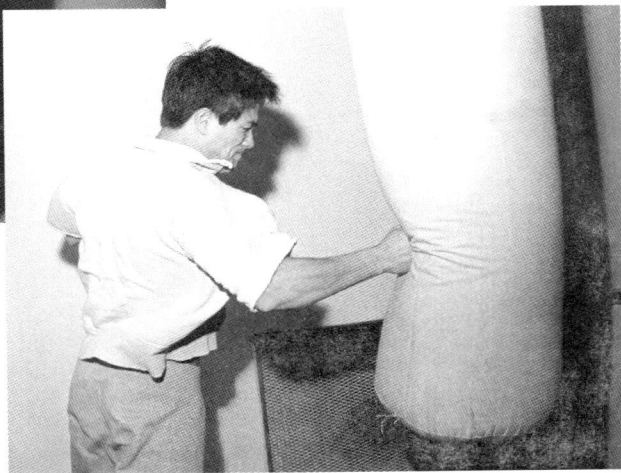

图4-9

针的转动，直到肩同目标成直线为止。前脚应距后脚38厘米左右。这时两腿微屈，身体重心完全落在后脚上。当髋部开始运动时，应以两脚掌为转动的支点，身体向前的动力来自后脚。出拳时后脚跟抬起，身体重心迅速移向前脚。在完成这个动作时，后膝实际上已经伸直，而后脚跟几乎完全抬起，身体应该正对目标。这个动作如同棒球运动员用全力挥动球棒一样。

一旦掌握了这种打击的方法，就可以开始做击打重沙袋的练习了（如图4-8）。在这里，李小龙是通过肘部的击打动作来增加髋部力量的，然后再做击拳练习（如图4-9）。

在击拳中为了使发拳有力，最后一步要恢复原来的姿势，即恢复到右脚在前的警戒式。两腿微屈，脚跟抬起，在这一瞬间，身体重心稍微移向后脚，

图 4-10

图 4-11

图 4-12

图 4-13

因为必须沿逆时针方向转动髋部。在此瞬间，身体重心要稳，并在出拳之前，把身体重心移向前脚。前手直拳不像其他拳那样有力，那些拳给髋部的转动提供了更自由、更充分的条件。但是，如果能够掌握正确的时机转动髋部，那这样击出的拳要比直通通的一拳有力得多，而且它对于你在防卫和进击中取胜也是非常重要的，它将是你最有用、最可靠的武器。像练习其他击拳技巧时一样，你可以用更坚实的靶子来代替纸靶，以增强打击力量。

李小龙在每天的训练计划中，常常用不同的器材集中地练习直拳。在图 4-10 和图 4-11 中，他使用的是手靶。有时为了模仿近战，他收回右拳以发出更加有力的一拳（如图 4-12 和 4-13）。

李小龙在训练中，喜欢用各式各样的拳击器械，他常用的一种器械是轻便的盾靶（如图 4-14 和 4-15 中所示）。他常说："我不知道拳头打在人

图 4-14

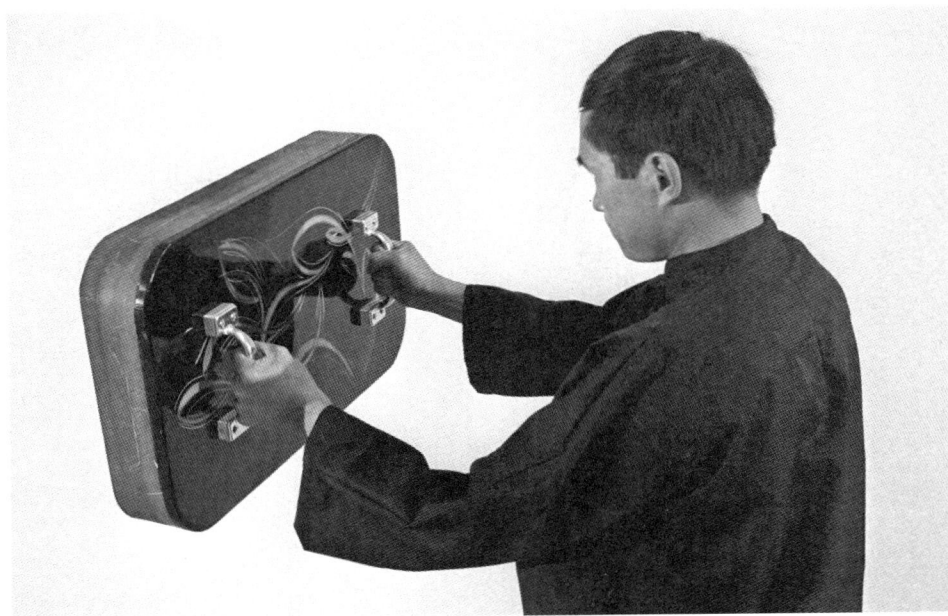

图 4-15

图4-16

图4-17

身上的真正感觉。首先，人体的各个部位结构不同，拳头可能会打到坚硬的骨头上，也可能打到柔软的脂肪上面。其次，戴拳击手套和光着拳头打是不同的，但遗憾的是不戴拳套与同伴对打是不太现实的。"

当与盾靶相接触时，会产生不同的感觉，即盾靶要比软垫硬得多，因为助手两手紧握着盾靶，稳稳地站在那里，所以就不像软垫子那样好打。为了使打出的拳头更有力，李小龙选用了帆布袋子（如图4-16）。他平时将三个袋子吊在墙上，一个装满沙子，一个装石砾或豆子，另一个装钢屑、铁砂。开始时，最好戴上薄的拳击手套打墙上所有的重帆布袋子。在赤拳击打沙袋之前，必须使拳头的骨关节变得坚硬些。

截拳道的出拳不同于传统式的击拳法，它用三个指关节代替两个指关节（食指和中指，如图4-17）。在截拳道中，出拳不是从髋部打出去的（如图4-18、4-19）。而是从胸部打出去的，就像李小龙在图4-18中所做的一样。如果直接打出去，就不必旋转手臂。如果转动手臂，在打击中拳面就成水平状态。如果是直接出拳，那么打向目标的拳面就是垂直的或偏斜的（如图4-19）。因此，必须握紧拳头把三个指关节练得十分坚硬，如图4-17所示。

为了增强拳头的硬度，除了击打吊在墙上的帆布袋，还可用装着沙子和石砾的盆进行训练（见图4-20）。还有一些练习，包括紧握拳头做俯卧撑。把无名指、中指和小指的指关节按在硬地板上，拳心相对。这对于初学者来说是个极好的练习，能逐渐地使指关节变坚硬，还可以让你避免受伤。

对于惯用左手式和截拳道警戒式的人来说，右手或者说前手的击拳力量，明显地要比惯用右手者的击拳力量差，除非他能够增加右手后撤的距离。在这种情况下，就要以速度来代替力量。而左手或者说后面的这只手，就必须弥补这个力量。

如果你是惯用右手的人，那么在开始时你会觉得用左手击拳十分别扭。你会失去平衡，打出去的拳头也是缓慢无力和不准确的。但是如果你经常以右脚在前做练习（如图4-21），那么你左手的打击力量会大大增强。

总而言之，在你的武库中，后手的直拳和交叉拳才是最有力的拳法。你所实施的打击将有赖于此。你必须勤练你的左手，直到变得可自然运用为止。

在李小龙的训练计划中，最有帮助而又十分简便的训练器械之一是一

图 4-18

图 4-19

图 4-20

图 4-21

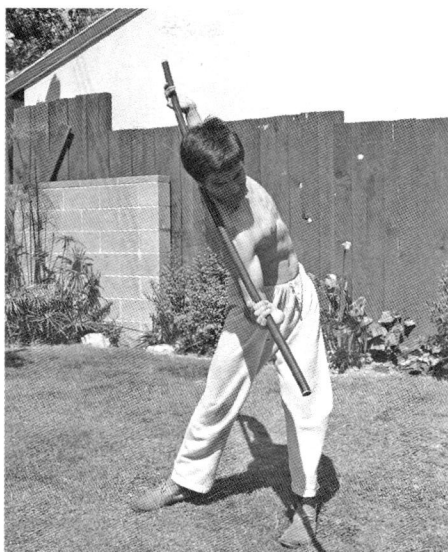

<table>
<tr><td>图 4-22</td><td>图 4-23</td></tr>
</table>

根大约0.45公斤重的铁棒。将它握在手中做练习，能够很快地加强发拳的力量。其具体做法是手握这根铁棒的一端，两脚分开，平行站立，然后径直地向鼻子的前方击出数次，以便能做到像鞭打那样迅猛而有爆发力地出拳。如果保持身体和手臂放松，会感到打完一拳之后，手臂会迅速地自动恢复原位的。

　　这个训练项目既提升了出拳的速度，又增强了出拳的力量。经过一段时间的练习之后，你就能够非常有力地出拳了。甚至在不用这些重物时，也能如此。这里的秘密是要集中全力或假设在出拳时两只空手里仍然握着那根铁棒。

　　在狠狠地击出一拳时，你很容易养成一种坏习惯，即两肩不成直线，以至于只有一只手臂在用力。换句话说，也就是两肩直线性很容易被破坏，这样发力就没有力量。为了保持两肩之间的一致性，李小龙采用两手分开抓握一根棒的方法（如图4-22和图4-23），并将棒横置于肩上，当身体由一个位置向另一方扭动时，这根长棒可以使两肩始终保持直线性。

　　在用铁棒训练一段时间以后，你会感到在不用这些重物的情况下，出拳会有更大的冲击力。这就说明一个问题，即"你的精神力量会使你创造

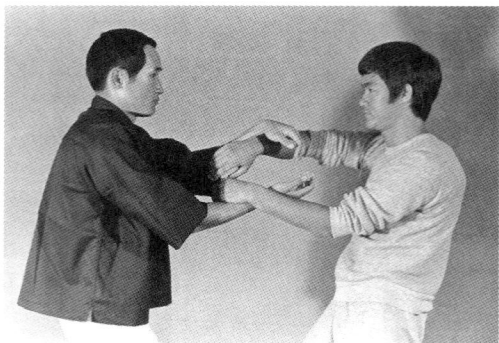

图4-24

图4-25

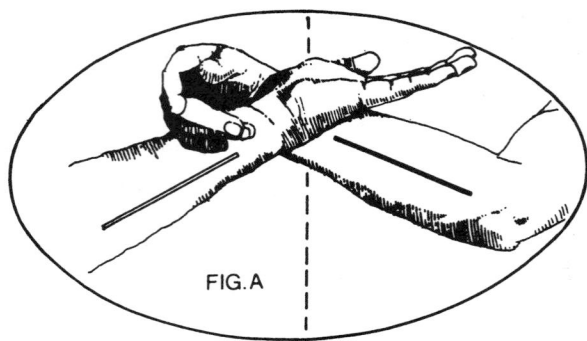

FIG.A

图4-26

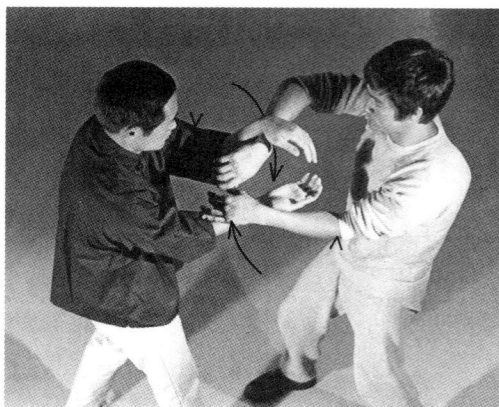

图4-27

图4-28

图 4-29

图 4-30

图 4-31

图 4-32

出奇迹来"。李小龙称这种额外的能量为"流动能量",就如同合气道中的"气"和太极拳中的"气"一样。

　　然而现在,你所体验到的仅是"流动能量"的一种练习。为了增强这种能量,这里还有几种练习。在整个训练中,最好的练习是"黐手",第二章中对此有简要的描述)。

　　练习"黐手"可提高手臂的能量和触觉反应,身体和手臂要保持放松状态,如图 4-27(侧视)至图 4-32(俯视)所示。像图 4-24、图 4-25 中那样,当你的手腕触及对方的手腕时,你的手只要施加一些压力,前后滚动两臂即可。从图 4-27~图 4-32 李小龙做的示范动作中,可以看到两臂应该怎样滚动。在每一幅图中，箭头的指向表示手的动作。当他们连绵不断、圆滑流畅地滚动手臂时，肘部的位置是始终靠近他们身体的。尽管手臂似乎是从一边滚到另一边，而你的能量的专注度则是向前的。

滚动动作并不是"黐手"的实质，重要的是来自两臂的流动感。最初阶段不是要互相斗力，而是要极力去感受这种内在的力。如果你硬是要把对手往后推，那就会失去做"黐手"的整个意义。而且这样做动作，会使你的两臂肌肉紧张，肩部变得僵硬，进而失去平衡，随之便开始依靠蛮力来代替流动的内力了。试想向内转动的螺丝，你永远不可放松螺旋劲，而要保持在一个小范围内，总是向前驱动。

这股能量（内力）必须由丹田发出，而不是由两肩产生。要做到这一点，需要假设水是由丹田送出，并在相当于水管的两臂中流动。这样手臂的端部，就变得有力。要保持手指的放松和舒展，就像水要从指尖涌出一样。

如果双方都释放同等的内力，或换句话说，水同样地流过他们的手臂，那么将会出现谁也无法攻破谁的局面。动作会变得连绵不断而有节奏，每一方都能感到对方的手臂是灵活而稳固的。手臂看起来柔软，实际上却是非常有力的。肘部位置应当是固定不变的，因而不要把肘部过分地引向身体。弯曲的手臂要能够从一边移向另一边，但不要指向身体。随着动作的不断熟练，手臂运动或滚动的半径也就变得越来越小了。就好像水流经你的手臂，正试图穿透和覆盖所有的小缝隙。

"黐手"是截拳道的一个重要组成部分，因为该技术的有效运用，有赖于手臂和身体的放松。"黐手"是增强流动能量的最好方式，它能使全身保

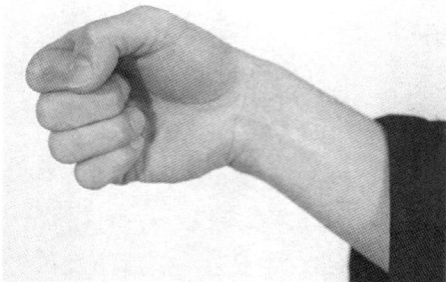

图 4-33

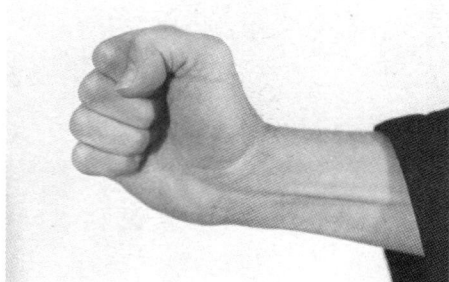

图 4-34

持放松状态，而又不失去打击力。

为了试验能量是否流动，可让练拳的同伴伸出手，然后猛击他的手。先用一般的力量，再使用流动的内在力量。专注于你手的重量，保持手臂松沉，并且重量要置于手臂的底部（坠肘）。不要告诉对手你在干什么，当每一种力量用过一遍后，再问他有什么不同的感觉。如果他确有不同感觉，你就猛击他的手，一次用"内在力量"，一次不用。打完之后，让他来判断哪一次打击的力量重一些。如果他认为运用"内在力量"的打击更有力一些，那就说明你做对了。如果无法找到与你一同练习的同伴，那么就在自己的手上试一下。

李小龙表演了令人难以置信的"寸拳"（如图4-35至图4-37），使观众大为震惊。在出拳时，他熟练地运用了转髋的外力和内在力量而产生的爆发力，拳头是垂直的，腕部翘起（如图4-33）在冲击点上，拳头突然向上一挺（如图4-34）。这种直拳一般是在距离目标12.7厘米或更近一些时才使用，如果企图远距离使用这种拳法，就会失去发拳的时机。

图4-35

图4-36

图4-37

图 4-38

　　还可以用一些其他方法来扩大内在的流动力量。如在开车时，把手臂放在方向盘上做"黐手"练习。在图4-38中，李小龙好像在做静力练习，实际上他是在运用内力，用手臂对铁棍施加压力。幸运的是，你可以在任何地方通过这种练习来提升你的流动能量，你可以把压力置于一条或两条手臂上。

　　那些企图在2.5厘米距离内击拳打倒对手的人，其实不是用拳击倒了对方，而仅仅是把对方推倒。你不能以推来打击对手，击拳的技艺绝不是推。在击拳中，力量强度的顶点是在接触点上。然而，在推的过程当中，力量从一开始就随着手臂的全部伸展而完全发放出去了。在拳击中，力量强度的顶点是在接触点上。击拳的力量是来自髋部的转动，而推力通常是来自后面的支撑脚，把整个身体向前推进。

　　在练习拳击，特别是打重沙袋时，要努力把重沙袋打穿，而不应把力量集中在沙袋的表面。这样，才能获得较深和较强的"穿透力"。"穿透"的意思是不断地加速对目标的打击，但击拳的势头和力量并不到此为止，而是透过目标继续延伸下去。不仅仅要击中对手，而且要在猛击对手之后，将打出去的手尽快地撤回来。

　　击拳时不应有探拳的动作，而应直接打出去。在快击中目标的一刹那握紧拳头。在攻击目标点时，为了增强辅助力量，另一只手要猛地抽回，并向身体贴近。

　　如果要向前跨一步出拳，那么拳头就要在脚落地之前击中目标。否则，身体的重量就会被地板吸住，而不能增加拳头的力量。在发出快速、准确而有力的一拳之前，髋部要先动。虽然脚步的移动能够增加力量，但如果出拳正确，也可以不必跨出一步就能击倒对手。

　　能否击出有力的一拳，取决于你出拳的力量和时机。正确的时机，是有力的一击所不可缺少的。没有这一点，出拳就可能过早或过晚，这样你就会在击拳过程中失去目标。

4.2　拉　力

　　虽然李小龙开始学习的是咏春拳的一种，但他改进了这种拳术的许多技术，这种改进之大，让截拳道从表面上看来几乎与传统功夫没有任何关系。然而李小龙并没有完全抛弃咏春拳的技法，而是保留了其中的一些，只是彻底改变了它们的原来面貌。

　　李小龙坚持训练的两种技法是"擸手"（刁抓）和"拍手"（用掌拍击），但当他学会"黐手"之后，便决心修改这两种技巧。因为咏春拳的这两种技法，是两个对手面对面地摆好架势，两脚平行站立。但在截拳道中，处于警戒式的对手都是一只脚在前，手的伸展范围也不同。

　　虽然李小龙认为正确的力量训练能够增加力量，但他在练习中是很有选择性的。他极力避免进行那些妨碍攻防或格斗的肌肉训练。

　　除了进行腹肌训练之外，李小龙还很注重对前臂的训练，因为他认为在

图 4-39

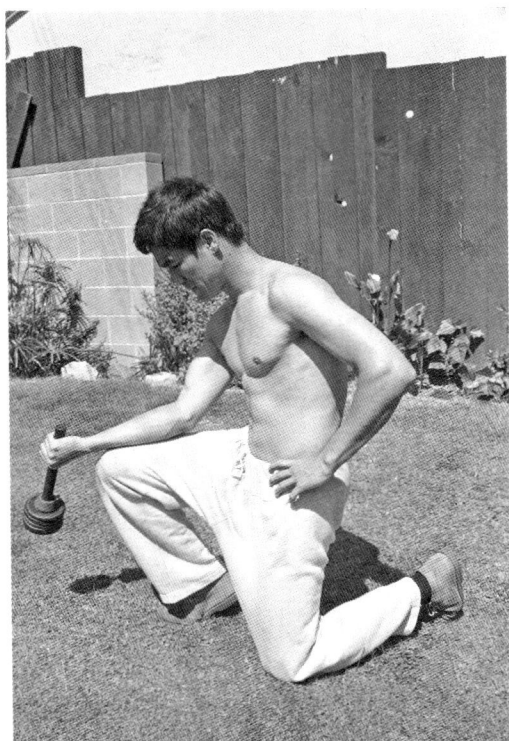

图 4-40

做"摊手"时，这时出拳和回拉的动作，都要依赖于前臂的肌肉力量。因而在其训练中（包括反卷动作），为了从这种练习中获得最大的收效，他常用一块海绵裹住木棒，这样当他的手握在海绵上时，就会失去握力。此时要想将重物提到胸前，就必须完全依赖前臂的肌肉力量。

　　另一种锻炼前臂的有效方法就是反向伸展。不要屈臂，而是用直臂将重物从胸前举起。手臂完全伸直，尽可能长时间地使重物保持在胸前的水平位置上。

　　他也用手掌挤压橡皮球及像图 4-39 和 4-40 中所演示的那样用腕力棍（即只具有一个头的哑铃）来训练，握于手中，靠腕力转动它。

　　李小龙还对手臂进行这样一种力量训练，即当他突然猛拉对手和对手猛然扑向他时，他的头突然向后躲闪，这就增强了拉力，然而这种拉力是他在咏春拳的"木人桩"上坚持"摊手"练习的结果（如图 4-41）。除了

图4–41

增强手臂的力量外，他还通过击打木人桩的两个木臂让手臂变得强壮而
有力。

在进行负重训练时，一定要有相应的速度和灵活性的训练。举重运动
员有很大的力量，但是在打击对手时却会因缺乏灵活性和速度而造成问题，
这就像一头犀牛试图围堵一只兔子一样。

4.3　踢击力量

运用腿法进行攻击具有几个优点：首先，腿要比手有力得多。实际上，正确的踢打是你所能实施最有力、最有杀伤力的打击；其次，腿要比手臂长，因此它也就成了攻击的第一线，通常它要先于拳的攻击；第三，要想阻截踢打是非常困难的，尤其像小腿、膝盖和小腹部这些身体的下半部都是很难防守的。

遗憾的是，很多的技击家却未能得益于腿法这一块宝。他们虽然用腿，但却没有力量。像图4–43、4–44和4–45所示的那样弹踢或直腿蹬踢，仍然是常用的，但它们并不能产生足够的力量去构成伤害或威胁。因为在弹踢中整体的力量没有投入到踢击中；在直腿蹬踢时，身体又容易失去平衡。

李小龙的拿手好戏是侧踢，如图4–42所示。这种侧踢不同于传统式的侧踢。在传统踢法中，侧戳踢虽然有力量却无速度，而侧点踢是虽然有速度却又无力量。然而截拳道的侧踢，则是这两者的结合，既有力量又有速度。李小龙惯于将一块5厘米厚的木板从他肩膀的高度扔下来，然后当它下落到半空中时一脚将其踢碎。如果他的踢击只有力量而无猛烈的踢击速度，那么这块木板只能是被踢出去而不能被击碎。如果他的踢击仅有迅猛的速度而无力量，则木板也是不能被踢碎的。因为仅靠猛踢来踢碎一块没有支撑的5厘米厚木板太困难了。

做这种侧踢时，两脚要分开，平行站立，当用左脚保持平衡时，右脚要抬离地面约30厘米，然后右脚用力踩下，以使其从地板上弹起约2.5厘米。在这里也要像用流动能量发拳时一样，把力量全部集中于脚上。换句话说，如同水正流过右腿（相当于水管），当右脚踩下时便全部发放出去（如水喷射而出），又猛地弹起（爆炸似地溅起）。但在腿没有充分活动开之前，不得猛地踩脚和踢腿。

现在开始认真地做侧踢动作。它和踩踏动作一样，当抬起右脚时，要将身体重心移向左脚，并沿直线踢出而不要下落。左腿应稍屈，以使身体略向后倾。当右腿向前踢出时，要以左脚掌为支点转动。要在腿的力量完全爆发前的一瞬间拧动髋部，以产生一股额外的力量。而这种力量会给将踢出的腿增加一种旋转劲或拧劲。然后在腿完全伸展时，脚迅速地踢出，从

图4-42

图4-43

而产生鞭打的效果。

如果你喜欢踢打坚硬的东西，可以击打树木或混凝土墙，估量好到墙的距离，让自己刚好能踢到它。只要你的脚是平稳地触墙，就不会受伤。有力的踢击，将会使自己的身体反弹回来。

在掌握了做侧踢的诀窍之后，便可练习踢击重沙袋。由警戒式做像"步法"那章中所介绍的那样向前疾步。要如同图4-46、4-47和4-48中所示的那样，以沙袋的中部为打击目标。

在撞击时，脚要水平地踢在沙袋上，不要歪斜。如果脚能迅猛地踢出，并对沙袋有穿透力，那么踢击的脚落在沙袋上的声音就会像鞭子的抽击声一样的清脆、响亮。如果在踢击中推力多于击打力，那么产生的声音就很轻、很弱。在这两种用尽全力的踢打中，击打力能给对手造成损伤，而推力只能是毫无损害地将对手打倒。

如果能飞快地踢击沙袋并保持身体的平衡，那就能在踢打中产生比想象中大得多的力量。总而言之，起腿踢击时和踢完后，脚都要紧紧地戳于地面，以保持平衡。然而为了获取更强有力的攻击，当你向沙袋移动时，身体重心要稍稍地抬高一点。当你把右脚推进至沙袋时，就要驱使左脚向下重踏。换句话说，此时的力量正由两腿发出。这可能是在不用武器的格斗中的一种主要痛击。

图4-44

图4-45

图 4-46

图 4-47

图 4-48

图 4-49

有一点要特别注意的是，如果没有击中或没有完全击中沙袋，就会误伤踢出的膝部。因为猛然踢出的脚，要比身体的运动快得多。当踢空时，就犹如有人把你的腿猛然拽离膝关节似的。

在实战或格斗中，后踢腿不太实用，因为一旦没有击中就容易失去身体的平衡。此外，跳得越高，对手就越有时间来躲避你的攻击。

重沙袋是截拳道中最重要的训练设备之一，其实在其他武术中也是如此，因为人们可以用它来独立进行练习。你可以单独地对它进行连续几分钟的侧踢训练。不过当你踢沙袋时，每次一定要等它摆回来时再踢。

教授初学者踢打时，要用膝部帮他抵住沙袋的底部边缘，并用两手轻轻地扶着沙袋中部的后面。以背抵住沙袋站立之前，你必须了解踢击者的力量。在图 4-49 中，李小龙有力地踢击沙袋，以至沙袋后面的人被撞得飞向房间的另一边。这种鞭击般的踢击导致他的脖子受伤，且持续了好几天。

李小龙始终认为，应该用不同类型的靶子进行击拳踢腿练习，以便在对各种不同类型的物体接触时得到不同的感觉。他经常使用重沙袋，但也经常击打墙上的粗帆布袋、豆袋或沙袋，以及手靶和图 4-50 中的木人桩、

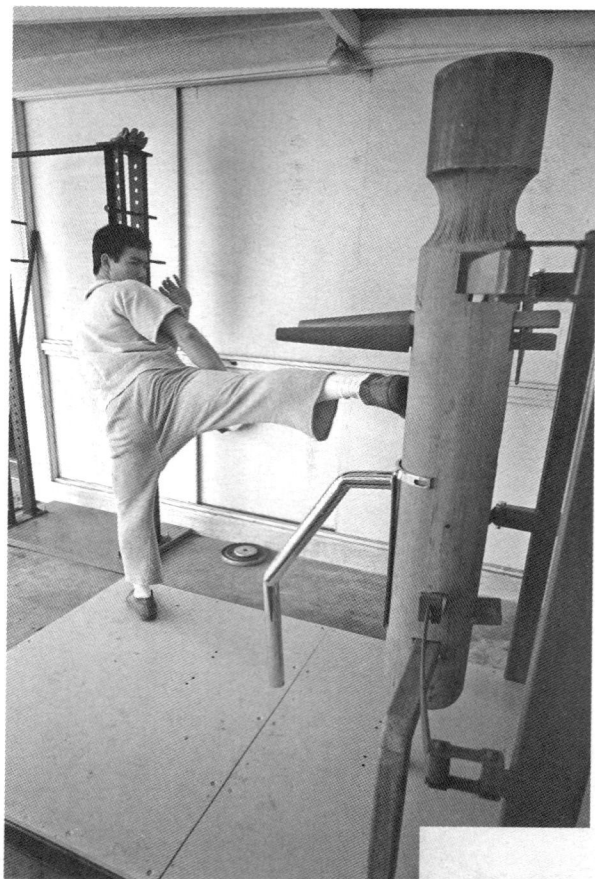

图 4-50

图 4-51

图 4-52

图 4-53

图 4-54

图4-55　　　　　　　　　　　　　　图4-56

图4-51中的手提式盾靶。

　　除了重沙袋之外，李小龙最喜欢在重盾和空气袋上做踢击练习。因为他可以像图4-52、4-53和4-54中所示的那样，把他的全部力量都发放到活动靶上，而又不会挫伤持靶人。

　　虽然前踢不如侧踢有力，但李小龙可以用髋部的作用来增强他踢击的爆发力。如图4-55、4-56中所示，李小龙在脚即将击中目标前的一瞬间急速地向前转髋，而不是仅仅依赖由膝到脚的弹踢。然而这一动作的时机是十分重要的，也是难以掌握的。所以要天天练习，直到掌握其中的诀窍为止。

　　本文试图逐步地说明进行侧踢的方法。一旦理解了如何运用与发力，在做侧踢时，就要毫不踌躇地形成一个平稳、优雅而流畅连贯的整体动作。

第 5 章

速度训练

什么是技击的速度呢？只是手、脚和身体运动的速度吗？或者说，一个优秀技击手是否还具有其他的优良素质呢？优秀的技击手是什么样呢？

　　对于这些问题的回答是：一个优秀的技击手可以不费什么力气就能给对手以更狠、更迅速的打击，并且自己不被对手击中。他不仅有敏捷的手脚和灵活的身体，而且还拥有一些其他素质，如：隐蔽的动作、良好的协调性、完美的平衡机能和敏锐的洞察力。虽然有些人也具有其中的一些素质，但要知道这些都是经过艰苦训练才培养起来的。

　　如果动作迟缓，不能将力量和速度结合起来，那么你在训练中练就的所有力量都是白费的。力量与速度缺一不可，一个技击手必须具备这两种素质才能成功。

　　一种提高速度的直接方法，就是在击中对手前的一刹那手或脚猛然抖动发力。这与手举过肩投球是同一原理。例如：当你挥臂投出一个垒球时，在将球投出的一瞬间或整个挥臂动作的最后阶段抖动手腕，你击出这个球的速度要比不抖腕时的速度快。大挥臂加抖腕自然要比小挥臂抖腕具有更大的加速度。一条十二尺长的鞭子（抽得准的话）要比一条二尺长的鞭子打的痛得多。

图 5-1

5.1　击拳速度

翻背拳并不是最快、最有力的拳法，因为它不能同时借助整个身体的运动。但是它却是一种可以充分运用抽击和猛抖发力的打法。首先，它像摆动一样地打击而不是直击，这就意味着你在出拳时可以施加更大的打击力。其次，手腕有较大的灵活性和动作的自由度，除了可以上下摆动之外（从拇指到小指），还可以左右摆动（从手掌到指关节）。这就是说，可以更加有力地挥拳猛击（如图 5-1）。

翻背拳一般是用来打击对手的头部，并主要与"擸手"（抓拿手的技术）结合使用（如图 5-2）。它一般是由肩的高度打出的，当然也可以作为突然袭击从肩到腰这一段的任何位置上打出去。只要动作隐蔽，对手是很难抵挡住这一击的。

虽然运用这种打法要损失一部分力量，但若与"擸手"相结合，这一点是可以得到弥补的。如果用力拉对手，则可将其突然地拉近以便运用翻背拳打他。当指关节接触到对手的面部时，其冲击力将是致命的，就像两辆迎面疾驶而来的汽车相撞一样。

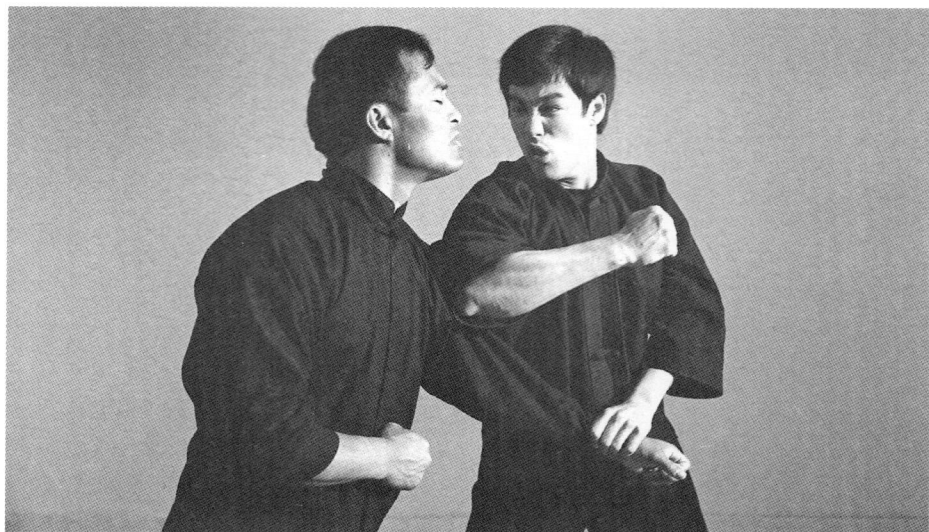

图 5-2

图 5-3

图 5-4　　　　　　　　　　　　　　　　图 5-5

　　为了提高翻背拳的速度及敏捷性，可以点燃一支蜡烛，试着以拳背的加速度将其扑灭。另一种有趣的练习方法是：同伴在你有控制地向其面部击打时截住你的拳头，如果他未能截住，你应在距离其皮肤大约0.6厘米时住手。

　　李小龙也使用活动头型靶进行练习（如图5-3）。这是一种特别的靶，是专门为单人训练制造的。头靶是用软物填充起来的，具有弹性，能够承受任何沉重的打击。

　　前手标指是速度最快的进攻技术，因为它距离目标的运动距离短，所以能迅速击中目标；它也是你赤手进攻最长的武器，因为此时并不需要把手握成拳，而是将手指伸直，这就使手臂又延长了数寸（如图5-4和图5-5）。

　　运用这种技术时无须十分用力，因为你的目标是对手的眼睛。相反，准确性和速度却是最重要的。对于对手来说，戳击是很有威胁性、很危险的武器，因为它的破坏力很大而且很难防御。

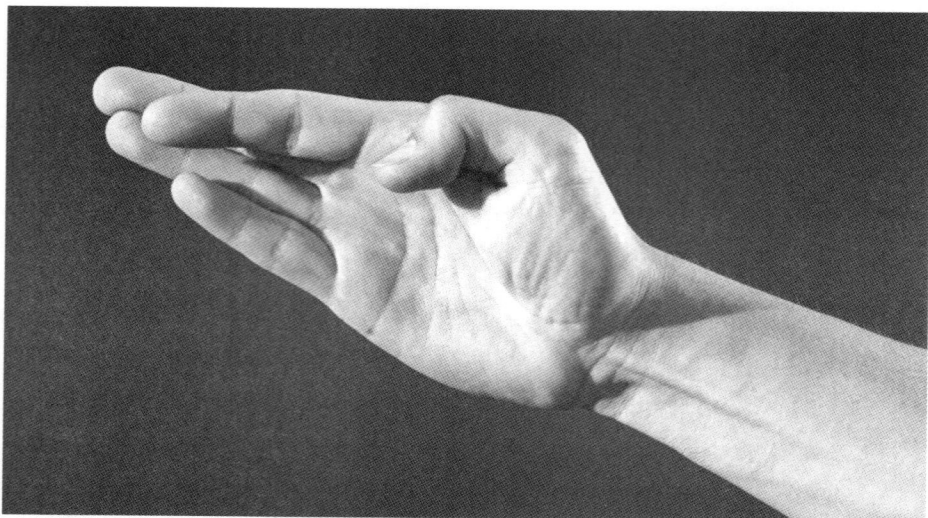

图5-6

　　如果你未击中对手的眼睛，而是碰到其头部或骨头等较硬的部位时，那么就应该保护你的手指不受损伤，并学会运用正确的手形，将手指排列好（如图5-6），微屈较长的手指，并与较短的手指相适应，拇指内扣，使整个手呈一支矛的形态。

　　要想提高标指戳击的速度，你需要做大量的练习。而且大部分的练习，将是你调动自身积极性的结果。速度取决于动作是否简捷、实用，而标指又是一种让你有机会去体验的技术。标指像截拳道中所有的打击一样，不带任何后缩动作地向前突刺。这如同蛇捕食时吐信一般，毫无预兆警示。

　　你在快速打击上花费的时间越多，动作速度就会越快。就好像在慢跑时突然出拳的拳击手一样，你必须同样重视独自的训练。纸靶是一种极好的训练装置（如图5-7），它便宜、易于制作，对于希望加快打击或戳击速度的人来说是十分有益的。

　　除了纸靶之外，李小龙还常用一片厚皮革条进行练习，这样可使手指更加坚硬（如图5-8）。在活动头靶上，李小龙也进行大量的标指戳击练习（如图5-9），因它最适宜做手指戳击练习。活动头靶在被标指戳中时，表面会陷下，但却有足够的硬度促使手指变得更加强硬。

　　虽然木靶太硬，手指无法戳入，但对于练习标指戳击的组合动作来说，

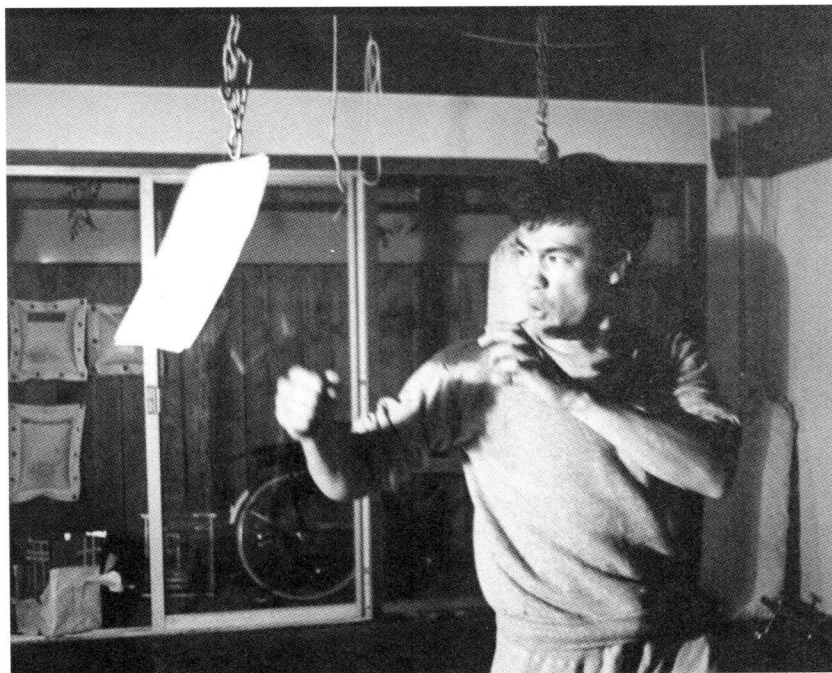

图 5-7

图 5-8

 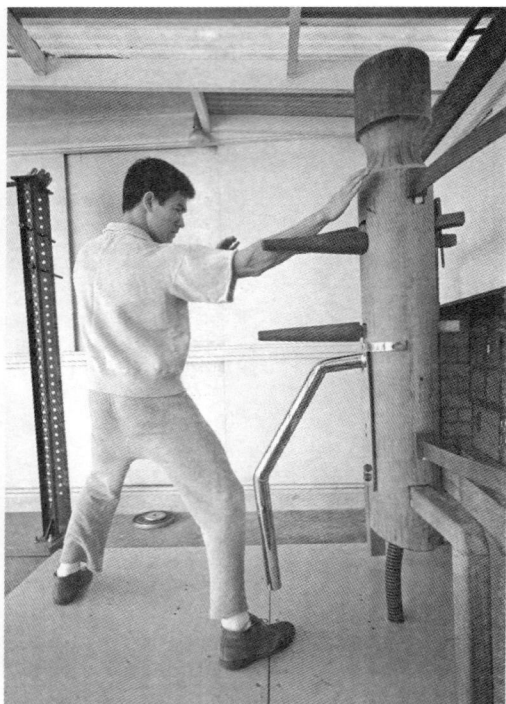

图5-9　　　　　　　　　　　　　　　　　图5-10

它是很有用的器械（如图5-10）。当木人桩的手臂伸出妨碍你接近时，就像真的对手一样。

　　前手标指是最迅速的进攻手法，而前手直拳又是所有拳法中速度最快的拳法，也是截拳道的主要拳法。它既是一种重要的进攻武器，又是能在一瞬间阻止或截击复杂攻势的重要防御手段。

　　尽管我们在"力量训练"一章中讨论过前手直拳的打法，但力量并不是前手直拳的首要问题。其实把前手直拳归类为快速打击更为恰当。像标指戳击一样，它距离目标很近（如图5-11、5-12和5-13）。

　　前手直拳不仅是最快的拳法，还是打击最准确的拳法。因为它是在近距离内向前直击的，所以能让你保持身体的平衡状态。它像手指戳击一样难于阻挡，特别是在运用连续的短小动作时。还有，它在运动中比在固定位置上实施速度更快，它与手指戳击一样，能以其威胁性的姿势使对手感到紧张不安。在击中对手之前，要借助迅猛的动作来加强拳的力量和速度。

图 5-11

图 5-12

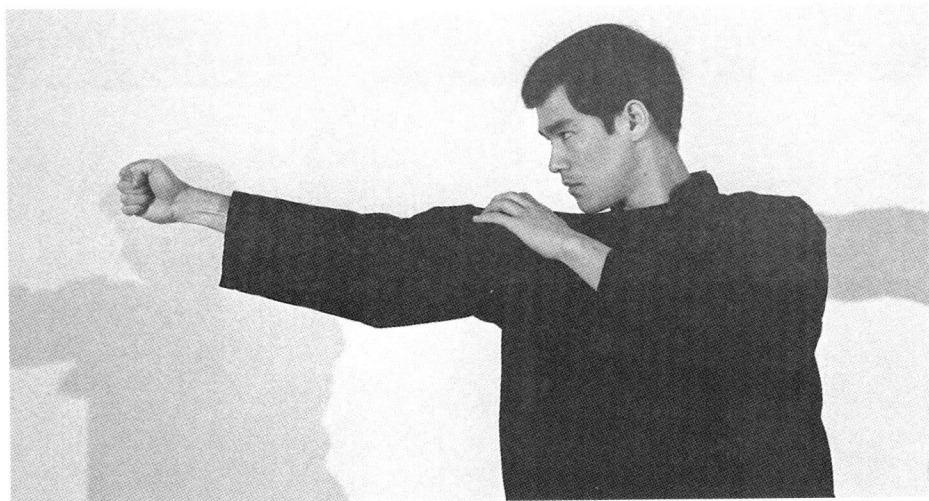

图 5-13

在拳头触到对手的前手时，要保持放松状态，只是在接触的一刹那要握紧拳头。为了使打击具有爆发性的力量，应利用内在流动力量来增加手的力量。

直拳并不是目的，而是为达到某种目的而采取的手段。直拳虽然不是一拳便能打倒对手的有力打法，但却是截拳道中最具优势的一种打法。它与其他拳法及腿法结合运用才会更加有效。

直拳应由警戒式发出，落拳点应与自己的肩部成水平（如图 5-14、5-15和 5-16）。打击矮个对手或攻击对手的较低部位时，要屈膝，使肩部与落拳

图 5-14   图 5-15   图 5-16

点持平。而当打击高个对手时，要踮起脚尖。

　　以后，随着技艺的提高，手在任何位置都能自如地出拳，不会再有任何诸如向后抽拳或收肩这类多余动作。但是，为保证其攻击威力，必须在身体平衡时出拳。

　　与传统姿势不同的是，手绝不能置于髋之上（如图5-17、5-18和5-19），也不能从这个部位出拳，因为手的这段运动是很不必要、不切合实际的。再说，从髋部出拳，还会使身体在出拳动作中露出很大空当。

　　正如上一章所谈及的，如果你转动髋部，利用其他一切能加重打击的方法，那么你的前手右直拳将更加凶狠有力。但是有时它会泄露你的动向，使你不得不做出决定——是否牺牲速度以保持力量。这时你要根据对手的情况做决定，如果对手的动作缓慢且笨拙，那你仍然可以运用有力的打击，而且要不露声色地攻击。但如果对手很敏捷，那你就必须注意速度，而不是强调力量。加强速度和准确性训练的最好设备，是老式的速度球（如图5-20）。这只速度球吊在从天花板垂下的弹性索上，速度球的下端用一根绳子扯向地面，其高度与肩部成水平。使用速度球要得当，两手必须十分快速、准确地击中目标，并掌握好时机，这样速度球才会向你直接回弹。

图 5-17

图 5-18

图 5-19

图 5-20

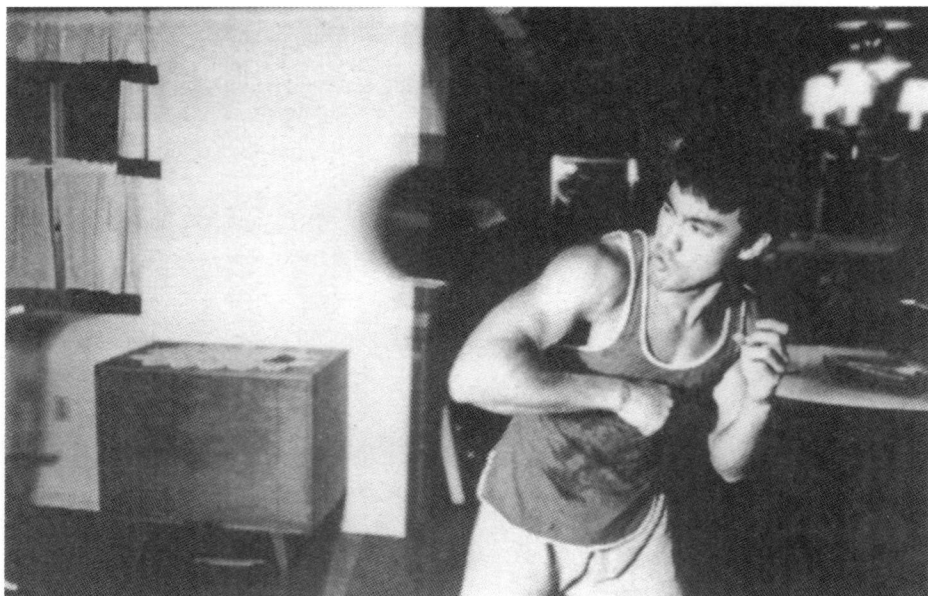

图5-21

图5-22

　　最初，你可以让两腿舒适地分开平行站立，以两手击打沙袋。用自己的鼻子作为引导点，成直线地打击它。沙袋最有价值的特点是，它迫使你直接、干脆地击打它而不是推它，否则它就不会急速地弹回来。但是，一旦经过练习掌握了击打的技巧之后，便要由警戒式做手和肘的复合练习，即以拳击打，以肘和前臂阻挡或撞击（如图5-21）。

　　按传统的站立姿势从髋部出拳，是无法再击中沙袋的。因为按这种姿势第一次击打后，再对弹回的沙袋做出反应就太慢了。而且传统方式的两手不能保护头部，肯定要被沙袋撞到脸部。

　　手靶（如图5-22），是一种多用途的装备，它可以用来提高踢击和组合打法的力量与速度。你可以用一只或两只手靶进行练习。

　　图5-23和图5-24，是李小龙在利用一只手靶进行爆发性右直拳的练习。一只手靶的练习，除了训练爆发力以外，对于加快出拳速度也是十分有益的。让伙伴举着手靶，每当你试图面对面地击中手靶时，伙伴飞快地上下移动手靶，尽量使你无法打中。

　　李小龙用右前手打出第一拳后，左手紧接着便打向第二只手靶，反复

图5-23

图 5-24

打（如图 5-25、5-26 和 5-27）。同伴用一对手靶躲闪、晃动，展现出一对难以击中的目标，从而帮助出拳者锻炼速度、瞄准能力和身体的协调性。

　　然而那种为了提高速度而击打墙壁上帆布沙袋的做法，是不可取的。要想提高速度，你就要时刻记住用速度去击打，而不是力量。如果在任何时候都是以全力进行击打的话，那就会丧失速度。即使在练习击打重沙袋时（如图 5-28、5-29），也要注意将速度和力量结合起来。一般都以占优势的前手进行速度攻击，而后手进行力量攻击。在靠近沙袋时，两手还可以连续地发出重击。

　　木人桩也可以用来结合拍打作快速出拳练习（如图 5-30、5-31）。但这种方法对于以前没有进行过木人桩练习的人来说有个弊端，如果他的拳头不适应硬物体，他就很容易弄伤自己。

　　刺拳很像前手直冲，但却不具备后者的力量。它常被两个狡猾的技击手用来在格斗初始或拳术对抗的前几个回合内进行"试探"，用以了解对手在运动中的谨慎程度。当两个旗鼓相当、技术熟练的斗士对阵时，刺拳往往贯穿于整场格斗始终。

图 5-25

图 5-26

图 5-27

图5-28

图5-29

图 5-30   图 5-31

在拳击中，前手刺拳是最常用的攻击手法，但在截拳道中，则是前手直冲。这两种技击法的共同特点是：快速敏捷、准确、短促、发拳时身体的平衡好、很难被对手阻挡。

在进攻中，前手刺拳用以逼使对手失去平衡，从而为更有力的打击制造空当。在防御中，它能遏止或做出有效的机动动作。例如，可以在对手即将发动攻击时，抢在他出击之前向他的面部刺拳，也可以挺直手臂戳击，以迫使对手与自己保持一定的距离，防止其近战。

戳击的目标主要集中于面部，因为它缺乏力量，不能对身体造成很大的伤害。所以它是一种较弱的、骚扰性的打击，但在策略上是十分有益的。注意运用时手臂要放松，在即将击中前才加速、加力。

图 5-32

图 5-33

5.2　隐蔽出拳

使截拳道区别于传统功夫形式和拳击的最明显特点之一，是李小龙揉进了击剑中不易暴露攻击意图的特点。他采纳了击剑中的一部分步法，并运用了手的攻击先于身体而动的原则，这让他的翻背拳、标指和直拳这些快速打法，几乎使对手不能闪避或阻挡。

因为截拳道在开始攻击时，没有任何诸如绷紧两肩、移动脚步或身体这样的预先警告，所以对手就不会有足够的时间做出反应。当对手看到拳头击来时（如果能看到的话），他想闪开或阻挡已经太迟了。当你的身体前冲的时候，拳头早已击中对手又抽回来了。这就是击剑运动员向前突刺而身体并不前移，直到手向后抽回时身体才前移的典型动作。

在出拳的同时，身体或脚哪怕稍稍动一点点，都会向对手暴露或预示你的意图。隐蔽动作的诀窍是放松肢体，但是要保持小幅度的摆动。手要轻松地挥出，这样臂膀就不会绷紧。拳头应在击中目标前加力的一瞬间才握紧。面向对手时，应毫无表情。因为面部最细微的表情都会流露出意图，使对手警觉起来。

李小龙的快速拳击极为精熟，以至他在空手道比赛中进行表演时找一个自愿与其交手的人都成了问题。就连冠军们也都害怕与他对垒，因为他们大都知道他运用拳法的高超技艺。图 5–32 和 5–33，是李小龙快速攻击一位空手道黑带（有等级的）运动员的表演。即使李小龙指给这位黑带运动员他要打击的部位，这位黑带运动员也还是在八次打击中都未能阻挡李小龙的攻击。李小龙之所以能够成功，不仅在于他有快速敏捷的手，而且还因为他有完美无瑕的隐蔽动作。

做隐蔽打击时的步法，应如“步法”一章中所谈到的那样，是滑步向前的。先练习翻背拳，再练习标指，最后练习前手直拳。

开始时的拳击和戳击，是做对空气的打击练习，然后练习打纸靶，最后用拳靶进行练习。像练习快速打击一样，让同伴在你出拳击打时突然地移开手靶，竭力使你的攻击落空。

还有另一种练习，就是“合掌”游戏。站在距离同伴一臂再加 10~20 厘米远的位置上，让同伴两手分开 30 厘米，将拳头从其两手之间打向他的身

图5-34

图5-35

图5-36

体或面部，但应注意不要让他的两手夹住你的拳头。

如果同伴未能夹住你的拳头，可以让他缩小两掌之间的距离，只保持15厘米的间距即可，同时你也可以离他更远一点出击。但在准备进行这种练习之前，须确保你能控制住击出的拳头。一旦同伴未能夹住拳头，你应在击中他之前住手。

在进行"合掌"游戏之前，最好也学会控制出拳。让同伴静止站立，当拳头打到他面前4厘米时停住，然后逐渐将拳打得越来越近，直到碰到他的皮肤为止。应使同伴只感觉到你动作的气流。同时，同伴也要学会在拳头几乎打到他的面部时也不眨眼。

5.3 踢击速度

在截拳道中，最占优势的腿法是侧踢和勾踢。侧踢既快又有力，而勾踢主要是被用作快速踢击。在截拳道中，大部分的踢击是由前脚来完成的，这样就缩短了你与目标之间的距离。

勾踢一般集中踢击身体的上部——即腰以上到头部，用勾踢踢击对手的手臂下方——肋部时，效果特别好（如图5-34）。正如上一章所提到的，腿比臂要强壮得多，因而勾踢这样的快速踢打可以一举让对手丧失战斗力。

图5-37   图5-38

　　由于勾踢的起腿动作难度很大，在实施过程中容易失去身体平衡，尤其向高处踢时更是如此，所以勾踢比侧踢更加难以掌握。

　　由警戒式开始做勾踢（如图5-35），将前腿膝部上提，大腿抬至水平位置（如图5-36），小腿放松下垂，并与地面大约成45度角。身体重心应完全落在微屈的后腿上，身体微向后倾斜。然后，以后支撑脚的前脚掌为轴，转动髋部，最后伸直后腿，将前脚猛然踢出（如图5-37和5-38）。当脚离开地面之后，踢击动作应一气呵成。两腿应连续踢击目标，而且是不仅踢击目标的表面，还要使踢击力透目标直至内侧。像出拳一样，腿在接触目标前要快速屈伸。

图5-39

图5-40

脚的路线图

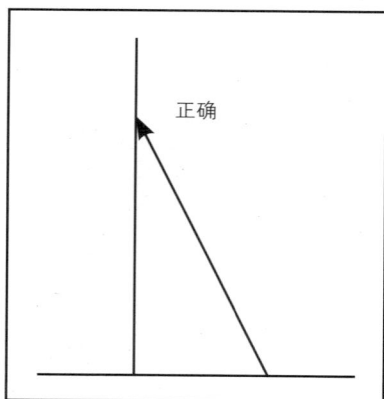

正确

图5-41

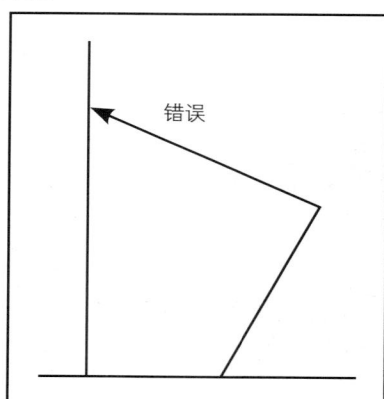

错误

图5-42

图 5-43

图 5-44

图 5-45

图 5-46

图 5-47

图 5-48

　　初学者容易犯的错误之一，是身体过于向前倾斜，将勾踢分为两个动作。在抬起膝盖后，初学者喜欢将脚先向后摆动然后再踢出去，这样就会减慢踢击的速度。对照脚的路线图，这两个动作也因起脚的停顿和没有按照李小龙在图5-39、5-40、5-45、5-46中所做的示范动作那样，运用髋部和腿部运动的合力，从而削弱了攻击的力量和速度。脚的踢击路线如图5-41和图5-42所示。（上图是正确的踢击路线，下图是错误的踢击路线）。

　　勾踢通常是结合快速的前进步法来实施的。由警戒式（如图5-43）向前跨7~8厘米左右（图5-44），接着后脚迅速滑步跟上（如图5-47），当后脚将要触到前脚时，抬起前脚踢击（如图5-48）。

　　当对手逼近你时，你也发现自己距离对手很近了，在这种情况下，就不要再向前跨出7~8厘米，而是要由警戒式（如图5-49）将后脚直接快速滑步跟上（如图5-50）。接着在对手还未来得及做出反应时，就起脚侧踢了（如图5-51）。整个动作应一气呵成，不要迟疑或操之过急。

　　有时你会处于这样一种处境，若跨出7~8厘米，距离对手太近，不跨又感觉太远（如图5-50）。遇到这种情况时，应在侧踢起脚之前猛冲一下（如图5-52）。

　　虽然勾踢一般多用于踢击身体的上部，但也经常以裆部为目标（如图5-53和5-54）。这一点往往取决于你的身体与对手所形成的角度。你会体会到，这是唯一能够击中这一难以击中部位的实用踢法。

　　有好几种器械是可以用来做勾踢训练的，而其中最实用、最经济的一种是纸靶。先从警戒式做不移动脚步的踢靶子动作，以体会自己的姿势（平衡）和脚的踢击路线。还要特别注意接触目标时的发力状况。

　　随着训练的进行，可逐渐地改踢较硬的物体，如轻沙袋（图5-55）和重沙袋，以及用木人桩来练习手脚的组合技术（如图5-56）。当掌握了勾踢技巧之后，就可以利用活动目标来练习了，如拳击手靶。开始时只用一只，随后再加上另一只，这样左右脚都可以得到练习。

　　虽然一般说来勾踢接触目标部位的是脚背，但脚的其他部位如脚掌、脚尖和外胫骨也是可以利用的。不过在光脚进行格斗时，应避免使用脚掌或脚尖。

　　在多数击打中，重击一般要比轻击的速度慢，可是侧踢却是二者兼而

图5-49

图5-50

图5-51

图 5-52

图 5-53

图 5-54

图 5-55

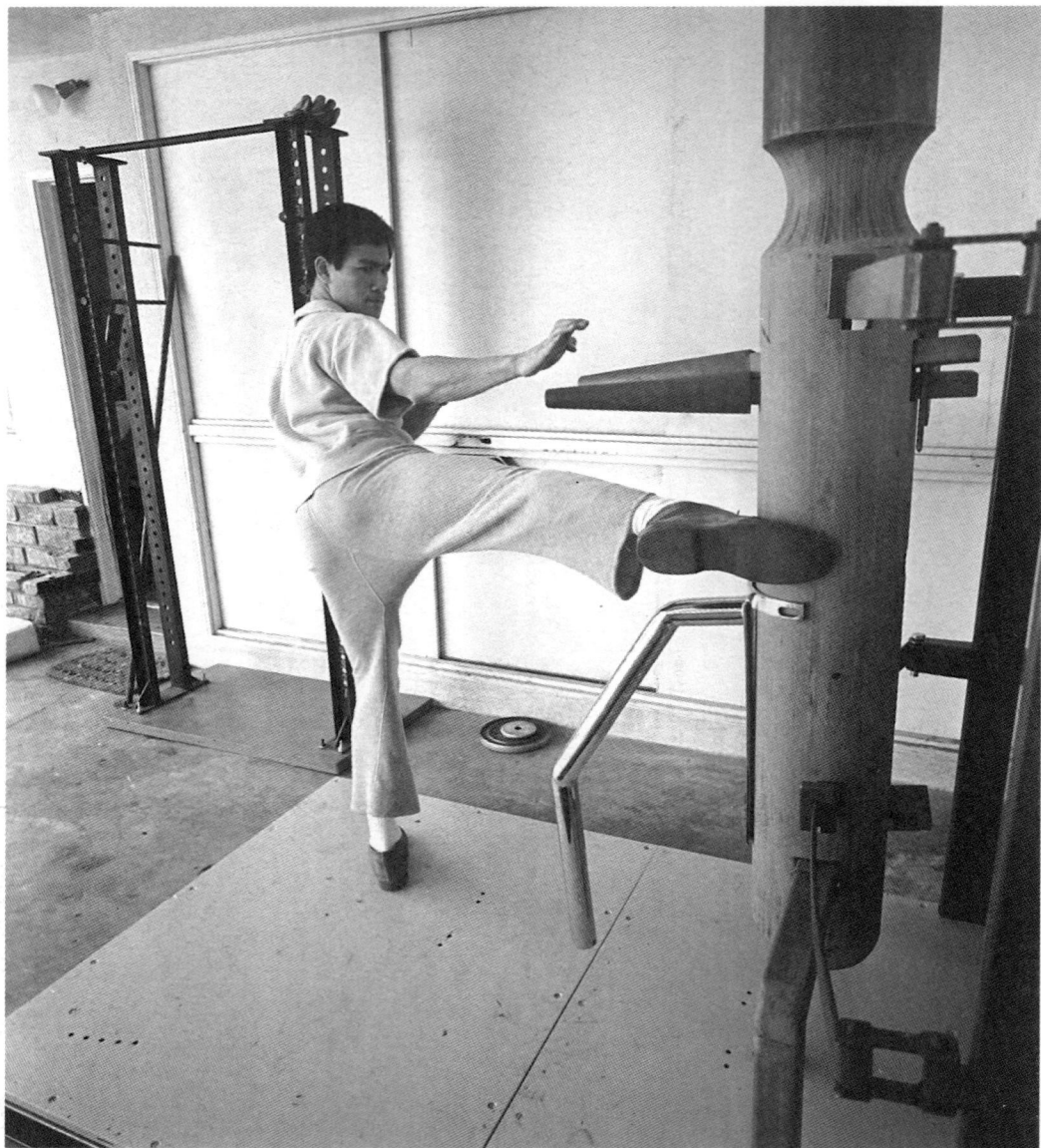

图 5-56

有之的腿法，它既迅速又有力。如果目标是对手的下部，如膝部或胫部（如图5-57和5-58），那么它可以像勾踢一样快速、敏捷。李小龙运用低位侧踢，几乎如同前手刺拳一样迅速，看他追击完全失去平衡向后退缩的对手是十分有趣的。

练习快速侧踢，要取警戒式并假设对手的前脚就在前方。当踢出一连串角度向下的侧踢时，两眼须紧紧盯住假想中对手的面部。这种训练的目的是，使脚迅速有力地踢出。木人桩也可以用来练习低位的侧踢（如图5-59）或练习手脚的组合动作，以及各种其他腿法。

另一种快速踢法是向上、向前的对裆部的踢击，它的实施方法差不多与勾踢一样，所不同的是这一脚不是斜线踢向对手身体的侧面，而是直接向上垂直地踢击对手的小腹。按照"力量训练"一章所论述过的，如果配合上你的髋部动作，那么你就能做出比勾踢更加有力的踢击。

前踢在截拳道的对抗中是不常用的，因为在警戒式中没有充分的机会运

图5-57

图5-58

用它。但是对付许多不知如何保护好小腹的人，这仍是极为有效的腿法之一。

虽然可以用脚尖或脚掌踢击对手，然而人们主要还是用脚背或胫骨，因为使用它们更能准确地击中对手。脚要从对手的两脚之间向上踢（如图5-60和5-61），这样几乎不可能踢不中目标。

在攻击与防守中，偶然也有机会运用前踢。例如，在避开一次攻击之后，可能会使对手一扑而转过身去，这样他背对着你（如图5-62和5-63），就可运用前踢的腿法了。

在日常的训练中，可用重沙袋的下缘来练习前踢，还有从天花板上悬挂下来的轻沙袋或球，对于提高踢击活动目标也是极好的辅助器械。此外，拳击手靶也可用来练习前踢（让同伴戴好手靶，掌心向下保持水平）。像其他技术一样，木人桩是用来练习组合动作的（如图5-64），但不要过于用力地去踢，因为那样有踢伤脚的危险。

图 5-59

图 5-60

图 5-61

图 5-62

图 5-63

图 5-64

5.4　敏觉性与洞察力

　　某些运动员似乎比别人有更大的周边视觉感，像篮球运动员那样，他似乎知道每个球员的位置，而且总能发现具有空当的人；或者像一个四分卫那样，总是能看到无人防守的接球者。一些体育领域的专家相信，只有极少数天才运动员才拥有这种特殊的余光。但是，他们还认为这种特质每个人都是可以通过不断的练习来提升的。在格斗里，如果与你交手的只是一个人，那就不需要广阔的视野。但是当被两个以上的进攻者围住时，就必须具备广阔的视野了。

　　为了开阔视野，可将目光集中于远处的建筑物，如一幢大楼或一根电线杆，然后将目光扩散，还可看到它四周模糊的环绕物。你要以眼角的余光注意一切活动。

　　在训练中，当你面对三个以上的对手时，你的目光似乎只盯着中间的人，但实际上他们全部都在你的视野之中。当他们当中的某个人动了，即使是有极其细微的运作，你都要大喝一声他的名字。

　　当你对付一个对手时，不仅两眼要盯住对方的眼睛，还应将其整个身体都置于你的视野之中（如图5-65）。当你的目光集中在远处时，视野就较

图5-65

为广阔。但当你的目光集中于较近处时，视野范围就会变小。在对付单个人时，尽管手的位置比脚距离你的眼睛更近，但是随对手的手而动还是较难的，因为手比脚要快。

一个技艺高超的武术家，对李小龙迅速的手脚反应感到吃惊。李小龙总是在对手刚刚要起脚或出拳之前截击。他似乎有一种天性或第六感官，使他初次见面，就能觉察到别人的思想。与像他这样的人格斗会令人沮丧，因为你还未来得及眨一下眼，他已经扑到了面前。

李小龙快速反应的秘诀，是他那多年练就的高度"洞察力"，这对他那娴熟的拳脚功夫是一种完善。单纯的手脚加速作用，并不一定意味着你能够抢在对手之前击拳或出脚。也就是说，单单凭速度并不能保证在对手打中自己之前就击中对方。但是，通过培养敏锐的洞察力，可使抢在对手之前的机会大大增加。

怎样锻炼敏锐的洞察力呢？一种方法是对周围的环境保持警觉，学会做出迅速的反应。例如，在饭店或公共场所，从人群中挑选一个人作为目标，并随时注意他的举动。当他或她做出某种手势时，你应无声地"啊"一声，或者用其他的声音做出反应，来渐渐地提高自己的反应速度，并争取能对其举动做出判断或抢在他做手势之前就"啊"一声。

如果你有一条狗，可以用一块破布来逗它，借此来练习敏锐的洞察力。当狗跳起扑破布时，你应做出反应，即"咄"一声，同时突然把破布扯向一边。开始时，将破布举高些，以后当你的反应加快了，可将破布向狗垂得低一些。这种简单的练习能惊人地缩短反应时间。

如果对此你不信服的话，可以不出声地做同样的练习，当狗扑过来时只是突然地把破布扯开，这时你会发现，你的反应会是何等之慢。

你可以和同伴一起做的一种练习是，让同伴很快地做一些手势，你对此做出反应。之后，你将拳击手靶举在同伴的面前让他来打。当他一拳快速击来时，你将手靶迅速移开，同时"啊"一声，惊人的是这种简单的练习可以大幅度提高灵敏性。

第二部分

技法训练

第6章

移步技法

步法移动的技巧，在技击中是十分重要的。无论是进攻、防守、做虚晃假动作还是保持体力，都要依靠移步。你能否准确地控制你和对手之间的距离，也取决于你对移步和对步法技术的掌握程度。运用步法的策略，就是要用自己的步法去迷惑、扰乱对手的步法，占据优势。因而在进攻或防守时，都要以对方前进和后退的步法为依据。

当你了解了对手的步法之后，就要适应它。那样，你就可以在紧逼（前进）或退守（退后）中做得恰到好处，以便寻找出拳机会。步幅的大小，要随对手移步的情况而调整。在前进和退后中的直觉，也就是何时应该进攻和防守的直觉。

一位技术娴熟的拳手，从来都不长时间地停留在某一点上，而是以不断的运动来迷惑对手，使对手错判距离。一个移动的目标比较难被打中，而且当你处于运动中时，你更容易发起进攻。

你可以不断地变换距离和节奏来迷惑对手，扰乱他对进攻或防卫的准备，使其始终处于失去平衡的状态。

步法训练，一定要与出拳及踢击训练一起进行。不掌握步法，拳手就如同一门不可移动的大炮，不能对准敌方的前线部队。出拳和踢击的速度与劲力，取决于腿脚是否灵活、身体是否能保持平衡状态。

像李小龙这样的优秀拳手，做动作看上去总是那样轻松自如、巧妙准确、优雅悦目。他冲向对手时，既能轻而易举地击中对手，又能自由自在地离去，似乎总能机智地攻击对手。因李小龙对时机掌握得好，动作准确无误、协调一致，从而控制了对手的节奏。

相反，一个劣等的拳手，动作总是显得那样笨拙。

他往往找不到正确的距离，反倒泄露了自己的动机，而不能出其不意地攻击对手。这样非但不能控制住对手，还会让对手控制了自己。

6.1　距　离

两位技术娴熟的拳手相遇，双方都力图夺取最有利的位置，他们之间的距离是不断变化的。最好的办法是一直处于对手仅用一拳打不着自己，而自己又前出一小步便可击中对手的位置上。这个距离不仅取决于自己的速度和灵敏性，同时也取决于对手的速度和灵敏性。

在拳击中，两名拳击手之间的站位距离，要比武术技击手站得近。因技击手是用脚踢的，而腿比臂长，所以技击手到达目标的距离就要比拳击手远一些。

截拳道有三种不同的技击距离。一般地说，当不知对手本事高低或意图时，应采用最远的距离，如图6-1所示，以试探和摸清其意图。防卫时，较

图6-1

图6-2

聪明的人会远离对手，而不是贴近对手。但是在长时间的格斗中，如果你在运动中的速度和灵敏性上的确比对手高一筹，那么就要保持一定的距离，以保证安全。

即使你的反应和动作都很快，倘若距离对手太近的话，你也很难挡开对手的攻击。先下手的一方，通常占有近身攻击的优势。一个进攻者如果不能准确地判断距离的话，即使拳头准而快、时机掌握得好、移动少，也不会取胜。

一旦你认为已"摸索到对手"时，就要接近他，并达到中等距离，如图6-2所示。在这个距离上，你既处在他的攻击范围之外，又能贴近他、挥拳攻击他。如果寻找好时机，这也是一个安全的距离。一个技法娴熟的拳手，应会耍花招引诱对手来缩短间隔或距离，直至对手近得难以自解其围。

这种中等距离，还允许你做迅速后退或疾步后撤，以闪躲任何来拳。但是这种防守策略并不是总能行得通的，因为这将让你丧失进行反击和主动发起进攻的机会。在截拳道中，要刚好退却到足以免遭攻击，而又能进行

图6-3

反攻的位置上。

近距离格斗，通常是做一次攻击或反击。在这个距离上防卫是较难的，除非你夹住了对手的手臂。确切地说，优势在先下手的一方。当两位拳手近距离格斗时，如图6-3所示，擅长手法的技击手能战胜用脚踢击的对手。

技击手不同于拳击手，在格斗时，需要提防来自肘、膝和头等部位的攻击，还必须防止被摔倒在地。

在拳击中，拳击手是很难逼近对手的，即使接近了也难以保持下去。由于技击可以用脚踢，所以比拳击更难以逼近。一旦技击手靠得很近，搏斗或比武就将很快结束，因为技击手有许多进攻的招数可用。

在近身格斗时，必须用自己紧靠对手的那只脚抵住对手的前脚，使它无法移动，见图6-3。这一步要自动地完成，因为在近距离格斗中，你的注意力将在很大程度上放在手法上了。

李小龙把一根铁棒装在木人桩身上来模拟对手的脚，如图6-4和6-5所示。起初，他不得不把很大的注意力放在怎样摆放前脚上，但是过了几个

 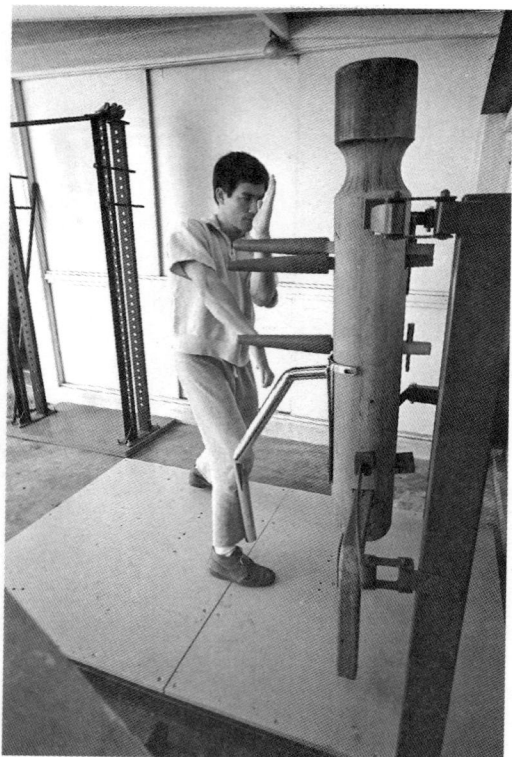

图6-4　　　　　　　　　　　　　图6-5

月之后，这就变成了一个自然的习惯动作了。

李小龙常用的一个贴身对打招式是，挤靠对手使其失去平衡，如图6-6和6-7所示，这个战术可用来对付任何人，哪怕是比你身强力壮的对手。和同伴练习这个动作时，可稍微屈膝，将身体重心放在前脚上，然后一股劲地猛靠对方。在脚向前滑动的同时，用手和身体别住对手的手臂。运用这种劲力的秘诀是，挤靠对手时不要仅用肩膀，还要用臀和髋。

一旦对手向后躲闪，你便可立即用空闲的手攻击其躯体，接着将他按倒在地。这一手法之所以稳妥，是因为你对手的身体已经失去了平衡，无法防守和报复。

较优秀的选手总是不断地运动，尽力站在对自己最为合适的距离上，一般是刚好站在对手的攻击距离之外，耐心地等待良机逼近对方，或在对手变换步子或位置时发起攻击。

图6-6

图6-7

攻击或后退时，动作应该迅速、有力、自然。若等到对手明白你的动机，再想进行报复或防守，已经为时太晚了。挥拳攻击的理想时机，是对手恍恍惚惚之时。

距离十分重要，即便是小小的距离差错，也能使一次攻击变得不痛不痒。应抢在对手达到理想距离之前出拳攻击，而不是在那之后。

6.2　步　法

当对付一个具有良好距离感的拳击手，而又难以从正面实施攻击时，突破防线或缩短距离的战术是一连后退几步，步幅要不断减小。或者你可以让对手先行动，因为他在向你扑打时，必然要缩短距离。

如果是对付一个具有良好距离感的防御性拳手，则应一连前出几步，而且第一步应平稳、省力。聪明的行动是前出一两步后就退回，以引诱对手追逼。如果他追出，让他追一两步好了。在他提步向前迈动的一刹那，你出其不意地猛然前出，截断其路。

　　为了迷惑对手，要变换自己的步幅和速度。但在变换位置时，应使用小步。

　　在攻击或格斗中，要以娴熟的步法尽可能地逼近对手进行反击。动作要轻捷，膝部微微弯曲，一旦时机成熟，就冲向前去。

　　向前虚晃一步，能增加攻击的速度，而且往往可以创造战机，因为对手要被迫应战。在战略上，可采取后退的做法，以对付那些不想进行贴近对打而站得较远、难以触及的对手。

　　在图6-8中，李小龙保持在较远的距离上，警觉地等待对手采取行动。恰在对手开始攻击之时，李小龙便迅速反击，见图6-9。他冲过去用腿猛然抵住对手的前腿，以防他做高位勾踢，见图6-10。阻止了攻击之后，李小龙便打出右拳进行攻击，如图6-11所示。

　　为了战胜对手的打击，李小龙需要快速的反应，这来自于他的日常锻炼，特别是在意识敏觉性方面的训练。还应指出，李小龙在右脚离地和上身歪斜时，是不出拳的。而是在上身向前运动，脚即将落地的瞬间才出拳。

图6-8

图6-9

图6-10

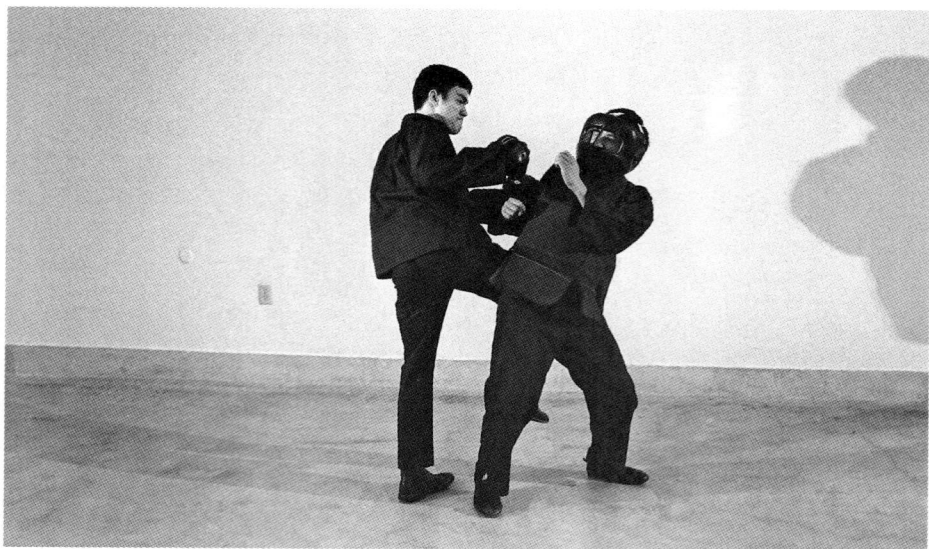

图6-11

任何时候，都不应让对手猜透你的意图。有时不但不能冲过去反击，反而要后退。如图6-12和6-13所示，李小龙边后退边估算对手的进攻时机和攻击方式。他距离对手较远，如图6-14所示，刚好可以避开对手强有力的侧踢，但又仍处在反击的有力位置，这样他就可以发起攻击，痛击对手，如图6-15和图6-16所示。

在另一个后退的示范动作中，对手假装向李小龙的面部出拳，见图6-17和6-18。李小龙对此假动作做出了反应，见图6-19。但很快又恢复了原来的防御姿势，避开了真正的攻击，见图6-20。他移动得恰能闪避侧踢，并可继而进行反击——这次他对准对手的脸来了一个高位勾踢，见图6-21。

后退是要让对手有个起腿的间距，有时这是逼迫对手不能出拳攻打的绝妙战术。聪明的拳手通常不是做前后的直线运动，而是力求成为一个变幻莫测、难以对付的目标。

在双方对峙中，李小龙向前突进接近对手，而且必须在对手还原防护自己之前就迅速完成。

图 6-12

图 6-13

图 6-14

图 6-15

图 6-16

图6-17

图6-18

图6-19

图6-20

图6-21

6.3　侧步与闪躲

　　截拳道认为，侧步是闪避拳打和脚踢的一种防卫战术。如果动作得当，它将是出拳反击的一个稳妥而有效的行动。侧步闪避的原则，不是躲避对手的势头，而是要躲避对手的攻击。

　　如果是近身攻击，反击是相当简单的。而渗透性的攻击，如猛攻或向纵深的猛冲，对付起来就不那么容易了。你必须闪动得恰到好处，既要能躲避拳打，又要能迅速恢复，并在对手刚刚冲过去或拳头打过去时，进行突然袭击。

图6-22

图6-23

图6-24

图6-25

在远距离的格斗中，优势通常是在防御的一方。因为他有充足的时间来做好准备，并有时间酌情反击对手。如图 6-22 所示，李小龙等着对手的攻击，一旦对手发起了攻击，李小龙便在最后一刻向左侧步闪避，如图 6-23 和 6-24，刚好避过侧踢。这样一种微妙的动作，既没有使他"泄露天机"，也不会让他失去身体的平衡。

拳打和脚踢一旦发出，攻击者是无法改变拳路，并按所预想的那样准确击中目标的。如果他已两脚离地，就没有办法改变主意了，如图 6-24。

在图 6-25 中，对手恰好落在李小龙的前面，这是最理想的反击时机，见图 6-26、6-27 和 6-28。虽然李小龙完全能用一个前踢来踢击对手的裆部，

图 6-26

图 6-27

图 6-28

图6-29

　　可是他打出了右拳，接着将对手摔倒在地。

　　防守对手右拳打击时，要晃动身体向左侧踏出一步，而且头要猛然地低向左侧，但切忌失去身体的平衡。当对手的拳扫过你的头顶时，要转体，用髋部抵住对手，同时用右拳打击对手的身体或颚部。

　　闪避时要求身体从腰部开始向前屈，低头让拳头从头上划过。其主要

图6-30

功能是为了避免打击，重在范围内进行反击。

采用此战术时，必须小心翼翼。如果你假装低头或头低得过早，就会给对手造成进攻机会。这时所能采用的防守动作是晃动身体，迅速离开原位置，低头时，眼睛也要一直盯住对手。李小龙是通过晃动的沙袋来练习这一战术的，见图6-29和6-30。

图 6-31

图 6-32

图 6-33

图 6-34

图 6-35

　　如果是对付一位非常规或以右手置前的拳手，那么闪避对手应向左侧步，因为在他出拳失误后，你已经站在了他的背后，这样他是无法防守的。如果对手是一个善于用左拳的拳手，则应向右侧步闪避。

　　但是截拳道认为，有时不得不向右侧步来迷惑对手。向右侧步时，需要有更高超的时机选择和反击技术；在向右侧步闪避时，必须较好地掌握时机和动作，而且要更快地发出反击。因为对手仍然面对着你，处于要再次发起攻击的位置。

　　如图 6-31、6-32 和 6-33 所示，李小龙向右跨了一步以闪避侧踢。请注意在图 6-33 中，李小龙使用的是右手防守，目的是防备万一错判一拳。在图 6-34 和 6-35 中，李小龙占据了踢击对手裆部的最理想位置。

图6-36

图6-37

图6-38

图6-39

图6-40

　　对于常常热衷于发动攻击，而又在失拳后没有准备防护自己的拳手，一般地说，他的头部和身体是很容易遭到打击的。

　　如图6-36、6-37和6-38所示，对手向李小龙猛然起脚侧踢，李小龙在最后一刻迅速地向右跨一步进行闪避，接着便以一个高位勾踢向对手的面部进行反击，见图6-39和6-40。

　　动作的严谨、准确是步法的基础。特别是向右侧跨步闪避时，必须恰到好处，让拳头刚好岔开。如果动得过早，对手就会改变战术；动得过晚便会挨打。

　　所谓动作精确，是指动作要协调。避开拳打以后，必须随时准备防御再遭打击或准备反击。动作的准确性，只有通过长时间的训练才能获得。

　　在移动步伐取得合适的距离时，你可以用碎步来迷惑对手对距离的判断，但要保持警惕，动作要迅速、自然。

　　在练习攻防技术时，应该和步法结合在一起进行。无论手法和腿法怎样简单，都应在前进和后退中协调一致。这种训练最终将让你练就准确判断距离的本领，而且能使你的动作变得优雅。

第7章

手法技巧

击拳的技巧，不仅仅意味着出拳和击中目标。因为出拳准确、快速而有力仅是击拳技巧的一个方面。除此之外，击拳技巧还包括出拳时身体的姿势、位置、出拳与收拳的路线以及发拳的方法等。

在截拳道中，最常用和最重要的拳是前手直拳。这种拳速度快，是因为它只打出最短的距离；这种拳打得准，是因为它径直地向前打去；这种拳用力最小，因而不会使自己失去身体的平衡。

7.1 截拳道 vs 传统拳法

前手直拳是由警戒式打出的。拳的运行轨迹应在自己的鼻前成一条直线，如图7-1、7-2和7-3所示，可以用鼻尖作为准星（指向点）。

截拳道出拳的一大优点是，既能打出前手直拳，又能得到良好的防护。既能保护身体，又能在一拳击空的情况下迅速恢复成原先的姿势。

相比之下，传统武术（指套路——译者）的拳法是从髋侧出拳的，这样就使这一部位暴露出来，易遭打击，如图7-4、7-5和7-6所示（其实传统武术的实战技法中也是反对这样出拳的——译者）。拳头打出后，终止于身体的一侧，而另一侧，尤其是面部，在拳收回至髋部时则暴露了，如图7-4所示。

从图7-7到7-10中，可看到截拳道与传统拳法出拳的差异。就截拳道的拳法而言，手既能保护面部，也能保护身体的左右两侧。而传统拳法，仅

图 7-1

图 7-2

图 7-3

图 7-4

图 7-5

图 7-6

图 7-7

图 7-8

图 7-9

图 7-10

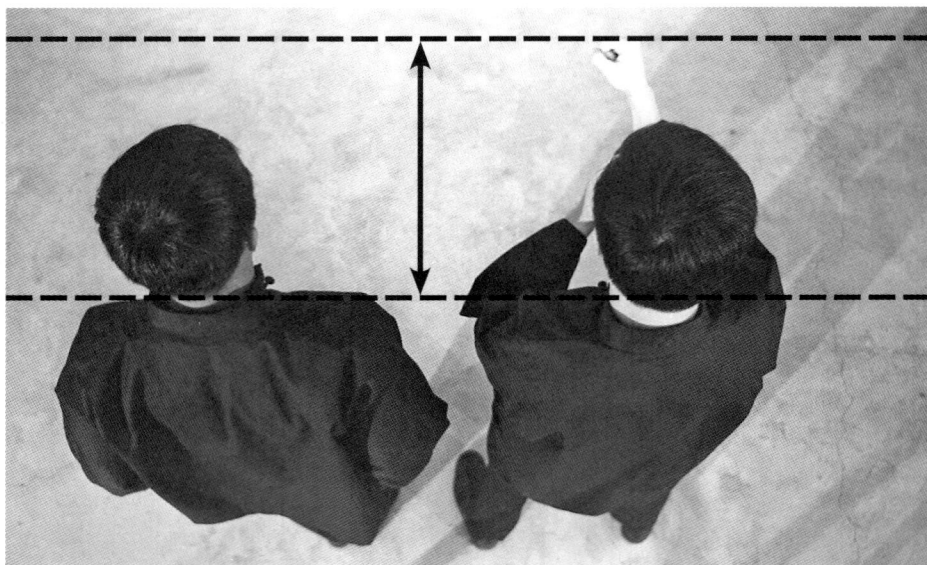

图 7-11

图 7-12

图 7-13

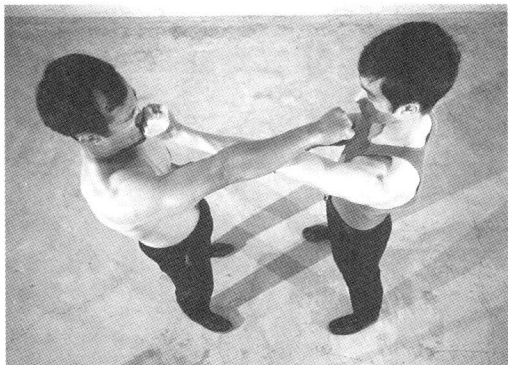

图 7-14

使身体的右侧受到保护，见图 7-7。在图 7-8 和 7-9 中，可看到采用截拳道的拳手已完全将拳打出，而采用传统拳的拳手却仍处于出拳过程中。在图 7-10 中，显示了两种拳法的落拳位置。

图 7-11 表示出，李小龙示范截拳道警戒式的出拳的距离比传统拳法的出拳距离要短。显而易见，这正是他的拳头之所以打击目标快得多的原因，就像在图 7-8 和 7-9 中所看到的那样。

出拳时，拳应保持竖立（即拳眼向上），而不应像传统拳法那样保持横向（拳心向下），见图 7-12，这将使出拳打得更远，如图 7-13 和 7-14 所示。从图 7-14 的俯视图可以看出，李小龙的拳已击中对手，而对手的拳却未能触及李小龙。

截拳道的前手直拳的优势是，它比传统拳法的出拳可多打出 7~8 厘米或更多一些。在截拳道中，前短直拳（如图 7-15 所示）和前长直拳（如图 7-16 所示）都是要运用的。短拳用于近身格斗，长拳用于中距离格斗。在图 7-15 中，李小龙将左手放在右臂上，以示意长拳能多打出多远，见图 7-16。

后手或"防御"之手应该一直高抬，以保护上身免遭对手的反击。后手主要用于防御，并进行补充打击。如果一只手在出拳，则另一只手应收回保护身体，或使对手的两臂不能做动作，以防他反击。后手应始终处于对暴露的路线或缺乏保护的部位负责的位置，它还必须处于能跟随出击的战术位置。

图 7-15

图 7-16

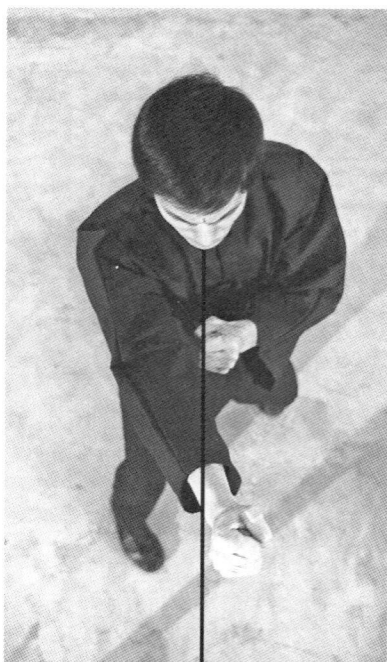

图 7-17

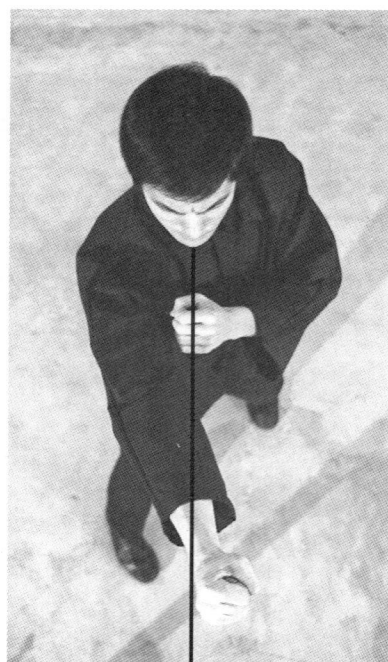

图 7-18

7.2　直　拳

从图 7–17、7–18、7–19、7–20 和 7–21 中，可俯视李小龙是怎样连续出拳的：他先出右拳，接着出左拳，最后止于右拳。请注意，他两手的密切配合以及双手所能做出的防御。然而无论是前手击打，还是后手击打，落拳点都应该是一致的，可用鼻子尖作为指向点。

拳从鼻子前径直地打出并保持后手不动，是肯定优于传统拳法的，请详见李小龙在图 7–22、7–23 和 7–24 中的示范动作。当前手向前打出去时，后手要随时准备阻止或挡开打向自己的拳头，还要准备反击。在图 7–22 中，李小龙的出拳虽然遭到局部的阻挡，但并未被挡住，而是击向了对手的脸。

在图 7–25、7–26 和 7–27 中，当李小龙的前拳遭受阻挡时，他便从自己鼻子的正前方进行直接戳击，这个动作在径直戳向对手眼部的同时，也挡开了对手打来的拳。当两只拳头几乎同时从同样的路线打向对手时，保持"中线"出拳将占很大优势。

图 7–19

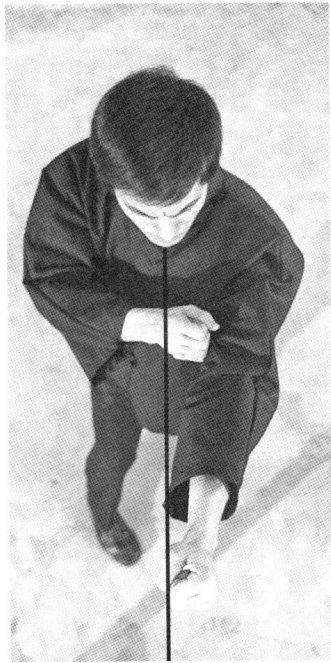

图 7–20

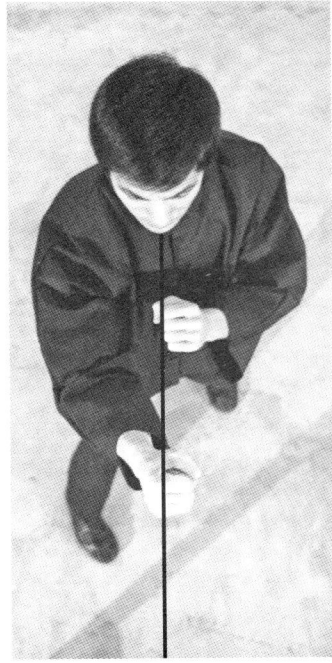

图 7–21

图7-22

图7-23

图7-24

　　前手的位置，应是能让出拳容易，同时又使自己较为安全，如图7-28和7-29（俯视）所示，手应处于将来拳挡向一侧的位置。在图7-30中，当拳向下方打去时，防御者几乎无法改变他的拳路了。

　　如同在"黐手"中所学的那样，肘部必须坚强有力，否则防御就会是软弱无力的。若遭到拳打时，肘部可向左右两侧往返运动，切不可折向自己的身体。一拳打出后，收拳至预备式时不要将手垂下。拳应当总是按照出拳的同一平面或路线收回，以防反击，如图7-31、7-32和7-33。

图 7-25

图 7-26

图 7-27

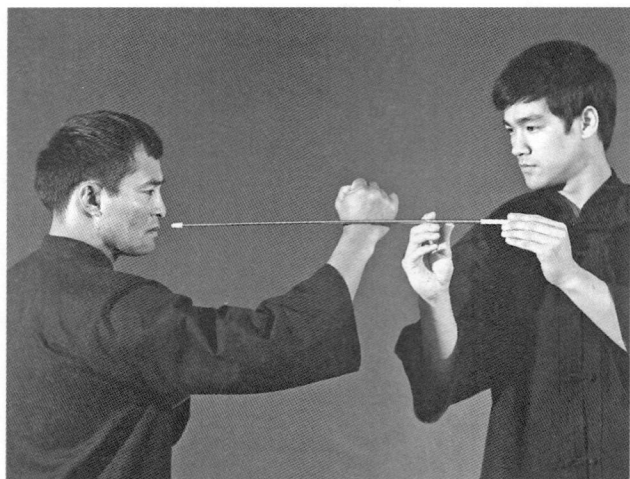

图7-28

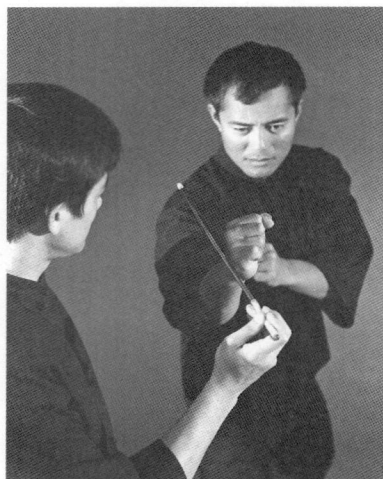

图7-29

图7-30

图 7-31

图 7-32

图 7-33

图 7-34

图 7-35

图 7-36

7.3　坏习惯

即便是一个好拳手也会有些坏习惯，但是这通常会因为他的速度快，对时机和距离判断得好而得到弥补。如在图 7-34、7-35 和 7-36 中，李小龙猛然向后，闪过了对手的一记直拳，并在对手垂手收拳给他造成可攻之机时，打出了左拳反击。

在另一组图中，李小龙的进攻遭到了对手的阻挡，但当对手收回手准备再出拳时，他则一变打了一个翻背拳，见图 7-37、7-38 和 7-39。如果对手抵住李小龙的右手使其无法做动作，见图 7-37，且用另外一只手进行攻击，那将会迫使李小龙以身体的冲击来进行防御。但是传统的拳法是将手收至肋部，这样就给了李小龙一个变受阻为攻击的机会，见图 7-38。当对手再次出拳时，李小龙用后手轻而易举地截住了他，见图 7-39。

有些拳手还有另一个坏习惯：在对打中把后手垂下，见图 7-40 和 7-41。在图 7-40 中，李小龙利用对手这点，在侧闪其拳的同时，用标指猛铲对手的咽喉进行反击。

与一位优柔寡断的对手对垒时，你也能夺取优势。例如对手本打算发出前手，但当手伸出一半时却又收成预备式，就在他犹豫不决之时，便可利用其动作，发出一个直拳而夺取优势。尤其是当他已向前迈出了一步时，就更为有利。

还有一种拳手，虽然不时地挑斗，却又随意地撤离。在他即将触及对方的手或交手时，手却没有保持这一位置，而是降低或放下了。结果给对方快速、直接的拳击造成了可乘之机。

在重击中，凭手腕的功夫可使手臂成为一件武器，好似一根实心的棍棒锤。前臂是手柄，拳头就如同是锤头，见图 7-42，拳要和前臂结为一体，腕关节不可弯曲。在整个击拳过程中，要握紧拇指。拳头不得拧动，指关节指向你身体运动的方向。

用前手击拳时，要不断地变换头部的位置，以防对手反击时挨打。要使对手捉摸不透你。向前运动时，一开始头要挺直，尔后要根据情况变换。

另一个战术是，在出拳之前先做个假动作，以减少对手的反击。但是每个动作都要做得简洁，切忌过多地做假动作或头部活动。可经常以前拳

图 7-37

图 7-38

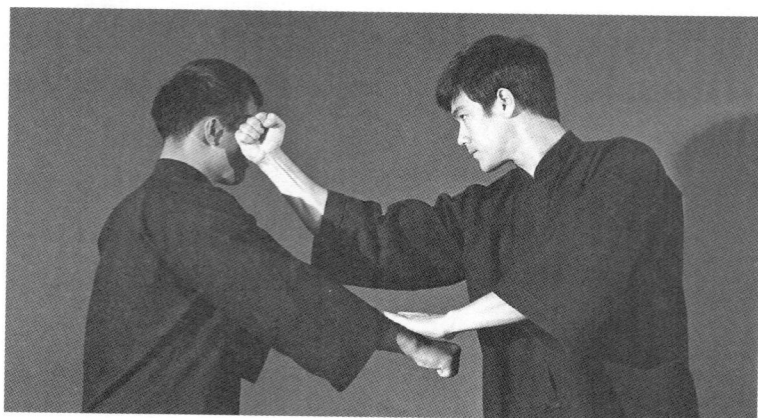

图 7-39

图 7-40

图 7-41

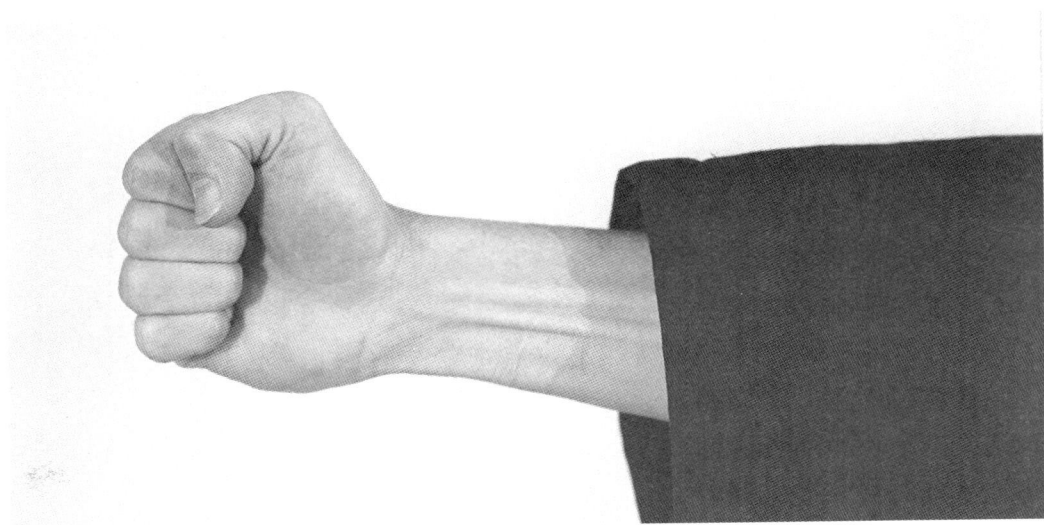

图 7-42

双刺，出其不意地打击对手，因为第二拳也许能打乱对手的时间节奏，为尔后的连攻扫清障碍。

　　拳手有时过多地把重量或"身体"用到他的猛击上去，结果变成了推拳，缺乏强大的爆发力。为使击拳有力，出拳时手臂和肩关节应始终放松。拳

图7-43

图7-44

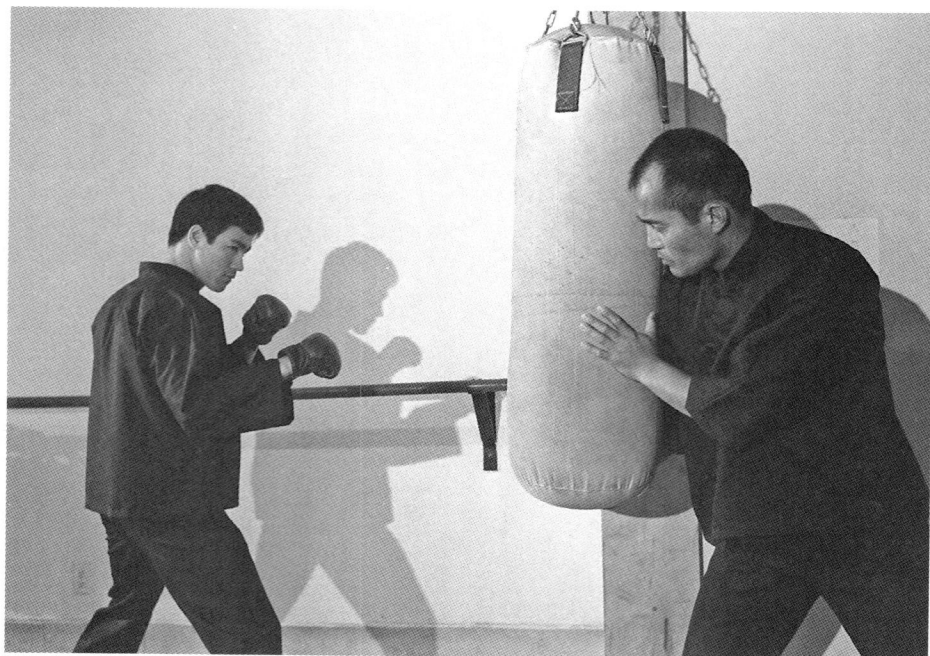

图7-45

头仅仅是在击中前的一瞬间攥紧，而且绝不能依靠挥动手臂去打击。

虽然有些拳手的预备姿势不错，但进攻时就把自己的空当暴露给对方了，如图 7-43。这种坏习惯，是由不正确的训练姿势造成的，如图 7-44。当用重沙袋练习时，应当始终保持良好的竞技状态，如图 7-45。

还有些武术家用慢动作来练习拳术。然而他们却宣称，必要时他们可以快速、有效地避开任何攻击，而不需要经过什么速度训练。

李小龙一贯强调：要想提高速度，必须练习快速运动。他说："我不认为在这世界上有一位短跑运动员，能只靠每天绕着跑道慢跑来打破纪录。"

7.4 封手与擸手

指导肌肉收缩的是神经系统，没有得到其指令，肌肉是不会收缩的。一个协调、默契的动作，是平时为增强神经和肌肉协调一致而进行训练的结果。肌肉瞬间收缩和放松的精确程度，都依靠神经系统的指令。

神经系统和肌肉的协调一致，是在练习动作的过程中得到改善和促进的。每一个努力不仅增强了技巧，也使动作变得轻巧、果断和准确。反之，将破坏或影响动作的协调性。

咏春拳注重封手和擸手的技术，图 7-46 和 7-47 表示出了做"黐手"练

图 7-46

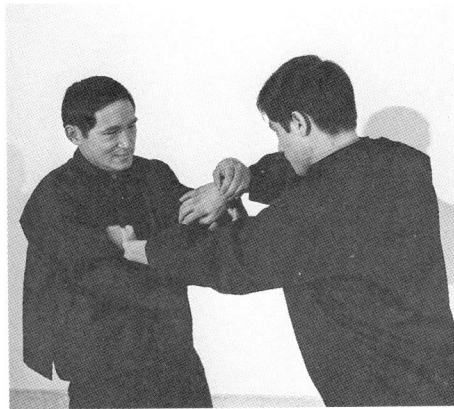

图 7-47

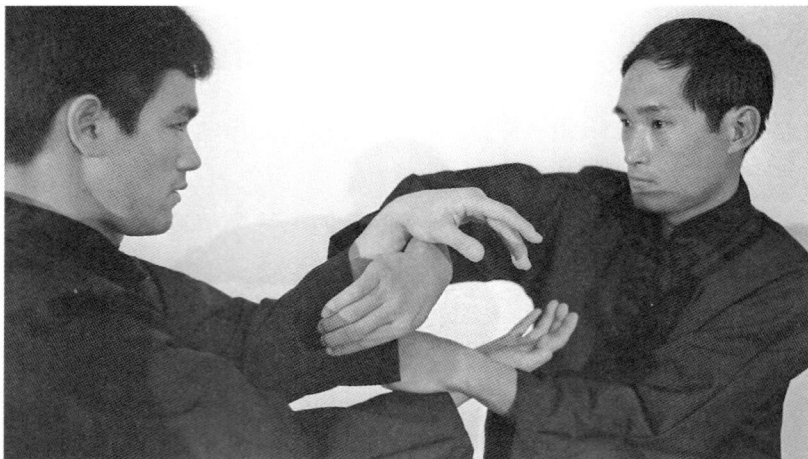

图 7-48

图 7-49

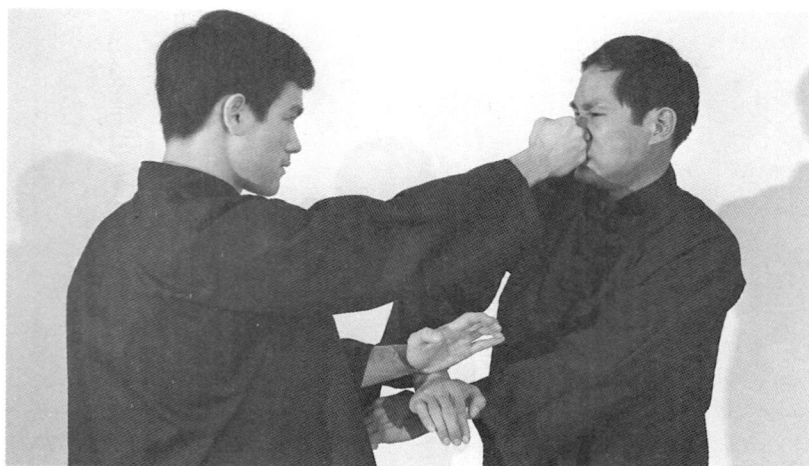

图 7-50

图 7-51

图 7-52

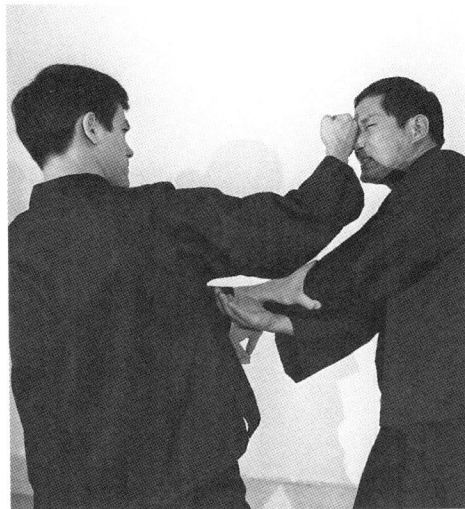

图 7-53

习的情景。在图 7-48 中，当李小龙在"黐手"中不断旋转两手时，他可以感到对手的劲力在不断地流动和化解。在某一瞬间，即当有空隙时，李小龙便在旋转中用其左手重叠于对手的两手之上，如图 7-49。随后，李小龙一旦封住对手的两手或使其不能活动，他便向对手的面部发出一记直拳，见图 7-50。

　　"黐手"是截拳道的一个重要组成部分，是从咏春拳中得来的。首先"黐手"可以提高手的敏感性和适应性。尤其在手对手的近战中，更具有价值，它能挫败不具备这种技巧的对手。因为一旦提高了这种敏感性，对手的每一个动作都能被轻而易举地破坏掉。关于"黐手"的更多的讨论，请见本书 67~71 页。

　　在图 7-51、7-52、7-53 中，李小龙演示了"黐手"中的撷手技术。在图 7-51

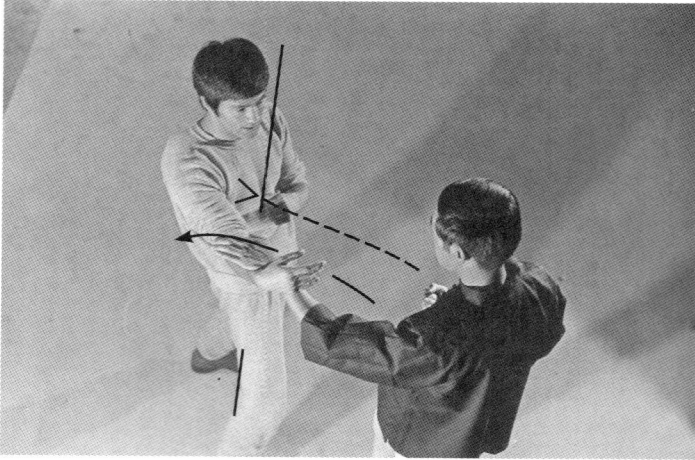

图 7-54

图 7-55

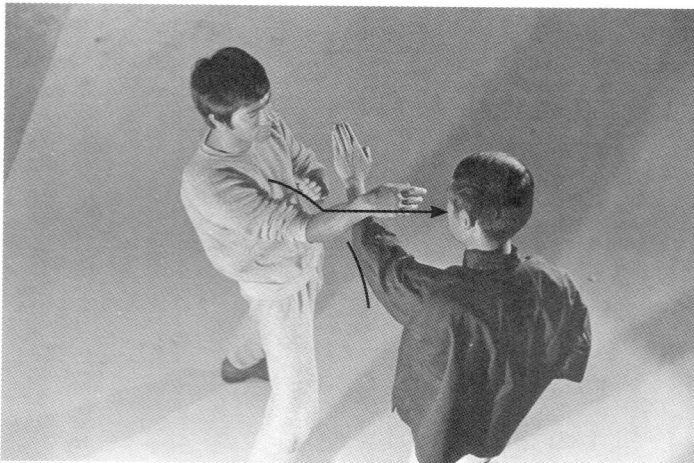

图 7-56

图 7–57

中，李小龙有意加大旋转，以收缩他两手间的空隙。当他两手间的距离最近时，便用左手抓住对手的左臂，如图 7–52 中所示，在这一瞬间，他的两手是互相交叉的。然后李小龙猛地将对手的手臂向自己怀中一带，同时用翻背拳击其面部（见图 7–53）。

要了解更多关于封手与攤手的技术，可阅读严静海所写的咏春功夫，李在后几年大量简化了他的"黐手"。他愿控制对手的能量中心，而且不脱手地击打或擒拿。他愿从内侧攻击，如果他的对手一脱开，他就从内线进攻。

在贴身近战中，要学会用移动摆脱对手，并继续运用手法的技术。在图 7–54、7–55、7–56 中，李小龙的对手试图利用中心线发出标指。他首先试图将李小龙的手推向一侧，从而形成一个空隙，如图 7–54。然后他试图以标指突破李小龙的防御，但是在图 7–55 中，李小龙的反抗是强而有力的。在图 7–56 中，随着李小龙采取的攻势，整个局势得到了转变。

虽然李小龙总是采用截拳道的警戒式站立姿势，如图 7–57，为了显示截拳道对咏春拳技术的演变，他故意站了一个经过改变的咏春拳姿势，如图 7–58。当他的臀部下沉时，身体略有后倾，不像标准的咏春拳手那样面向对手端正地站着。李小龙采用的是右前式。

当对手以前手向李小龙的面部击拳时，如同 7–59，李小龙以快速的反

图 7-58

戳击 破坏对手防线

图 7-59

图 7-60

图 7-61

图 7-62

应和戳击做了回击。李小龙利用中心线原理，使攻击穿透了防线直奔对手的眼睛，同时也破坏了对手的进攻路线，如图7-60。

在前面的技术中，李小龙的对手在抢占中路的攻击方式中失败了，而李小龙却获得了成功。其原因是这种技术不完全依赖于技巧和手法，也要看各自的劲力如何。

在图7-58、7-61和7-62中，对手截住了李小龙的右手，而李小龙迅速地顺手向逆时针方向划了一个小圈而得以摆脱，如图7-61。继而他以腰为轴向左拧腰合髋，同时向对手的面部发出了一记右拳，如图7-62。

对付发起攻击却不够警惕的对手，李小龙采用旋转和刁抓的策略，如图7-63、7-66、7-67。在图7-64中，对手用其前臂击打，并想迫使李小龙的右手向下。李小龙为了确保安全，保持后手占据高位，并迅速转动手臂以摆脱对手，见图7-65。当李小龙向前脚移动身体重心时，他不断地使出力量，并始终保持肘的位置不动，然后迅速地用后手卡住对手的前手，如图7-66。当对方的手不能动时，如图7-67，李小龙便迅速地发出一记翻背拳。

在图7-68、7-69、7-70和图7-68、7-71、7-72中，李小龙演示了遭受攻击时的防御策略，以及当对手撤拳回去时如何进行追击和反攻。例如，当对手向他的身体发出一拳时，李小龙稍微后撤，并用前手压住对手的拳头，以阻止对手向纵深攻击，见图7-69和7-70。

当对手撤回手而要发出另一拳时，如图7-71所示，李小龙迅速地以标指发起进攻，如图7-72所示，同时用左手截住了对手发出的第二拳。

眨眼，是当一物体向眼睛投来时的一种自然的条件反射。但是在技击和格斗中，这种反应必须加以控制，否则将影响防御和反攻。因为在眨眼的瞬间，是来不及做出反应、发出反击的。而这样就会使你不知道难以捉摸的对手此刻在哪里，相反对手却可以利用你的不足，借助进攻的假动作而取得优势。他可以虚晃一拳，当你眨眼时，便发出攻击。

在任何形式的技击训练中，有一点是很重要的，那就是不要养成任何坏习惯，因为这将对自己十分不利。初学者最常见的毛病之一就是在交战中喜欢张着嘴，这可能是他在学习武术之前就养成的习惯，或者是因为他身体不适而不得不通过嘴来呼吸。

当你张着嘴，就很容易被直接的一拳打破，如图7-73。另一种坏习惯

图 7-63

旋转　　　　　　　　　　　诱敌

图 7-64

图 7-65

图 7-66

图 7-67

图 7-68

引入阻截　　　　防守反击

图 7-69

图 7-71

图 7-70

图 7-72

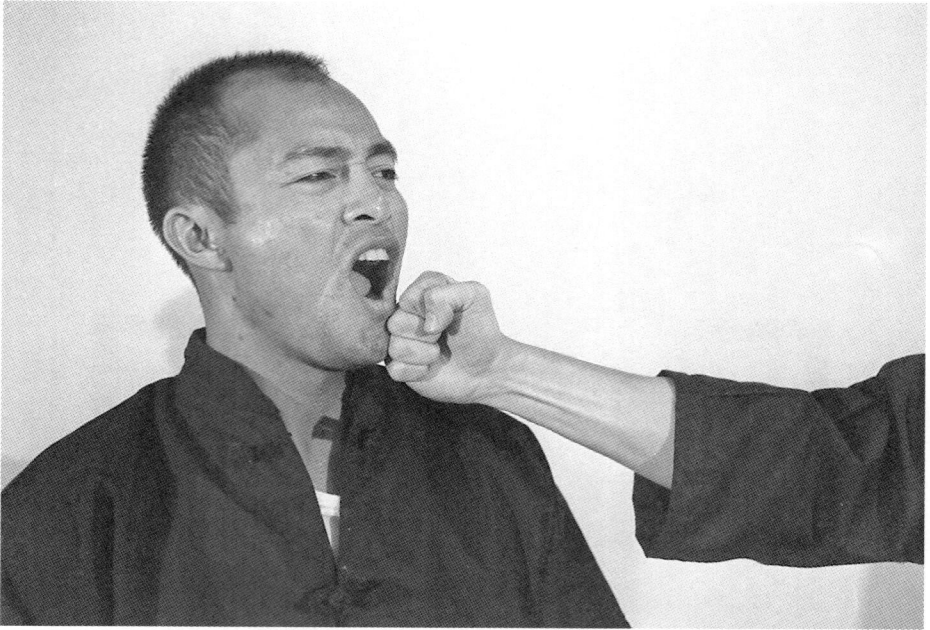

图7-73

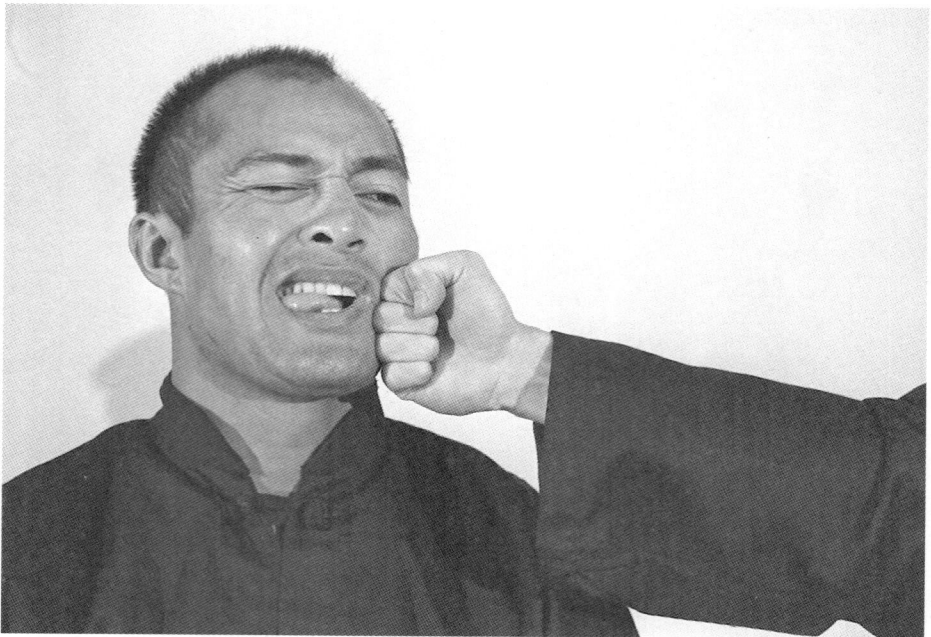

图7-74

就是把舌头伸在外面，如图7-74。可以通过咬紧牙关，来习惯在进击、防守和格斗中闭住嘴。在技击训练中，要紧紧咬住橡皮护齿套，以防止牙齿脱落。

正确的击拳方法，是能够保护手和腕关节的方法。要以握紧的拳头去击拳，拇指要紧贴在食指和中指之上，这样就不会受到挫伤。掌指关节是拳头最坚硬的部分，因此要用这部分发出攻击，而不是用指头。

击拳时，腕关节要伸直并稳固，以防止扭伤。可以通过在稻草捆、帆布袋或重沙袋上的练习来掌握出拳技术。

第 8 章

踢击技巧

虽然都认为手是技击中最重要的，但在格斗中，脚也是至关重要的组成部分。例如，和一个优秀技击手对垒，你若始终或经常运用两脚，就会占优势。一个不懂得防御脚的攻击手，其大腿以下的部位就都容易遭受攻击。

图8-1

　　在技击中使用脚,就能避开对手的拳头,因为腿比手臂长。此外,若时机掌握得好,踢击要比击拳更有力量。

　　对胫骨和膝关节发起侧踢,在截拳道的进攻和防御中可谓是首要的。因为这个目标距离你最近,并且暴露在外面,不易防守。此外,你若站在有把握的距离上踢击,则一次攻击便能使对手致残。李小龙习惯使用这种低位的侧踢发起突然袭击。他踢得非常快,能在1秒钟内连击数次。

　　由警戒式做低位侧踢,请看图8-2,你就要把前脚向前滑动大约7~8厘米,并带动后脚向前。几乎同时,提起前脚,如图8-3,然后用力拧腰调髋,斜着踢出有力的一脚,即侧踢,如图8-4和图8-5。身体要保持倾斜,不要直立,以避开对方的打击,如图8-1。

图 8-2

图 8-3

图 8-4

图 8-5

8.1   前腿侧踢和高位踢击

在截拳道中，最有效的踢击是前腿侧踢。凭借这有力的一脚，你完全可以将对方击倒。虽然这是一种人们喜爱的腿法，但是如果时机掌握不好或者使用不当，就很可能被对方格开或抓住踢出的腿，因此必须谨慎使用。由于侧踢的力量很大，所以有时也会冲破阻挡给对手以打击或挫伤。侧踢速度并不快，也不能像其他腿法那样以假象欺骗对手，但是可以事先机智地用假动作来完成。一个做得好的假动作，应该是用手引开对方的防卫，以便向其头部或身体某个部位发出快速的侧踢。

侧踢也可以用作防卫的手段，比如，当对手向前移动进攻，且攻击尚未到达时，可用侧踢快速踢击其身体，以阻截攻击。

练侧踢的最佳器械是30公斤的沙袋，如图8-6和8-7。沙袋必须经得起

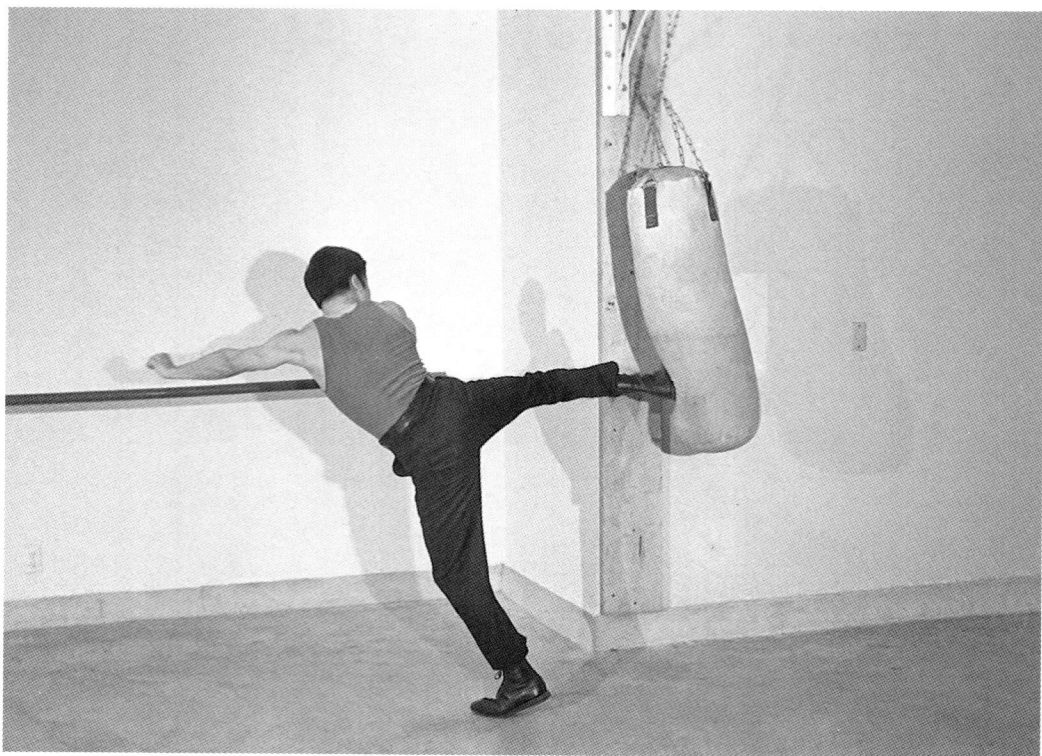

图8-6

任何重击，其重量也必须使练习者感到是在攻击一个对手。在触及袋子的时候，应从它发出的声音判断出这一脚是"踢"还是"踹"。

有时用来回摆动的重沙袋进行侧踢练习也是好办法。先踢出一脚，在袋子摆回之前，掌握好时机跳起，准备踢第二脚。但要注意，不得错过击发的机会，还要踢击得恰到好处，否则就会在击发中伤着膝盖。

另一种训练方法是，让助手站在距袋子后面一步远处。

当你侧踢之时，让助手托住沙袋，这样你就可以连续踢击第二脚。在做第二次踢击时，必须在第一脚踢出后立即着地，再接连踢出。

进行高位和中位侧踢时，要站成警戒式，前脚向前滑动7~8厘米，如图8-8。然后迅速推进或向前突然进攻，如图8-9,但这要根据与对手的间距而定。当后脚站立稳固时,前脚就应该起脚踢击,如图8-10和8-11。踢击中的爆发力，是由发力踢击之前猛然扭臂合髋产生的。踢击之后，要迅速地将脚收回。

图8-7

图8-8

图8-9

图8-10

图8-11

图 8-12

图 8-13

图 8-14

图 8-15

图8-16　　　　　　　　　　　　　　　　图8-17

　　侧踢，必须以协调的动作来完成，如图8-12至8-15。李小龙由警戒式向对手的面部虚晃一拳，如图8-12、8-13，使对手抬起两手，造成中部的空当，紧接着李小龙就是一脚侧踢，见图8-14和8-15。

　　气袋和重盾靶也是李小龙常用的器械。气袋是很好的固定靶子，而重盾靶既可用作固定靶子，也可用作活动靶子。

　　虽然重盾靶不能像气袋那样完全抵消持盾者承受的打击力，但持盾者可以通过后退来消掉一些攻击力。因为重盾靶对持盾者来说有很大的机动性，即使踢击者发出了最大的攻击力，也不会使对方受伤。

　　在图8-16中，李小龙准备由警戒式发起攻击，持盾者看到他要展开攻击便开始向后退，如图8-17。但后退的动作不够快，李小龙已经发出了攻击，见图8-18和8-19。李小龙的踢击力几乎使持盾者跌倒，见图8-20。这种训练方式可以增强两个人的距离感和对时机的把握。而气袋作为活动靶子就不适用了，因为它会受到踢击空间的限制。

　　做高位踢击练习，是让一个人持一根长杆抬至你的腰部高度。你站在离杆大约1.5米的地方，尽量高抬右腿，并使腿弯曲和倾斜。这种动作只要尽量高抬膝部就能完成。身体向右靠，头就会向右倾斜。然后左腿跳向横杆，直到右脚从横杆上通过为止。

　　这种训练的目的不是练习踢击，而是练习尽可能地向高抬腿。要不断提高杆的高度，直到脚再也不能通过为止。

图 8-18

图 8-19

图 8-20

然后去掉杆做同样的练习，向空中踢。为了踢得更高些，例如踢过头顶，你必须想办法进行灵敏性的训练。

在日常训练中，包括"速射"——侧踢练习：两脚平行地站立，身体重心移至左脚，身体向左倾斜，向右做侧踢。然后快速转换位置，收回右脚改成左脚侧踢。但在右脚着地之前，左脚应该做出向左侧踢的动作。左脚收回，右脚踢出。这样不断地反复练习，动作越快越好。开始做时可能觉得别扭，掌握不住身体的平衡，但要每天坚持几分钟，直到做得流畅和能够保持身体平衡为止。

8.2　勾踢

勾踢，是截拳道中用得最多的腿法之一。它并非十分有力，但它灵活而具有迷惑性。虽然用力不大，但很容易击伤对手。比起侧踢来，它有一大优点，那就是在许多对手还未来得及防备的情况下就已经发出了攻击。勾踢，是一种比较保险的腿法。因为它能让你在踢完后很快地还原。与侧踢相比，

图8-21

勾踢更适用于近距离的攻击。

　　做勾踢，前脚要由警戒式向前滑出7~8厘米，如图8-22，然后向前并步或快速跟进。当后脚刚要着地时，就应立刻发出勾踢，如图8-23。这种腿法应该是快速弹踢，而且身体要向后仰，如图8-24和图8-25，不要前倾。

　　虽然勾踢多以腰以上部位为攻击目标，但有时也攻击腿部和裆部，如图8-21，这要视你与对手的相对位置而定。如果你站在右边的位置上踢击对手

图8-22

图8-23

图8-24

图8-25

的裆部，那么对手就应该站在你的右边。但是勾踢很难也很少用来攻击腿部，因为这种踢法的效果不太好，脚摆动的距离太短，很难产生足够的力量。

8.3 旋踢

旋踢，通常是作为反攻战术使用的。用这种腿法对付以直线进攻而又没有冲到眼前的对手，是非常有效的。但是，如果用于对付一个正在防守或反击的对手，那将是非常危险的。因为对手总是在等待你做出动作而伺机报复。再说对于这种对手，运用旋踢也是容易受到攻击的，因为你出脚踢击之前，正好是转身以背对着对手的。

做旋踢并不容易，因为必须旋转身体，而且在做动作的过程中，还要在某一瞬间以背对着对手，在这一时刻，是很容易错判对手的位置的。

这种腿法并不像战术中使用的扫蹚腿，却像是快速背踢，是截拳道仅有的能应用左腿的几种腿法之一。

练习旋踢的最好器械，是一个重沙袋。以警戒式站在距沙袋一腿远的地方，如图8-26，精神集中于沙袋上所要踢击的那一点，以便在身体旋转时，如图8-27，仍能清楚地记着那一点。

旋转的支撑点，应放在右脚的前脚掌上，头稍微超出下肢，以便在出

图8-26

图 8-27

图 8-28

图 8-29

图8-30

图8-31

图8-32

图 8-33

脚之前看一看目标，见图 8-28。在踢击时，身体应和沙袋成一直线。就像侧踢那样，在接触目标时髋部像鞭子一样"抽打"，脚快速地弹踢出去，如图 8-29。由于你的身体是在旋转中，而且脚又必须在旋转的同时踢出，因此踢腿之后要保持身体平衡是非常困难的。

旋踢也是一种出其不意的突然袭击战术。对付一个很有防御经验的老手，往往只有旋踢才能够打乱他的防御。这种踢击需要经常练习才能掌握好，所以要尽可能多地练习空踢。

练习这种技术，要先从警戒式的站立姿势开始，见图 8-30。然后以略屈的腿的前脚掌为轴做旋转，如图 8-31，并保持另一条腿弯曲以准备击发。注意，抬起的那只脚不得任意摆动，否则你将会失去身体的平衡。最后，当你几乎完成 180 度转体时，用脚猛力地踢击，如图 8-32 和 8-33。

图8-34

图8-35

图8-36

8.4　其他踢击技法

扫踢或逆勾踢在截拳道中用得较少,因为这些腿法缺乏力量。严格地说,它们是用于面部的高踢。这种腿法通常被当做一种出其不意的战术,特别是对付那些攻击时以前脚向前伸出的对手,采用前踢或勾踢往往是不行的,因为对手伸出的前脚会妨碍你踢击的路线,而扫踢却是容易成功的,原因是它可以避开阻挡的那只脚。

做扫踢要求你的腿具有良好的柔韧性。由警戒式开始,如图8–34,前脚向前滑动大约7~8厘米,然后在踢击时迅速跟进,如图8–35。如果以身体右侧在前的姿势站立,则脚就必须以一个窄弧线从左向右(顺时针方向运动)扫踢,如图8–36和8–37。

图8–37

这种腿法是一擦而过的，并不能击倒对手。

以身体右侧在前的姿势，在重沙袋上练习这种腿法时，你要稍微向左站立，并以一个动作踢击沙袋。脚的路线除了在顶端有一个小弧度以外，几乎都是垂直的。其触点应该是右脚跟和脚的外侧。

李小龙为截拳道创造的最终内侧踢法，是用于踢击下盘，特别是用于踢击裆部和大腿内侧部位的，其接触点是脚面。

这种腿法和前勾踢一样快，是在对手同你面对面的情况下使用的。比如，你以身体右侧在前的姿势进攻，而对手以身体左侧在前的姿势站立，那么用一般的腿法是无法踢到对手裆部的，因为他的左腿保护着这个部位。除了不是垂直起腿以外，侧踢这种腿法和弹踢一样，如果你站立时略向左转一些，和对手形成一个角度，你就能够踢到对手的裆部了。

与前踢不同的是，内侧踢要向斜上方踢出，这和勾踢正相反。但是发力和前踢一样，你要在右脚即将到位时，突然送髋产生爆发力。这是一种比较难掌握的腿法，因为这种腿法要产生爆发力，必须将送髋与踢击动作同拍进行。

第 9 章

格挡技术

格挡，是一种易学易用的防卫战术。它是以手的开合及向外或向内的快速动作，来避开对手的直接打击。不过，它只是毫不费力地将对手打来的拳头轻轻拨开，使其偏离自己的身体而已。

这种技法应该是肘部几乎不动，仅用手和前臂的动作来完成。它不像劈打或抽打动作的幅度那样大，这是因为手的任何过分的动作都会使自身暴露，从而遭到对手的攻击。换句话说，手的动作应该恰到好处，只要足以挡住和控制住对手的打击就可以了。

在这种技术中，时机比力量更为重要，如果反应过早，对手就可能改变踢打的路线，也可能会给对手发起反击留下空当。因此，要等到对手快要打到自己时再做动作。

如果你面对的是动作迅疾、身高臂长的对手，在格挡时应向后退一步，而且格挡动作要和后退同时进行，不能先后退再格挡，也不能先格挡再后退。

要学会只迎击真正的攻击。如果你以直觉应对假动作或虚假进攻，你的动作就是控制你的手或者臂膀几乎没有任何反应。

练习格挡技术时，可让助手对自己进行各种踢打攻击，以便训练自己对真攻击与假攻击的检测能力。在进行了大量的练习之后，你就能够做到只格挡那些真的攻击，而对假的攻击不予理睬。

一般来说，格挡是一种比较安全有效的防守方法，但也可能被技法熟练的拳手攻破。如果是那样，就必须在格挡时向后移动。

9.1 内侧高位格挡法

由于攻击大都是向面部打来的，所以通常采用高位内侧格挡法。将传统的招式与截拳道相比较，如图9-1，可以看出截拳道的格挡法提供了更好的防护条件。图9-2表明了用截拳道的格挡技法，几乎可以在挡开攻来之拳的同时就立即进行反击。而用另一种一封一打式，就不是这样了。因为它将整个动作分为两步来做，反应必然是慢的。

李小龙运用一根长棍来练习内侧高位格挡技术，见图9-3和9-4。同伴用棍直刺李小龙的面部，而李小龙将身体重心稍移至前脚，且让前腿膝部微微弯曲以避开这一刺。与此同时，他用左手轻轻挡开棍子。这种训练形式是很重要的，因为你的同伴可以发觉你在平衡状态与运动状态之间的差异。对付像踢击之类的重击，则要握紧拳头格挡，如图9-5。

在对挥拳进行防守时，李小龙先是以警戒式站立，如图9-6。一旦对手

图9-1

图9-2

开始挥拳，李小龙的右手便开始动作，如图9-7。在李小龙格挡对方攻击的同时，右手便打到了对手的面部，见图9-8。在图9-9中，李小龙用同样的格挡技术对付右直拳的攻击。

　　所谓内侧高位格挡，是指当打来的拳头与自己的手相遇时，腕关节微微向逆时针方向一拨。这一轻微的动作之所以能够保护身体，是由于拨腕动作远离你的身体之外，而且是向着来拳方向的。当你向身体之外拨腕时，臂力要比向里拨腕时强。而传统招式的动作方向则刚好相反，拨腕动作是顺时针方向或向着身体的。

图9-3

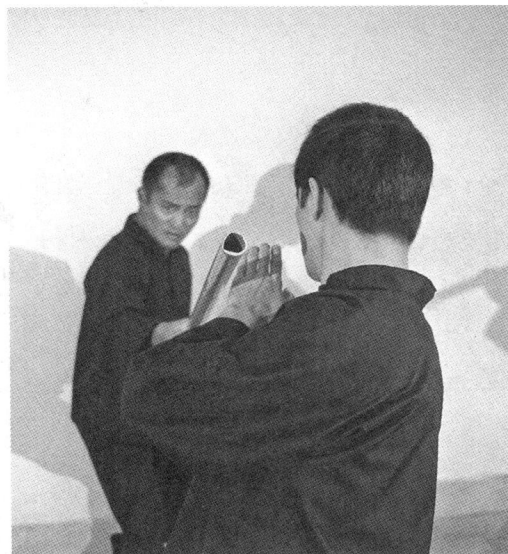

图9-4

图9-5

图9-6　　　　　　　　　图9-7　　　　　　　　　图9-8

图9-9

9.2　内侧低位格挡法

　　内侧低位格挡，是用来对付对腰部以下低位发出的拳打和脚踢的。它以右脚在前的警戒式进行格挡，具体做法是沿顺时针方向向下做半圆运动，如图9-10。同时随着膝盖的微屈将身体重心移至前腿。几乎是同时，用右手反击，如图9-11。

　　在传统技法中，封挡的手要向斜下方运动，如图9-12，而另一只手要向髋部收回，如图9-13。这种技法的缺点是反击速度慢。因为当一只手缩回时，另一只手必须先封住对方，才能出击。这样就使动作分成了两步。而在截拳道中，两只手的动作是一气呵成的。传统技法的另一缺点是自己的身体，尤其是身体的上部，总是会暴露给对方。

图9-10

图9-11

图9-12   图9-13

　　上述图中，李小龙对内侧低位格挡法作了说明。在图9-14中，李小龙以警戒式站立，两眼盯着对手。对手一开始发起攻击，李小龙便做出了反应，见图9-15。

　　在图9-16中，对手以右拳发起攻击，但是被李小龙用内侧低位格挡拦截住了，之后李小龙又由格挡转用"攦手"或刁抓技法。他用一个连贯的动作把对手牵向自己，同时又向前移动身体，并向对手的面部打出一记直拳。

图 9-14

图 9-15

图 9-16

9.3　外侧高位格挡法

外侧高位格挡法比内侧高位格挡法更具有突然的打击力，是一种防御性更强的动作。这种格挡法，是用来防御对你身体另一侧发来的攻击，所以手必须交叉，如图9-17所示。这丝毫不会降低你的反击速度，因为几乎在格挡的同时，你的前手仍然可以发出攻击。在运用防守的手（或后手）进行格挡时，前手更接近对手，可以随意地猛力攻击，如图9-18所示。

阻挡外侧和内侧高位攻击的传统招式与这种方法一样，只是两手的作用相反。这样就往往要用右手代替左手进行拦截，而左手或力量较弱的手则要用来进行攻击，如图9-19。

在下面的一组图片中，李小龙解释了他是如何运用外侧高位格挡法防守向头部发来攻击的。在图9-20中，李小龙在等待对手先行动作。然后，在图9-21中，当对手以右拳发起攻击时，李小龙轻轻地一拍，挡开来拳，并使朝面部打来的拳头偏离了出拳方向。同时，李小龙又用前脚向前滑出了7~10厘米，膝盖微屈，身体重心稍移至前脚。

在图9-22和9-23（侧视）中，李小龙挤住对手被格挡的手，并打出了自己的右拳。假如李小龙用力地去拦截或拍击打来的一拳，那他就不可能

图9-17

图9-18

图 9-19

图 9-20

图 9-21

图 9-22

侧视图

图9-23

把对手的手挤压在自己的肩上。

在下一组图片中，李小龙以警戒式站立着，做好被攻击的准备，如图9-24。当对手开始进攻时，如图9-25，李小龙以格挡迎战对手的左摆拳，同时又用爪形手扑击对手的面部进行反击，见图9-26。李小龙必须选择向前运动的时机，并用正确的格挡来保护自己。在图9-27中，李小龙流畅地换手，这样他就有时间发起另一攻击——以翻背拳猛击对手。

在外侧高位格挡的最后一组图片中，李小龙采用了用前踢做反击的格挡术。在图9-28和9-29中，李小龙由警戒式开始格挡了对手打来的右直拳。他没有做任何移步，而是几乎在格挡的同时，向对手的小腹部位踢出了一脚，如图9-30。这种格挡技法比先前的几种格斗技法更安全，他不必向对手移近，因为腿比手臂长得多。

图 9-24

图 9-25

图 9-26

图 9-27

　　当李小龙找不到陪练的对手时，就独自对着木人桩进行练习。下面的三幅图片是他利用木人桩练习格挡技术的情景。在图 9-31 中，他用左手进行格挡，同时又用右手进行反击（拍手中位直冲）。在图 9-32 中，他的格挡之手在攻击之手的下方交叉（拍手直冲）。在图 9-33 中，他用左手进行格挡，同时起脚前踢（拍手前踢）。

图 9-28

图 9-29

图 9-30

图 9-31

图 9-32

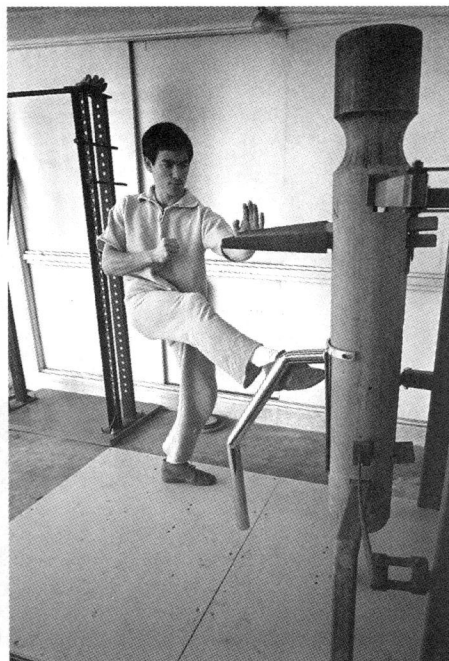

图 9-33

9.4 外侧低位格挡法

外侧低位格挡法，几乎与内侧低位格挡法相同，只是前者的手由身体的一侧转到另一侧，而防护的手要用来保护身体的这一侧，以抗击可能向低位发来的攻击，如图9-34所示。因此，外侧低位格挡要比内侧低位格挡有更大的动作弧度，就像内侧低位格挡一样，其目的在于迫使来拳向下偏斜。

9.5 截拳道 vs 传统拳法

传统技法对于所有低位攻击都采用同样的拦截技法。两手的动作只是方向相反而已，如图9-35。右手用来拦截，左手用来攻击。就像其他拦截技术一样，是由两个分解的动作代替了截拳道中的一个连续动作。

图9-34

图9-35

在下一组图片中，两个传统技法的拳手互相对视，如图 9-36 所示。他们都以传统的姿势站立，左边的拳手向高位出拳，但是来拳被右边的拳手拦截了，如图 9-37。然后右边的拳手接着打出右拳，但是又被左边的拳手截击了，如图 9-38。接着左拳手以右直拳向对方的腹部发出反击，如图 9-39。

现在李小龙用同样的技术，以截拳道的姿势来抗击一个非传统的对手（惯用左手的拳手）。他以警戒式站立，如图 9-40。当对手开始发起攻击时，见图 9-41，李小龙运用了一个拍击动作，挡开了攻击。图 9-42 显示了格挡的结果，以及他向对手面部做出反击的情形。

对付一个左腿在前的对手（传统式），如图 9-43，李小龙略往回一闪避，

图 9-36

图 9-37

图 9-38

图 9-39

图9-40

图9-41

图9-42

迅速地停止了攻击，并在对手向前迈步以右直拳发起攻击时进行格挡。李小龙在这里的格挡，刚好是他用右拳在打向对方面部之前封住了对方的手，如图9-44所示。

外侧低位格挡，无论是用握紧的拳头还是用张开的手掌，通常都是用来对付直接向胸部以下部位发来的踢击。

图 9-43

图 9-44

图9-45　　　　　　　　　　　图9-46

　　从图9-45和9-46来看，截拳道的格挡与传统拳法的格挡类似，但其实二者出拳的方法是不同的。截拳道的格挡，是采用半圆弧的向下动作，仅仅控制住踢击或令其偏斜即可。而传统拳法的格挡，是采用有力的向斜下方动作来截断踢击进攻的路线。

　　下面一组图片中，李小龙表现了他是如何对付前冲侧踢的。在图9-47中，李小龙以警戒式做好了迎击进攻的准备。当对手向前冲击和开始起腿时，李小龙随之向后移动，如图9-48所示，然而他是退却到既能免遭打击，又能格挡踢击的位置上的，如图9-49。李小龙利用他占据的有利位置，使对手完全转过身去，以背对着他，随即用前踢踢击对手的后裆部，见图9-50。

　　在和那些与自己姿势相反的人对垒时，如图9-51，李小龙一旦掌握好时机就向后退，以便做出攻击。当对手准备使用后脚，即相距较远的那只脚做前踢时，李小龙是有比较充分的时间来进攻的。在进攻中，当对手还未向纵深突破时，他稍稍后移了一点，如图9-52。

图 9-47

图 9-48

图 9-49

图 9-50

图 9-51

图 9-52

图 9-53

图 9-54

　　李小龙挡开了踢来的一脚，并防备可能发生的第二次进攻，如图 9-53。这时他运用内侧低位格挡封住对方的右手，然后用右直拳进行反击，见图 9-54。

　　李小龙在他设计的木人桩中心结构上，设有一个额外的"手臂"，如图 9-55，目的是严格训练低位格挡技术。

9.6 格挡vs拦截

格挡，只是为了封闭进攻路线或使对手的手偏离方向。因此不必向左右摇动得过大，只要能为自己创造出有利于进攻的空当即可。

要不断地变换格挡技法，以迷惑、扰乱对手。不要让对手有计划地发起进攻，而要使其始终处于猜测的状态，从而使对手在要发起进攻时总感到踌躇。

图9-55

　　当你连续做一组格挡动作时，每一个格挡动作都要完整、准确。在做下一个格挡动作之前，手应放在适当的位置上。

　　当受到不同方式的复合进攻时，你要在第一次格挡的同时移动后脚，并以完全一样的动作来完成第二次格挡。因为对手第二次攻击时，你正在向后移步，而后脚的移动一定要在受攻击之前，而不要在对手发拳之后。

　　格挡比拦截更难以捉摸，因为这种技法比较迅猛有力，经常被用来挫伤对手的四肢。拦截应当少用，只是在必要时才用，因为这种技法容易消耗体力。即使是拦截完全伸出的拳，它也会扰乱你的平衡，给对手造成空当。同时，它还会让你无法进行反击。

第10章

攻击目标

10.1 主要目标

在格斗中，两个最主要的攻击目标是眼睛和裆部，如图10-1所示。无论对手多么强壮有力，如对其裆部进行强有力的攻击，即能很快地使他致残或死亡。即使是轻微的攻击，也会使其休克。

某些武术界人士谴责这种攻击太野蛮、残酷和不人道，但是李小龙总

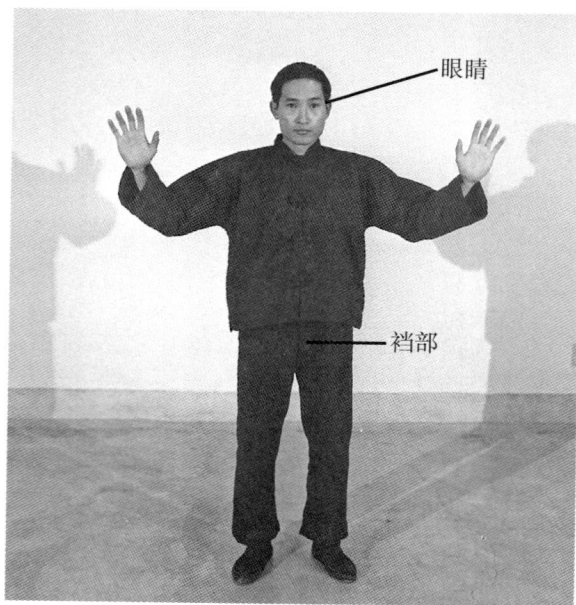

眼睛

裆部

图10-1

是觉得，学习武术自卫术的主要目的在于自我保护。

他常说："'英勇尚武'的意思是'好战'。""我们不是在做游戏，我们做的事关乎你或者他的生命。由于生命只有一次，你必须尽可能地小心。"

他说："当我们把武术作为一种体育运动来看待时，便设立了一些规则，随之也就产生了一些缺点。当你想变得非常文明时，你就会因为害怕伤害对手而受限制，这样就会削弱防守技术。"

许多技击术都变成了体育项目，并设立了规则。这些规则明确规定禁止参加者使用危险的技术动作。因而，许多规定禁止攻击裆部，并且随着时间的推移，整个腹部几乎都不能攻击。在拳击、摔跤、柔道和各种类型的日本武术中确实如此。现在这种人为的保护使许多技击手不知道如何保护自己的裆部免遭踢击，如图10-2，甚至他们站立的姿势就很容易遭受快速前踢的攻击。

李小龙看到了这一缺点，并创立了一种独特的站立姿势，如图10-3。以这种姿势站立，他可以利用前腿的保护作用适当地移动步法来保护裆部，而且也没有削减速度和步法的灵活性。

截拳道的另一特点是，除了做旋踢的时候，很少用后腿踢击。这是因

图10-2 　　　　　　　　　　　　　　　　图10-3

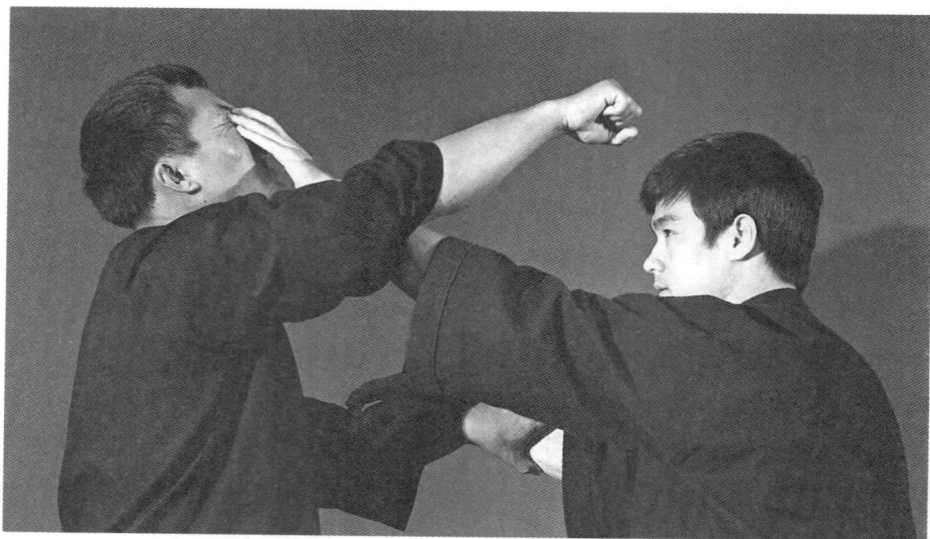

图 10-4

为当后腿要超过前腿，特别是在从身体外侧起腿踢击时，裆部便被暴露了。

用标指戳击的主要目标是眼睛，如图 10-4。在进攻和防守的手法中，这也被认为是首要的攻击对象，就如同在踢击技法中胫骨与膝盖是第一线攻击目标一样。眼睛是受攻击的主要目标，一旦眼睛被弄花，就难以自卫了。由于标指戳击要比击拳多延伸出 7~8 厘米，所以它是攻击和防守的首要方法。

10.2　要害部位

除了这些主要目标以外，身体还有许多要害部位，如图 10-5、10-6（侧视图）所示。膝与胫骨是攻击和防护的第一线，因为腿能攻击的距离是最远的，而对手的膝盖与小腿又是距离你最近的目标，见图 10-7。

对前腿的打击，可用侧踢向对手的膝部或胫骨攻击，如图 10-8。以侧踢攻击踝关节，如图 10-9。以侧踢攻击大腿部，如图 10-10。如果出腿准确，向前腿踢击是相当安全的，如图 10-11。

身体的上部是难以攻击的，因为这一区域比较好防守，通常也守护得比

其他要害部位

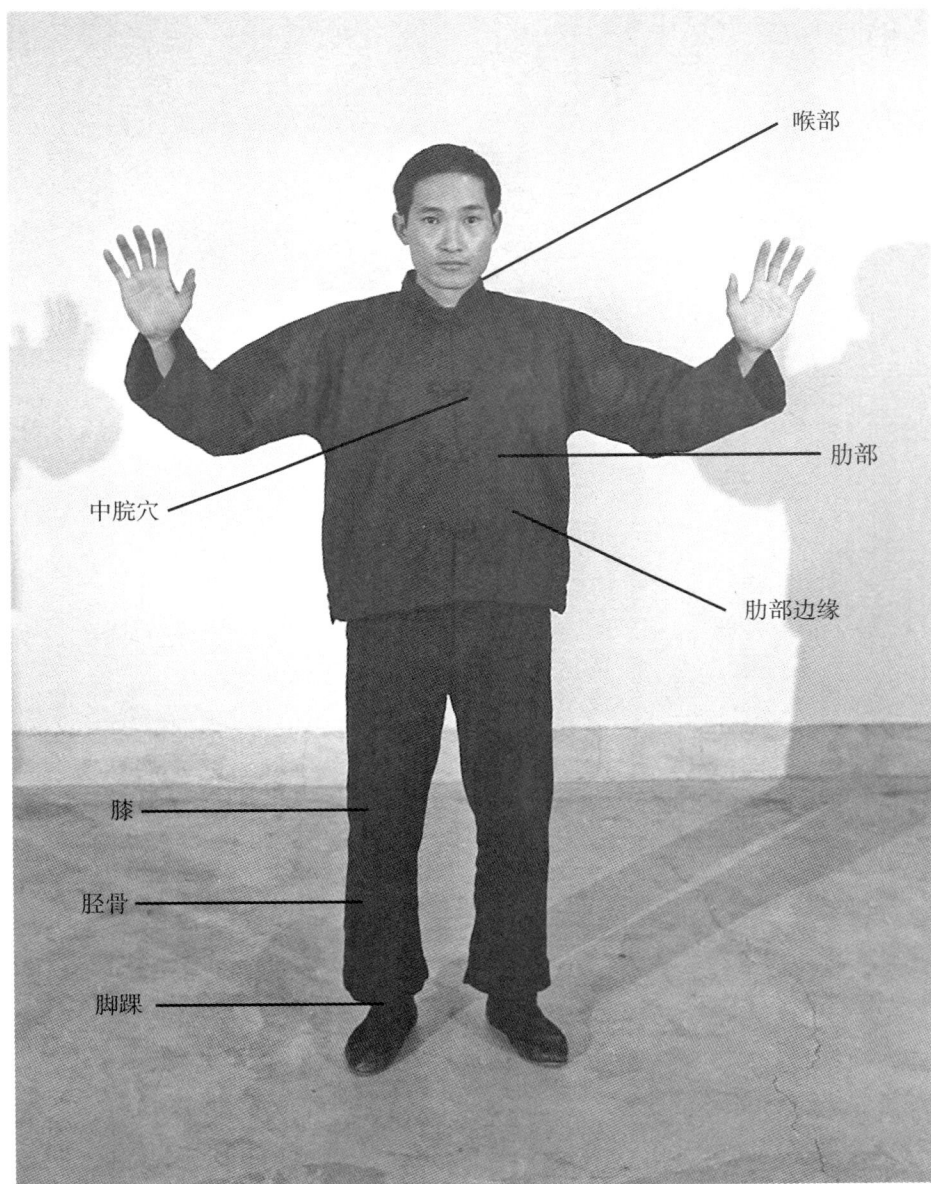

喉部

肋部

中脘穴

肋部边缘

膝

胫骨

脚踝

图 10-5

侧视图

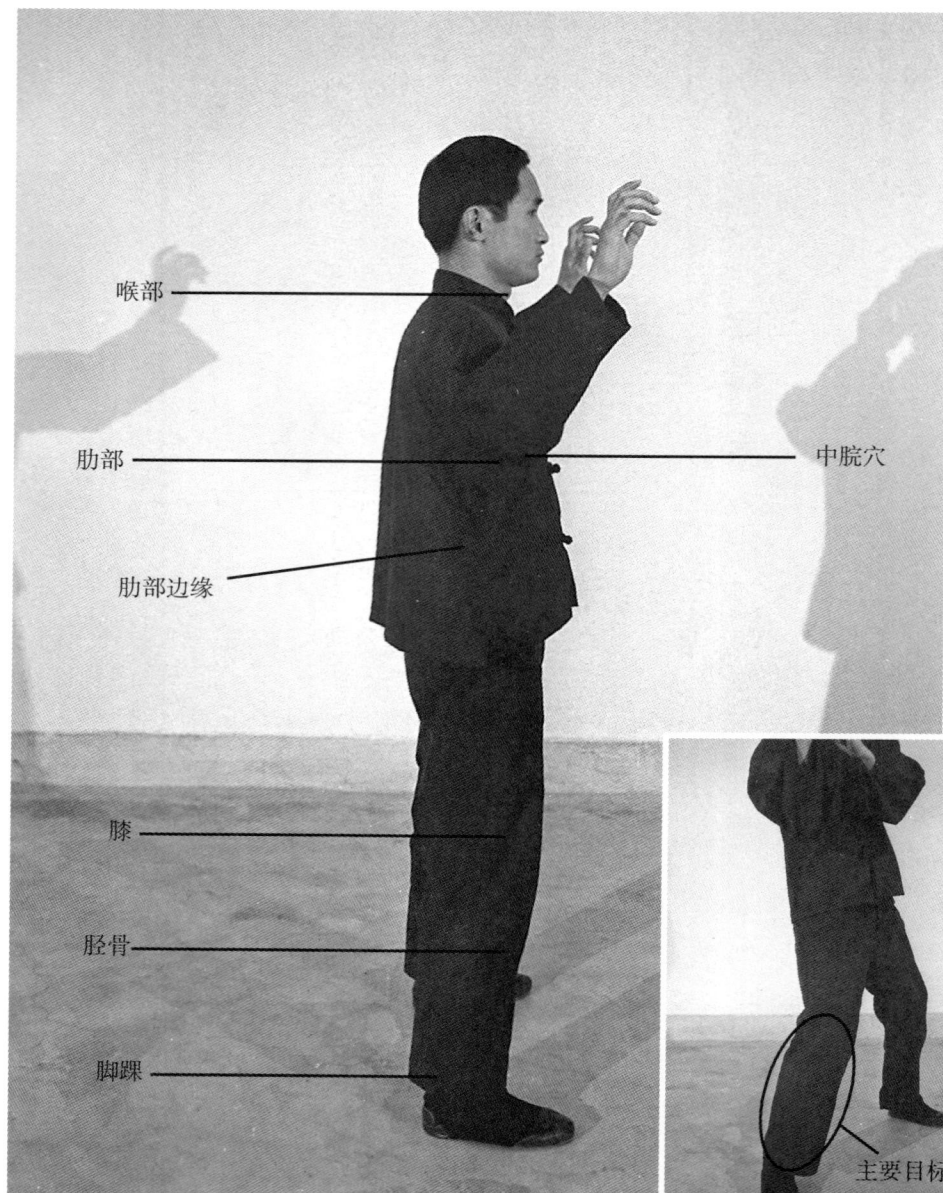

喉部

肋部 ——————————————————————— 中脘穴

肋部边缘

膝

胫骨

脚踝

图 10-6

主要目标

图 10-7

图 10-8 　　　　　　　　　　图 10-9 　　　　　　　　　　图 10-10

较严密。要想攻击一位熟练的技击手的咽喉几乎是不可能的。因为他的手总是守护着那里，而且他的下颌也总是向肩头压着的，很少能有空当。然而标指有时却能刺及喉部，如图 10-12。

肋部是容易遭受攻击的脆弱部位，特别是当手抬得较高时，肘、肋之间的距离分开得过大，此时任何的突然袭击，都会使肋部受到损伤。

中脘穴是最容易受伤的部位之一，但很难击中，因为多数技击手总是护着那一小块地方。一旦那个部位遭受了有力的一击，你将难以继续战斗下去，但是一个技术熟练的技击手很少会被击中该部位。

颚部比咽喉部位的目标大，但当你对付一个技法熟练的对手时，这是一个难以捕捉的目标，因为他会摇晃或躲闪。步法灵活的拳手，可以借助步法或头部的移动来闪避攻击。对手将下颌向肩部压低，并且抬起肩头来保护它，使其成为一个攻不进的目标。尽管如此，对腮部的攻击还是能起到很大破坏作用的，见图 10-13。攻击对手的下颚比攻击其他地方更容易将他击倒。如果出拳的角度适当，如图 10-14，腮部很容易被打成骨折。

图 10-11

图 10-12

图 10-13

图 10-14

图 10-15

图 10-16

图 10-17

图 10-18

图 10-19

图 10-20

10.3　进攻技法的正确运用

你还必须学会在发出攻击时不损伤自己，拳一定要握得合适，否则就会损伤拇指、其他手指或腕部。如果能够正确地出拳或起脚踢击，那么，即便未击中目标或击到坚硬的物体上，也不会伤到自己的。

在做侧踢时，要用脚的外侧或平脚接触目标，如图 10–15。偶然也可以用脚后跟，如图 10–16 所示。如果穿着鞋子前踢，还可用脚趾接触目标（见图 10–17），用前脚掌接触目标（如图 10–18），用脚背接触目标（如图 10–19）。但是如果赤脚，则要避免用脚趾，用脚掌时也要小心谨慎。最安全的是用脚背接触目标。有时，也可用脚内侧，如图 10–20 所示，但是这通常是用于扫踢。

格斗中的战术和策略，要根据易受伤的部位及对手最容易攻到的区域而定。

第11章

对抗训练

11.1 对抗训练

虽然对抗训练近似于实际格斗，但毕竟与实际的格斗有一定的区别。例如，比赛时要受到穿护具和戴拳击手套的约束，并限制使用某些进攻手段。然而在人们没有发明更好的保护用具和方法之前，这仍然是最实际的训练方式。

李小龙总是强调对抗训练的重要性，他说："一个未经对抗训练的技击者，就像一个没有下过水的游泳者一样。"

现代技击运动有其不足，拳击赛中的保护规定会使参赛者有一种满不在乎的倾向。保护规定要求制止用拳猛击某些部位，特别是腰以下部位禁止击打及不得使用脚踢等，这就限制了参赛者使用某些打法。

参加东方武术比赛的人，例如，参加日本的空手道，尽管整个身体都作为攻击目标，但是由于他们受到过强调不接触的训练，所以当攻击者距离对手身体几厘米时，便停止了攻击，这使比赛者受到了绝对的保护。然而这种训练有损于参加这项运动者对距离的判断能力。另外，这种人为的保护措施对在拳击中使用的滑动、闪躲、摇晃以及其他防御技巧的学习，起到了限制作用。

在实战格斗中，所有的基本技术都应被有效地采用。你必须把距离作为一种防护策略和所有近距作战中的闪躲技术。

所谓格斗技艺，就是指一个人运用计谋或策略打败对手的能力——击中对手却不被对手击中。在格斗中，最好的防守便是有效的进攻。一个好的拳手应该在进攻中拳脚并施，闪电般地快速进攻。他制造假象使对手迷惑不解，他运用技巧把对手引入困境，为自己创造机会。出拳、发腿都必须显得轻松自如，因为只有这样他的战术才能有条不紊。

虽然戴上拳套和穿上护具又笨又重，但这仍是在模拟实战中取得经验的好方法。尽管头盔会影响视线，拳套又笨又重，但你必须使用它们，并运用正确的姿势和技法。不要以为有了防护服就可以麻痹大意起来，以至养成不认真防守的坏习惯。

11.2　站　姿

要把手摆在正确的位置上，如图 11-1。如果手的位置过低，如图 11-2，就会暴露脸和身体的上部。如果手的位置过高，如图 11-3，则会暴露腰以下部位。而且如不先将手收回，就会妨碍你直而快地出拳，还会挡住你的视线。如果站得过于侧身，如图 11-4，就会影响你利用后手进行防守和进攻。如果站得太正，如图 11-5，则会妨碍快速前进与后退，而且还会暴露易受攻击的要害部位——裆部。

如果你以两腿间距过宽的站立姿势出拳，如图 11-6，那将会减弱你的打击力度，因为你不能充分发挥髋部的扭转力。它还会妨碍你快速地进击与后退，同时前腿也容易成为对手攻击的目标。

如果击拳时两腿站得过窄，如图 11-7，则容易失去平衡，而且击拳的力量也不大。如果出拳时身体向后仰，如图 11-8，则打出的拳绝对无力。凡有力的拳，都必须是在身体直立、保持平衡及身体重心向前腿移动的状态下击出的。即使身体不得不向后仰，也必须在击发之前重新调整姿势。

另一种无效的攻击，就是在后退时击拳。因为只有身体重心向前移动时出拳才能有力。换句话说，也就是后退、停顿，然后出拳。打完一拳之后，如果不得不继续后退，那也要重复同样的步骤：后退、停顿、出拳。但这需要良好的距离感以及出其不意地在快速后退中停顿的能力。要学会快速地由进攻转为防守，以及由防守转为进攻的策略与技法。

图 11-1　　　　　　　　　　　　　图 11-2

图 11-3　　　　　　图 11-4　　　　　　图 11-5

　　有一个容易出现的毛病是在出拳时身体向前探出得太远，如图11-9，这样的出拳姿势笨拙而无效。因为在身体失去平衡的情况下出拳，是无法发挥足够的力量进行攻击的。

　　技术熟练的技击手要像优秀的西方拳击手一样，能从任意角度发起攻击，而且每一拳都为其下一步攻击做好准备。他始终能保持平衡，这让他随时能打出任意一种拳法。他学习更有效的组合攻击，让自己的技术变得更加纯熟，应对更多的不同类型的对手。

图 11-6

图 11-7

图 11-8

图 11-9

　　在对垒中，你要学会有耐心，要在有把握的情况下再向对手出拳。如果你不确定可以击中对手，就不要出拳。当你准备以拳与对手进行接触时要移步向前。当你向对手猛击时，应尽可能直地向前出拳，并用自己的鼻子作为出拳的准星。千万不要击空目标，因为一旦未击中目标，就会失去身体平衡，而且容易遭受对手的反击，尤其是对付一个引领性的拳击手。要用闪电般的速度进攻，并用假动作引诱对手进行反击，那样对手就会失误。

11.3　佯攻与诱敌

　　佯攻是以假动作来欺骗对手的，诱使他对你的手、腿、眼睛和身体的动作做出反应。假动作应使对手调整防守的姿势，以暴露出他的空当。对于微微地一挥手或一跺脚，以及突然喊叫等动作，一般人都会有所反应。即使是一个有多年经验的运动员，也难免被这种假象所迷惑。

　　假动作不是直接有效的，除非你能如愿迫使对手做出反应。要成功，进攻就必须有一个似乎简单的移位。带有假动作的组合攻击看起来几乎与真攻击相同无异。

　　假动作要快，并具有表现力、威慑力，多变而又准确，紧跟着便是干净利落、实实在在的一拳。对付一个技法不太高明的拳手，就不必像对付一个技艺娴熟的拳手那样非使用假动作不可。当然，当势均力敌的两个拳手进行较量时，运用假动作熟练者往往会取胜。

　　这里介绍几种运用假动作的方法。由警戒式向前运动，并毫不迟疑地迅速弯曲前腿膝关节。这个轻微动作却使人产生了一种错觉，那就是好像你的手臂也要向前似的，而实际上你并没有向前。另一种佯攻是假动作，即稍微弯曲前腿膝关节，使上身前移，手也向前稍微伸出。然后，当你前进时，前脚向前迈出较大的一步，并做出半伸臂猛击的动作。这个猛击动作必须做得逼真，引诱对手进行格挡。当对手格挡时，你的手不与他接触，而是以任意一只手进行真实的猛击。如果不需要向前猛冲即可触及对手的话，就让你的手臂微微弯曲，并以转移或后手防御的方法使自己得到很好的保护。如果假动作先于踢击或需要向前猛冲的进攻，手臂就要完全伸出。

另一个成功的假动作是，前进时你的上体要同时弯曲。

可以使用"指内打外，指外打内"或"指高打低，指低打高"的单手或双手配合的假动作。开始的假动作必须放得长而且向纵深插入，但是动作要快，以便引诱对手格挡。紧接着在对手还没有还原之前，便狠狠地打击他。这种假动作是一种"长—短"的节奏。

在"长—短—短"节奏或两次假动作的进攻中，第一次假动作必须迫使对手进行防御。在那一瞬间，即在发出短而真实的打击之前，为了做近距离的假动作，你要与对手更加接近。

"短—长—短"节奏，是假动作的更高级形式。如果对手没有上第一个假动作的当，那么，第二个"长"的假动作就要造成对手以为这是复合进攻的最终一击的错误判断，从而诱使他进行格挡。在这个技巧中，速度和洞察力是成功的决定性因素。

为了防止和减少对手进行有力反击的机会，假动作必须一贯地先于第一拳。但是如果连续使用同一种假动作，就会使假动作失败而达不到目的，因为对手会利用这种技术进行反击。假动作的配合，必须练习到成为下意识的动作才行。还要练习使用各种假动作的方法，以便了解对手做出的各种不同反应。

假动作最直接的好处是，从一开始就可用假动作向前猛冲攻击赢得距离。换句话说，即利用猛冲突进缩短了距离，并运用佯攻迫使对手做出反应或感到踌躇，从而赢得了时间。

在运用了几次真而简单的攻击之后，再使用假动作，将会更有成功的把握。因为这样做将会迷惑一个不太灵敏的对手，使其难以判断进攻是真还是假。此外，还可促使一个腿脚敏捷的对手逃开。但是，当对手对你的假动作没有反应时，就要直截了当地做出动作，进行打击。

假动作的方法有下列几种：（1）上打刺拳（佯攻面部），下取胃门（实打腹部）；（2）下盘侧踢攻小腿（佯攻），意在上盘勾踢取头部；（3）上打刺拳取面门（佯攻），下盘侧踢取胃中（实攻腹部）；（4）两记刺拳攻面门（佯攻），下取胃门（打击腹部）才是真意等等。要多试验几种假动作，以便制造进攻的机会。

诱敌几乎和假动作一样。实际上，假动作是诱敌的一个组成部分。在

图11-10

假动作中，要设法欺骗对手使他对你的动作做出反应。在诱敌时，你要暴露出身体的一部分，诱使对手进攻那一部分。一旦对手这样做了，即可采取防守战术，并进行反击。

诱敌也是诱使对手对你的假动作做出反应的一种战术策略，一旦他这样做了，就会落入陷阱。比如，你可以迅速地后退，以诱使对手插入向纵深进攻。当他这样做时，你可避开进攻，并用特殊的技法进行反击。

11.4   身体运动

虽然速度和时机是互相弥补的，但是如果掌握不好时机，即便是快速的攻击也是无力的。在图11-10中，由于时机和距离掌握得不好，所以攻击也就没有效力。

你不必以快速或颠簸的动作去移动，很多时候，你只需从静止状态做一个平稳的、毫不犹豫的动作，而又不露出明显的准备迹象便可击中目标，因为这样的攻击无法预测。

所谓掌握行动的时机，就是指在行动中发现和捕捉良机的能力。比如，

图 11-11 图 11-12

当对手准备或打算移动时，当对手处于运动之中时，当对手正处于紧张部署时，或者当对手的精神不集中时等等。

实战中的时机，意味着当对手步步向前或被一步步引诱向前时，你要进行正确的攻击。如果对时机掌握得不准或出拳过早，那么打出的拳将是徒劳无力的，见图11-11、11-12。

抓住攻击的时机，是做好有力打击的诀窍之一。但要对自己的能力有必胜的信心，否则即使能掌握正确的时机也很难成为一个真正的重击手。对时机的选择，是个精神与思想的问题，特别是当你的节奏被打乱时就更是如此了。在你连续做动作的瞬间，你的思想是难以适应突然遭到的阻截的。这种似打非打的"半击"（节奏的半拍）状态，会让你产生心理上的障碍。因为你在动作完成之前，便遭到了对手半路发出的攻击。

当两个拳手的速度和技能都不相上下时，速度并不是主要的先决条件。因为尽管先发制人者略占优势，但是知道如何破坏对方阵脚者优势更大。即使速度平平，当对方的阵脚和步骤被打乱而又得不到迅速调整时，只要以适当的速度半途攻击或采取突然的突发进攻，便能制住对手。

即便戴有厚拳套，你也必须做连续的基本训练，例如要培养自己在实战中不流露攻击意图的能力。戴着厚拳套你的攻击就没有那么有效，但是你仍要坚持戴上拳套进行出拳练习，因为这将有助于提高技巧的熟练程度，要练得像不戴拳套时一样。

图 11-13

图 11-14

由于脚没有防护用具的负担，所以在对打中踢起来就轻快自如而有力。不要像图11-13中所示的那样踢击，因为那等于预先向对手暴露了你攻击的意图。

在拳击和某些东方武术中，手是攻击与防守最基本的且几乎是唯一的武器。但在其他武术中，踢击则占有很重要的地位。遗憾的是，许多武术流派过于强调脚动作的重要性而忽视了手的技能。

李小龙曾强调手是进攻和防守的主要武器。如果你的脚插在对手脚的位置，就可控制对方的脚动作，如图11-14，并向其迫近。然而手是很难控制的，因为它可以从近距离以及各个角度上发拳。

11.5　躲闪技法

除了格挡以外，还有其他的防守手段。通常最好用交替变换的方法，比如用步法占据有利的位置进行攻击。其他的交替方法就是躲闪战术，如闪、转、摇、晃等。

以滑动闪避来拳所造成的移动，不要超出能够进行反击的范围，因为可能只差2.5厘米你出的拳就不能击中目标，所以你的时机和判断必须准确才能成功。

虽然内侧或外侧闪动都可以进行直拳攻击，但是通常还是采用外侧闪动更好些。因为外侧闪动更安全，而且还可阻止对手有准备地反击，也就是说向右或向左调肩转体，可以避开任何一侧手臂发来的攻击。

在格斗中，滑动闪躲是行之有效的技法，因为它可以让你用两只手进行反击。移动到内侧突然猛击，要比拦截格挡之后再进行反击更为有力。

以脚后跟做小幅度旋转的闪避技法，往往是成功的。做法为：从右脚在前的站立姿势开始，闪过向左肩打来的拳头，抬起你的后脚跟，顺时针方向旋转，将身体重量移至前脚。与此同时，前腿弯曲并沿顺时针方向转动肩部，这样就占据了进行反击的位置。

在右肩上方闪开来拳，前脚脚跟抬起并沿逆时针方向旋转，将身体重量移至后脚，与此同时，弯曲后腿，并沿逆时针方向转肩，准备以右勾拳反击。

　　摇闪的技法，是一种避免攻击的有效战术，并能改进防御措施，以比较有力的勾拳进行回击。每当对手暴露出破绽时，便为你提供了两只手都可反击的可能性。

　　在攻防中的晃动，是指身体从一边移到另一边，以及从里到外的来回摆动。在这个过程中，也要注意躲闪击向头部的直拳。这样头部就成了难以捕捉的活动目标，因为对手难以判定你滑动的路线。他还会处于一种进退两难的境地，因为他不知该用哪只手出拳才好。

　　当以内侧晃动法来对付右前方的攻击时，首先要通过转肩和屈膝的动作，使身体降低，将来拳闪至外侧位置。当对手逼近时打出一拳，并迅速地恢复原姿势。对手的手应该是从你的左肩上方滑过，而你的手要保持一定的高度，并贴近自己的身体。不要完全停止你的动作，身体要向内侧位置摆动，并用右手对付对手的左手。要继续晃动身体，同时还要用右拳和左拳进行反击。

　　以外侧晃动法对付右前方的攻击时，要随着上体的拧转和屈膝动作，使身体降低以便向内侧位置滑动。然后，逆时针方向走一弧形，使对手的右拳从你的右肩上方滑过。你的手要保持一定的高度，并置于贴近身体的适当位置。这时你必须在外侧位置，以警戒式站立。

　　摇闪比滑动闪避更难掌握，你必须掌握滑动闪躲，才能在摇闪中运用自如。摇闪的关键就在于掌握放松的技巧。

　　摇闪本身很少单独使用，通常是伴之以上下摆动。在实战中的上下晃动，是指头部不断地上下运动，而不是向两边摆动。上下摇闪的方法是在摆拳或勾拳时，有控制地下沉。手要保持一定的高度，运动中要充分利用膝关节屈伸的作用。

　　摇闪的目的是，当对手进攻时，用滑闪来接近对手。摇闪是用于发起下一步有力反击的，如直拳或勾拳等。那些对摇闪技术掌握得比较好的拳手，往往是一个勾拳手，能控制住一个比他身体高大的对手。像格斗中的其他技巧一样，上下和左右晃动不能太有节奏，必须使对手始终处于慌乱之中。

　　摇摆转动法，就是通过身体的移动而将对手的攻击破坏掉。比如当对付直拳和屈臂上勾拳时，你就要向后退；而对付勾拳，则要向左或向右移动身体。也可以此来对付捶击。此外，还可以用身体向下做弧线运动来破坏对手的攻击。

在运用躲闪战术时，通常伴随着踢打的反攻。要保持视野开阔状态，因为在任何攻击到来之时，都不会有多少警告。你还要利用肘和前臂来进行防守。当对手发出猛烈攻击时，运用躲闪战术可挫杀攻击者的锐气，还能使扭打混乱局面转变为擒住对手的局面。当不用躲闪战术时，则要对直接向头部打来的拳进行格挡。

步法移动在对抗训练中是可以得到极大发挥的，因为脚可以自由地向任何方向移动。虽然大旋转作为闪躲战术在东方武术中运用得并不是很多，然而在无法运用踢击的情况下，它却是近战中的一个非常重要的环节。

在向右的旋转中，要以前脚为轴，使身体向右转动。前脚迈出的第一步可长可短，这要根据情况而定。步子越小，旋转半径就越小。前手的位置要比平常略微高一点，以防对手用左拳反击。

向右的旋转，是用来闪过对手的前手右勾拳，并使对手失去身体平衡，而自己则成功地打出左拳，进行反击。保持身体的基本姿势在这里很重要。移动时要慎重、动作简练，千万不可双脚交叉。

由于向左旋转比较安全，所以它要比向右转运用得多。但是向左旋转做起来比较难，因为它要求运动中的短步要准确。

进步和退步是制造空当的进攻性战术，而且通常都配有假动作的运用。首先直接向前上步并高抬双手，给对手造成要发起攻击的错觉，然后在对手发起反击之前，便自行快速后撤。这个策略是让对手陷入自满之中，然后再给他以突然的一击。

一个具有快速的步法和良好引导能力的拳手，会让人觉得他的技法简捷轻松。由于善于运用攻击与周旋的配合，而使得动作迟缓的对手在他面前显得笨拙无能。当对手向前迈进时，他迎面就是一拳，随即便迅速后退。当对手逼近时，他再次做转动，或向里、向外地移动，偶尔也会以右直拳、左直拳或复合进攻与对手正面相遇。

甚至在以警戒式做等待的时候，手和身体也都要不停地微微摆动。因为这种动作可以给进攻增添欺骗性和假象，使对手感到迷惑或捉摸不定。但是动作不可做得过分，也不要错过进攻和防守的时机。

在对抗中，要学会耐心等待。不要打那种明知打中后也不会有多大效

图 11-15

图 11-16

图 11-17

图 11-18

图 11-19

力的拳，以免浪费精力。图11-15中那样打出的拳在有效距离之外，是很冒险的。首先这样的拳打击力量太弱，即使把对手打倒了，也不会使对手受伤害。其次，这是将自己置于危险的位置上来对付反击的。第三，没有封住对手的手脚，却暴露了自己的裆部，这将遭到对手随意的反击。

在向对手发起进攻之前，就要先将对手逼至困境，或引入圈套。当对手陷入困境时，再发出准确的一拳。如果失掉的时机太多，就很容易使自己感到气馁。

图 11-20

图 11-21

图 11-22

当远距离对垒时，要用前手出拳，并与后手交错，在出拳之前，要准确地判断好距离，见图11-16。当近距离对垒时，可使用勾拳、击打身体的后手拳和上勾拳。但是不要像图11-17那样出拳太远，因为那样只能从对手的眼前擦过，根本打不着对手。

只有根基稳，打出的拳才能有力量。当偶然打出右路拳时，后脚要向左迈7~8厘米，这样就可使打出的拳有力得多。特别是在远距离对垒的情况下，就更是如此。在出拳时切记脚不要离地，不能像图11-18那样。

发拳时要充满信心，像图11-19那种出拳后回避对手的做法，不仅会使出拳无力，还会在对手面前暴露出你怕挨打的心理状态。胆怯的动作，不仅会助长对手的气势，还会减少自己运用各种战术的机会。另一种不好的姿势是面对攻击转头避之，如图11-20。这种做法还将招致另外的攻击，而且有碍反攻。

11.6　坏习惯

对练的过程，就是发现自己的弱点并设法克服的过程。若等到在实际格斗中再发现就为时过晚了。在对练中会暴露出许多坏毛病，例如两脚平行站立的姿势等等。从图11-21中可看到，这种姿势很容易失去平衡。

你还可以边防守边向后退，见图11-22。但是要学会在接连经受对面部的几次强攻之后，仍能保持好身体平衡与防守姿势。

在格斗中，情况是多变的，所以不要死守教条，而要随着不同情况的出现运用灵活多变的战略战术。

第三部分

高级技术

第12章

进攻手法（第一部分）

12.1 进攻手法

在截拳道中，几乎没有任何直接的进攻。实际上，所有的进攻动作都是间接性的，它们都是在假动作之后发生，或者是以反击方式进行的。

一次完美的进攻，是战略、速度、时机、欺骗性和敏锐而准确判断的有机结合。一个优秀的拳手，要在日常训练中掌握这些要素。

进攻，应该按照自己的意志向在运动或静止中的对手发起攻击。例如，当对手在你打算发起进攻而又抽回手臂时，你发出攻击就会成功。也就是说，进攻要避实就虚。当对手正向相反方向移动，而又必须掉过头来或改变原方向时，你便能从容地取胜。

简单攻击，不是对所有对手都能奏效的。你必须学会让进攻和防守的形式多样化，这样能迷惑对手，还能帮助你对付各种类型的拳手。

必须研究自己的对手，避其所长，攻其所短。如果对手擅长躲闪，那么你应在攻击前就采用紧逼、假动作或欺骗来搅乱他躲闪的步法与动作节奏。

进攻的方法，应视对手的防御形式而定。如果对手过于接近你，你发起的攻击就难以奏效，除非对手不精于防守。例如，以欺骗方式攻入对手的双手防线，进攻的手一般要做迂回或半迂回动作。但是如果对手在采用简单或左右躲闪的动作之后发出反击的话，迂回攻击就不能奏效。因此，攻击时，首先要估计到对手可能做出的反应。

进攻时，注意力分散或者使自己陷入复杂的组合攻击是十分危险的，因为这样对手会有更多机会进行阻截和反击。攻击形式越复杂，运用时就越不易控制。而且容易失去运用的机会。因此，应采取简单攻击方式。

不过，如果对手在速度和技巧上都与你不相上下，且有良好的距离感，那么采用简单攻击是很难奏效的。对付此类对手应使用复合攻击，并注意保持有利的距离。

复合攻击，即在实际进攻之前先做假动作或击打等初始动作。复合攻击的成败直接取决于你对对手的假动作或最初进攻做出的判断。发起复合攻击之前，必须研究对手的反应。

复合攻击的成败还取决于对时机的选择。许多复合攻击失败都源于未能正确地掌握假动作的时机。在实际进攻之前，进攻者只能有微小的移动。复合攻击可以是短促、快速的组合，或者是纵深、快速和突破的组合。

简单的复合攻击只有一个假动作或一个初始动作。对手在做准备时，尤其是向前迈步时，都是向他发起进攻的好机会，而且这种攻击成功的把握较大。如果对手步法缓慢或处于精疲力竭的状态，则应当双管齐下。

进攻时，应当像下山猛虎，从心理上压倒对手。并且要有决心，勇敢、果断，但切忌鲁莽，三心二意是很危险的。

纵然有高超的技术，也可能败在老练对手的防御之下。因此必须准确地选择进攻时机，使对手无法闪避。以下是截拳道中手法的运用。

12.2　前手标指

前手标指的戳击，如图 12-1，如同对胫骨或膝盖的侧踢，是进攻和防守的第一线，它相应地使你和目标的距离缩短了 7~11 厘米，因而出击的速度也会因距离的缩短得到提升。

像其他技巧动作一样，前手标指一定要在精力充沛时进行训练。因为你在疲劳时，必然会以懒散的动作去完成训练，并且会以一般的力量去做那些特殊动作。如果这样持续地以拖沓动作进行训练，就会妨碍技术熟练程度的提高。因此，一旦感到疲劳，就应停止技术训练，而改做耐力训练。

标指戳击，是由警戒式发起的，如图 12-2。突击之前发起攻击的手的

图 12-1

图 12-2

图 12-3

手指应伸直，如图12-3。打击的路线，应与自己的鼻子成水平直线，如图12-4。不要像图12-5中那样，在上盘区域出现空当。

　　以前手标指对付有经验的对手是很困难的。李小龙在运用这一手法之前，总是先做假动作。

　　例如，在图12-6中，李小龙面向对手采用的是警戒式，他的对手也采取同样的姿势。这时李小龙稍微下蹲，向前移动，似乎要攻击对手的身体中部，这就迫使对手将防御之手（后手）向下移动，如图12-7。一旦对手露出空当，李小龙就迅速地用手戳击对手的眼睛，如图12-8。注意李小龙的姿势，他用右脚抵住对手的脚，以防对手起脚反击。假动作是诱使对手做出反应的初始动作。可用其诱使对手拦截某一位置，随之从另一方向或另一途径向对手发起攻击。

　　对付左脚在前的对手，如图12-9，李小龙用右手做出假动作，以使对手降低前手的高度，如图12-10。这时，李小龙关注的只是对手的前手，因为他挡住了李小龙进攻的路线。一旦障碍移开了，李小龙立刻趁机向对手的眼部猛戳，如图12-11。在这种进攻中，李小龙还能够从较远的距离上完成

图12-4

图12-5

图12-6

图12-7

图12-8

图 12-9

图 12-10

图 12-11

攻击。脚的假动作也可破坏对手的镇定，除此之外，它还可以防止对手起脚。

当你想压倒对手时，不论是标指、拳打或脚踢，进攻速度是至关重要的。你的进攻速度必须超过对手，牵着他的鼻子走。

速度和时机要默契配合。你应能自如地加快或放慢动作，从而支配对手的节奏。另一种方法是建立一种自然的节奏，当对手的动作开始变慢，显得没有生气时，便发动突然的进攻。

节省体力和保持肌肉的灵活性，能够加快出击速度。然而大多数无经验的竞赛者的错误就在于操之过急，为了尽快地结束比赛而不顾一切地向前逼进，并加快运动的速度。这样做的结果只能是欲速而不达，因为紧张造成的不必要的肌肉收缩会起到制动作用，降低了速度，消耗了体力。

一般运动员处于自由和放松状态下进行运动时，要比极力强迫和驱使自己进行运动时发挥得好。当一个跑步运动员在尽其所能地快跑时，他不觉得还能跑得更快。

另一有效的方法是改变击中目标的时间，即在将要发力击中目标前放慢速度而不是加快。换句话说，也就是打出的拳在运动中要稍有停顿，在短暂的停顿中，使对手手足无措，从而暴露其易遭攻击的部位。

对时机选择的好坏，直接关系到进攻和防守的成败。进攻和反攻应发生在对手处于无能为力的状态之时。当对手全神贯注于准备进攻或暂时集中更多注意力于进攻而不是防守的情况下，你应该进攻。其他的有利时机是当对手缺乏灵活性时，如在交手中对手攻击落空后发起攻击或改变攻击时，以及对手正处于运动之中（前进、后退或肩并肩）时，都可攻击他。因为在完成一个动作之前，他是不会凭直觉转换方向的。

培养一种能察觉对手最薄弱时刻的洞察力，需要花费大量的精力去练习，而且还要学会不被聪明的对手制造的假象和假节奏所欺骗。相反，你应该努力发挥你作为技击手控制自己节奏的能力，让自己完成一个出人意料的打击。

在被打乱的节奏中，速度不再是成功的攻击或反击中的主要元素。有一种倾向，如果节奏一旦确立，就会在后序的运动中延续。每个人都是"电机组"在该续发事件中的延续。如果你能采用稍微的停顿或意想不到的移动来打破这一节奏，你就可以用适中的速度取得有效的进攻或反击。你的对手是电机组先前节奏的继续，在他调整改变自己之前，他将击中你。打乱的节奏往往会让你的对手在精神上和身体上都猝不及防。

12.3　前手右直拳

在截拳道中，前手直拳是一种极常用的打法，因为它短促、准确、迅速，是一种可靠的进攻武器，如图 12-12。

如果在出拳的一瞬间扭动一下髋部，这一攻击会是十分有力的。出击的方向应该是鼻子的正前方，如图 12-13 所示。图 12-14 所示是错误的打法，防卫的手应在头部附近，以防对手回击自己的头部。打出之拳应直接命中面部，如图 12-15 所示。

右直拳应直接由警戒式发出，如图 12-16 和图 12-17。攻击之前，手不得暴露进攻的意图。不要做额外的动作，如出拳前先将手回缩等。可做的唯一动作是在寻找空当和等待对方反击时做一些轻微的摆动。直击拳应保

图 12-12

图 12-13

图 12-14

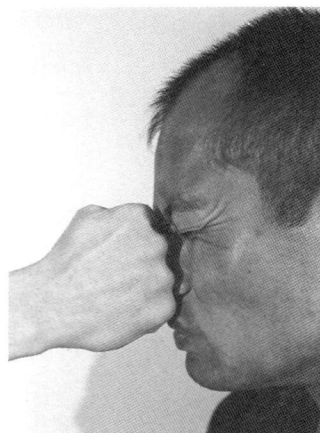

图 12-15

前视图

图 12-16

侧视图

图 12-17

图 12-18

图 12-19

图 12-20

图 12-21

持拳头垂直，如图12-18和图12-19。后手应取防守式，随时准备阻截对方的攻击。出拳攻击时，侧肩前伸可将打击距离延长大约10厘米，只要运用得当，出拳通畅，就绝不会减轻打击力量，如图12-20和图12-21。

图 12-22

图 12-23

图12-24

图12-25

对于近距离的对手，如图12-22，李小龙不露声色，突然发出一记迅速而无预示的右直拳，如图12-23。但是如果对手站位较远，如图12-24，或者正在后退时，李小龙则快速逼近并以右拳狠击，如图12-25所示。

在手的各种技法中，手总是先于脚而动的。进攻应该简洁地从任意角度和任意距离发起，而且攻击时动作越隐蔽越好，特别是双手动作，一定要防止被对手识破。

要想做到善于进攻，那就必须明白每打击一拳都会有空当，有空当也就会遭到反击；而有反击，也就会有阻截或格挡。此外，还必须懂得何时以及如何安全、隐蔽地击出。

12.4   前手击打身体

虽然用右拳攻击对手的身体不一定十分有力，但可有效地扰乱对手，使其防御的注意力移到下边来。如果击中对手的中脘穴，也是可以造成伤害的，如图12-26。在图12-27中，李小龙展示了一个全身的前视图。

图12-26

图 12-27

前视图

图12-28

侧视图

图12-29

以右拳打击身体时，应取警戒式，如图12-28（前视图）和图12-29（侧视图）。然后身体前倾并前移，如图12-30和图12-31。前腿微屈，后腿放松。当从某一角度攻击时，下颏应自然地贴紧右肩。在全力进攻时，后手应护住面部，见图12-32和图12-33，并将身体重心几乎全部移至前腿。

身体始终要与出拳相配合，这一点十分重要，并应尽量使身体下沉与目标保持在同一水平线上。只有这样，才能使打出的拳稍微向上或几乎成水平。这个姿势较为安全、有效。

李小龙以警戒式面对一个右手在前的对手，如图12-34，他迅速逼近，以左手拍开了对手从高处打来的一拳，同时一拳打中了对手身体的中部，如图12-35。

图 12-30

图 12-31

图 12-32

图 12-33

图 12-34　　　　　　　　　　　　　　　图 12-35

　　大多数人的下路防守都较薄弱，因而打击这个部位是比较容易奏效的，特别是在采用避实就虚的策略时更是如此。避实就虚是将手从封住的防线转向其他方向的简单运动，即把打击从封住的防线移到敞开的部位。时机是很重要的，因为在对手的手臂挥过或向相反方向运动时，必须对他发起攻击。

　　对付左手在前的对手，如图 12-36，李小龙用前手做佯攻，诱使对手向上抬起两手，如图 12-37。当对手暴露了空当时，李小龙便狠狠地击出一拳，直捣对手的中脘穴，如图 12-38。这时李小龙正处于用左右手配合发起复合攻击的位置。

　　当防御右手在前的对手打来的右直拳时，应注意下列几点：

　　（1）左手要张开，抬得要比平时稍高一些，并且要不停地晃动。当对手的拳头打向你的面部时，你应向左稍微闪开，以左掌猛击其手腕或前臂。挡开对手有力的打击无须用很大的力量，但这一挡会使对手站立不稳，并且来不及提防。这时，你要迅速向其面部或身体反击。

　　（2）右脚向前，身体向左闪，以右拳向对手的面部或身体猛击。

　　（3）右腿前跨，闪向右面，以左手向其头部或身体猛击。

　　（4）先向后退一步，然后再向前进，进行反击。

图12-36

图12-37

图12-38

12.5　左直拳

　　如果运用得法，左直拳是很有威力的。这种打法，可用于反击或复合攻击，左直拳打出的力量比前手出击要大，因为你站得较远，拳头能够在击中之前不断地增加打击冲力。此外，你还可充分利用全身各部位的协调动作，将全部力量集于这一拳之中，见图12-39。

　　但是，对于所有习惯用右手的人来说，使用左手往往不太自然，特别是在一定距离以外出拳。要练就左手击拳的技巧，必须不断地练习打重沙袋，直到你对左手像右手一样运用自如为止。

图 12-39

站成警戒式打左直拳，如图 12-40 和图 12-43。以弯曲的后腿为轴，沿顺时针方向扭转腰部，如图 12-41 和图 12-44。将身体重心移至前脚，前手抽回保护面部。

而不要像图 12-46 那样。如果那样出拳，就会使身体上部处于暴露的状态。你可以选择对手头部的任何部位为目标，然而最脆弱的部位是颚部，如图 12-47。但是不要总以头部为目标，时而也应直接打击对手的身体中部。

对付右手在前的对手，如图 12-48，李小龙以假动作诱使对手露出破绽，如图 12-49。首先，李小龙右脚向前迈步，同时打出右拳，对手的反应必然是抬手迎住来拳，这时李小龙的右拳遮住了对手的视线，继而他以左拳狠

图 12-40

图 12-41

图 12-42

图 12-43

图 12-44

图 12-45

图 12-46

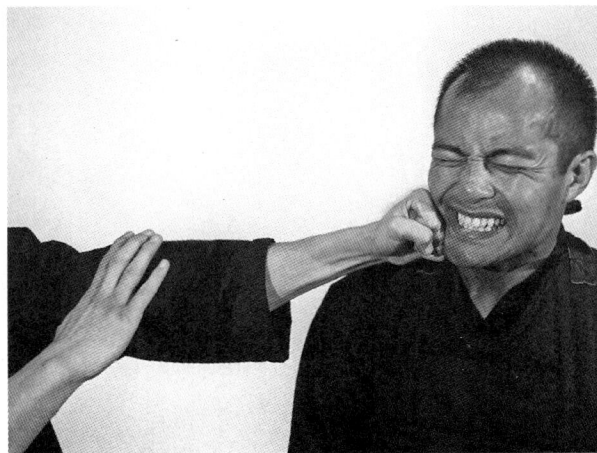

图 12-47

图 12-48

图 12-49

图 12-50

击对手的面部，如图 12-50。打这一拳时，李小龙以左脚掌为轴，向右扭动腰部，而且转动迅速，最后，以左肩的快速扭动而完成了整个身体的转动。

如果对手不加躲避或阻截而直接后退，这通常是重新进攻的好机会。重新进攻的最好目标就是胫骨和膝盖。用这种打法，对付因退却动作过大而使自己暴露，或试图闪避但又失去平衡，以及惊慌失措的对手，都是很有效的。

对付只将身体重心移至后腿而并不后退的对手，要进攻他的后腿。重新进攻的效果，在很大程度上取决于对对手打法的了解，不经预先计划是很难取胜的。此外，还必须用灵活的步法保持进攻姿势和使对手站立不稳、失去平衡的能力。

重新攻击的技术，可能是直击与假动作的组合，也可能是连续击打与诱敌的组合。一个组合攻击通常包括几组动作，即一系列自然的拳打或脚踢。打击的路线也不止一条，这种进攻的目的是在一次进攻后，迫使对手仍处于危险的境地。

组合攻击具有一定的顺序。例如，先打击头部，再打击身体；一记直拳后接一记勾拳；一记右勾拳加一记左直拳，或者左直拳后紧接着右手戳击。

也有进行三次打击的组合攻击。例如，闪躲之后向对手身体猛击两拳，这一般会引起对手将防守注意力下移，从而为最后的第三击暴露出空当。

还有"安全的三次打击"，即第一次和最后一次打击目标是一致的。例如，如果第一次拳打击的是身体，第二拳打击的是颚部，那么最后一拳还应该打击身体。在图 12-51 到 12-54 中，李小龙以一个假动作打开了对手的门户，然后他以一记跨越的后手拳袭击其对手，随即又对其头部打出一记勾拳，最后用对其身体抛出的后手交叉拳结束战斗。

左手或右手的猛烈攻击，经常被用作反击的手段。先诱使对手主动进攻，当其上当后，你稍低头并迎上前去，让其右拳从你的左肩上方掠过，此时你要用全力打出左拳，并同时猛扭左肩。眼睛应盯住对手的左手，如果他用左手反击，你应立即用右手阻挡。

对付左手在前的对手，如图 12-55，李小龙以右手做假动作，如图 12-56，接着迅速地用左直拳攻击对手的面部，如图 12-57。请注意图 12-49 和图 12-56，如果对手以左手在前，李小龙就无需向纵深突破了。

图 12-51

图 12-52

图 12-53

图 12-54

图 12-55

图 12-56

图 12-57

　　诱敌或假动作的目的，不是以此击中对手，而是让对手向某一具体的方位攻击，从而给你造成挡开打击和发起反击的机会。假进攻并不是向对手猛扑，它仅仅是以脚和身体的一些小幅度动作促使对手做出反应而已。

第13章

进攻手法（第二部分）

速度固然是很重要的，但太多的技击手过分强调这一点。技击手的进攻之所以失败，很多时候是因为采用了错误的袭击，而不是败于缺乏速度。

一个拳手必须适时地运用正确的打法对付对手。为能适时、正确地运用打法，必须从各个角度研究对手的风格，仔细观察对手的战术和动作节奏。本章所介绍的是截拳道中的一些出拳方法。

13.1　左直拳击打身体

左直拳击打身体与左直拳击一样威力强大，如图13-1，并可作为反击手段，也可在右手假动作之后或组合攻击中使用。像做前手标指与右手直拳一样，用左直拳击打时，身体要随拳协调动作。

这一击的力量很重，运用时也较为安全，因为你在打出这一拳时，正处于下蹲的位置。运用这种打法的机会很多，尤其是对于右侧暴露的对手，将是最好的反击手段。

这种打法也可以有效地迫使对手将防御注意力下移，所以能成功地运用在对付高大对手的格斗中，但是它主要还是用来对付后手处于防御面部位置的对手。

除了打击点不一样以外，左直拳击打身体与左直拳的运用方式几乎完全一样。左直拳击打身体，主要是以身体中部和神经丛为目标的，如图13-2。

图13-1

图13-2

右手在前的警戒式，如图13-3和图13-6，后脚保持机动，前膝微屈，如图
13-4和图13-7。位于前方的右手移向面部，左拳打出去时，右手护住面部。
在以后脚为轴转动身体的同时，将身体重心移至前腿。为取得更有力的打
击效果，在左拳打击时，身体可以稍微向右移动。退回原位置时，须将前
肩抬高，以防对手左手的攻击。

　　在完成攻击时，右手应张开并贴近面部，如图13-5和图13-8，身体下沉。
这样出拳的方向是稍微向上或基本与对手成水平。图13-9表示由于错误的
姿势而在攻击时暴露了身体的上部。

　　对付右手在前的对手时，如图13-10，李小龙以纵深的佯攻，迫使对手
抬手格挡反击，如图13-11。这样便使对手将身体中部暴露出来，这时李小
龙迅速沉下身体，挥左拳猛击对手身体的中部，如图13-12，并且头低下紧
贴左肩，以防对手反击。

　　对付左手在前的对手，如图13-13，李小龙并不过于向纵深突破，
而是以右手向对手的面部虚晃一拳，如图13-14。在这同时，跨步靠近对
手。当对手对佯攻做出反应时，李小龙就用左拳狠狠地捣在对手的身上，
如图13-15所示。此时，李小龙的右手向上张开，肘部向下坠，以防备
反击。

　　有时你并不需要诱使对手攻击，而是等他主动攻击，或是对手暴露出

图 13-3

图 13-4

图 13-6

图 13-7

图 13-5

图 13-8

图 13-9

图 13-10

图 13-11

图 13-12

图 13-13

图 13-14

图 13-15

破绽时才迅速攻击。把身体作为攻击的目标比攻击头部有利得多，因为身体的目标大，机动性又较差。

遏止对手攻击身体或抢攻时，只须将前臂横于体前并抬高前肩即可。

13.2 前手刺拳

尽管刺拳不是很有力的打击方法，但它是很有用的，可使对手失去平衡。刺拳应当是迅速而突然的。手在出击和缩回时，应保持较高的位置，以破坏对手的反击。当手撤回到防御位置时，应使两臂的肌肉放松。

实战中可多次使用刺拳，因为第一击如不太用力，不会妨碍再次攻击，而且第二次击中的可能性很大，再说随后的一击，也往往是对未击中的刺拳的一种补充方法。连续的刺拳可逼迫对手总处于守势，毫无喘息之机。

13.3 翻背拳（挂捶）

翻背拳（挂捶）是突发性最大的打法之一，如图13-16。因为它迅速、准确而又神出鬼没，所以不易被对手察觉。这种打法可由警戒式，或两手轻松地垂于胯的两侧，若无其事地发出。尤其是后一种情况，因处于非交战状态，因此可打对手一个措手不及。

前手应在不泄露意图的情况下直接使用翻背拳，如图13-17。拳头发出后应当自上而下地动作，而不能像图13-18中那样横抢。翻背拳可以打击对手面部的任何部位，其中太阳穴是最理想的目标，如图13-19。

从警戒式开始，如图13-20和图13-23，前手翻背拳以一个垂直半圆形的运动打出，如图13-21和图13-24。将身体重心前移，同时后手稍向下移，以防对手起脚或向头部及身体发出攻击，如图13-22和图13-25，并张开后手准备格挡。

对付右手在前的对手，如图13-26，李小龙用右手抵住对手的手臂，并

图 13-16

图 13-17

图 13-18

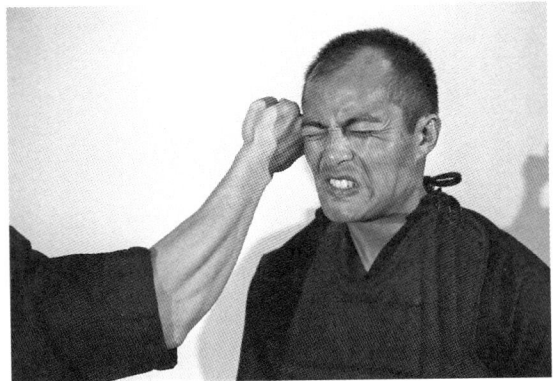

图 13-19

前视图

图 13-20

图 13-21

图 13-22

侧视图

图 13-23

图 13-24

图 13-25

用前脚踩住对手的前脚以防其起脚，如图13-27。随后李小龙迅速交换两手位置，用左手封住对手的手臂，在向前跨步的同时，用右拳翻背猛击对手，如图13-28。

　　对付左手在前的对手，如图13-29，李小龙运用如图所示动作。

　　由警戒式突然上前，李小龙用右手抵住对手，如图13-30，前脚抵住对手的左脚。接着便迅速靠近，两手换位，用左手抓拿，右手击打，如图13-

图 13-26

图 13-27

图 13-28

31。请注意，李小龙在运用翻背拳的同时，还用左手将对手拉向自己，并对其发出半圆弧的攻击。

　　在进攻时，抓住或抵住对手，从而使其身体的某一部分无法活动，这是保证自己安全的好办法。例如，当用一只手牵制住对手时，另一只手就便于攻击了。这种方法也可作为反击和闪避时的保护手段。封手基本上用于在交战对手之前封住其攻击线。

　　刁抓、扭拧、击打或制约对手的手，可造成对手反应能力的降低，或迫使其过早躲闪而失去对自己动作的控制。脚也可以用来牵制对手的脚以防止其起脚。

图 13-29

图 13-30

图 13-31

　　如果能在扭拧或擒住对手的手时，向前靠近，则可限制对手的防守和反击。在刁抓对手时，要注意保护自己或采用其他防护手段，但要保持动作的紧凑性。当你抓住了对手的手又被他挣脱时，要做好阻截击打与对抗击打的准备。

13.4　勾　拳

勾拳是一种很好的反击或补充打击手段，基本上用于近距离进攻，以对付想凑近的对手，如图 13-32。当对手未能脱离打击范围时，也可用勾拳打击他。但是如果运用了某些战术之后再运用勾拳，则要像直拳和标指一样迅速。例如，可在为取得距离和力量而做出不过分的假动作之后采用勾拳打击。

勾拳的动作幅度不应过大，而应是十分易行、突然而自如的。勾拳中手臂的挥动是身体转动的结果。当身体转动带动转肩时，必须随之带动手臂迅速转动。如果运用得突然，前挥的手臂就会像离弦的箭般向前击出。

出拳的手在出拳之前不要有回收或下垂动作，否则就会暴露反击的意图。像很多拳击手那样抽回手是不必要的，如果能巧妙地运用步法，是能产生足够力量的。将前脚跟抬起，以保证身体灵活地转动。身体重心应从

图 13-32

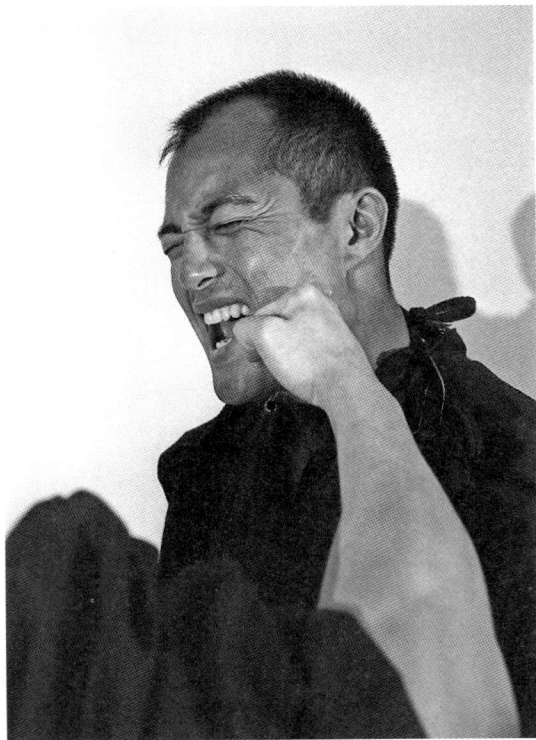

图 13-33

图 13-34

图 13-35

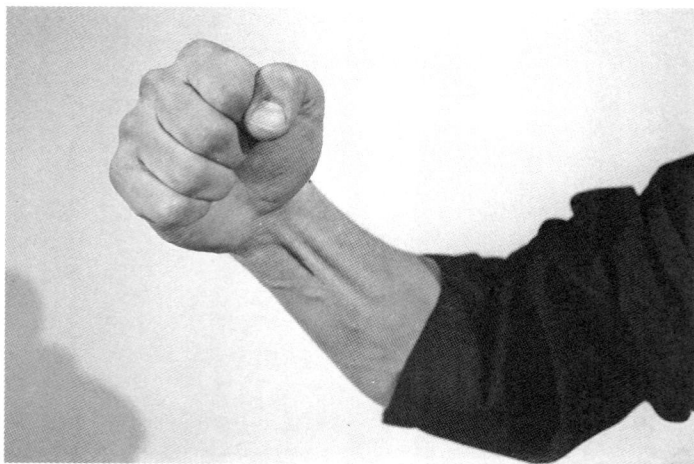

图 13-36

图 13-37　　　　　　　　　　图 13-38　　　　　　　　　　图 13-39

出拳手的一侧移到相对的另一侧。如果采用前手勾拳，则必须跨步跟上以确保击中对手。

当做前手勾拳时，后手要抬高掩护面部，后肘要保护体侧。为了迷惑对手，勾拳应由警戒式打出，并在完成打击后立刻恢复原姿势。当用勾拳打击对手下颚左侧时，要抬高右肩以获得最大的力量，如图 13-33 所示。

为了保证发挥最大效力和用勾拳攻击时不失去控制，则应将动作降低到尽量小的限度。如果过于向外勾，就会变成图 13-34 中的抡拳，所以动作必须做得十分紧凑，如图 13-35。除此之外，采用大幅度的勾拳，会使防御出现漏洞。肘部弯曲得越大，如图 13-36，则勾拳的力量就越大，动作也越紧凑。击中前的一瞬间，胳膊要变得更加坚硬。

由警戒式开始做勾拳，如图 13-37，要保持后手防御的高度，如图 13-38，并且前脚跟自如地抬起向外转动。接着在打出勾拳时，朝逆时针方向迅速地转动腰部，如图 13-39，并将身体重心移到后腿上，然后快速、猛烈地打出这一拳。做勾拳最困难的是，打击时要能完全控制住身体。

你要巧妙地运用勾拳。对付一个机智的守势对手，勾拳可能是突破其防线或迫使他采用其他战术，从而粉碎其防线的唯一方法。但是在前进或

图 13-40

图 13-41

图 13-42

后退的时候，勾拳的运用效果都是最为理想的。对付探身向你直击或抢拳攻击的对手，勾拳也是很有实用价值的。

　　对付右手在前的对手，如图13-40，当其手的防御位置降低时，一般多采用前手勾拳攻击，如图13-41，或当对手向前刺拳之后，也是你发出勾拳的好机会。出拳时身体重心应移至后脚，以前脚掌为轴转动髋部，如图13-42所示。

　　在对付左手在前的对手时，如图13-43，李小龙稍微下蹲，假装做后手直拳攻击状，如图13-44。当对手的前手下移做拦挡攻击时，李小龙对准其下颚便是一记勾拳，如图13-45。

图13-43

图13-44

图13-45

勾拳经常是配合侧步自然出击的。当你斜向移动时，面对的方向是有利于向对手从容地发出一记勾拳的。反之，当对手做侧步时，勾拳也是很实用的打法。

前手勾拳在近战和格斗中都同样有效。勾拳是从对手视野的边缘或其视野以外发起的。除此之外，它还可绕过防守，特别是在对手被一记直拳震住之后，勾拳就更是一种重要的攻击方式了。

在近距离的格斗中，以勾拳攻击对手的身体具有更大的伤害力，因为身体是比较容易打击的目标，体积比前颚大，且灵活性差。在格斗中，先假装攻击头部，然后前脚迅速地前跨，前手向对手身体的中部或最近的目标发出勾拳。由于档部比其他部位更难以遮挡，因此是一个理想的打击目标，下颚也是同样。在近距离打出勾拳时，应向出拳之手相反的一侧迅速弯下身体，这时要弯曲前膝，使肩与要命中的部位处于同一水平，张开后脚趾以保持平衡，防守之手不要离开面颊。

纵然直拳在中距离格斗中十分可取，但我们也可以运用勾拳来对付正在阻截、躲避或反击直拳的对手。要经常变换打法，打击的位置应由高到低，由低到高，而且要从单一的打法变化到组合攻击。

在近战中，特别是你在摆脱对手或对手要摆脱你时，后手的勾拳便是一个法宝。这种打法还可钳制对手，使其无法使用前勾拳。

掌握勾拳技术要练习打体积小、速度快的沙袋，并在猛击沙袋时，保持身体的直立姿势。在防御勾拳时，不要躲避，而要迎上去，让对手的勾拳从颈旁绕过。

13.5 上勾拳

上勾拳应用于近战。这种打法（屈臂向上、拳心向内），前后手都可以运用。然而对付一个快速运用长距离标指的直立对手时，这种打法几乎没有一点用处。但是如果要对付一个低头冲来，并疯狂挥拳的对手，那自然要采用这种打法。

要想打出短促而有力的上勾拳，就必须在出手之前弯曲两膝，而在打出这一拳时要两腿迅速蹬直。击中时，应踮起两脚，身体稍向后仰。若用右手上击，身体重心应落在左脚上；若用左手上击，则相反。

对付右手在前的对手，当右手上击时，须用左手截住对手的右臂。当用左手上击时，右手应缩回以保护头部，并防备对手的反击。左手的位置应低一些，因为打击的惯性是横向和向上的。

第14章

进攻腿法

在进攻中，迅速、敏捷的腿法可以做出最有效的踢击。应抢在对手未来得及防卫和避开之前，便起脚攻击。同时还要让对手无法利用你进攻中暴露的破绽进行反击。要努力通过猛烈的出拳打疼对手，并给他造成心理上的影响。

　　在训练中要注意起脚、落脚和恢复原姿势。你可以猛地提膝发出踢击，这将使你的踢击更加有力，你还可以将膝盖和臀部结合起来以获得更快的速度。

图 14-1

要学会在各种情况下都能控制身体平衡的本领。这样，就可在前进、后退、左右迂回等各种运动中，自如地从高、低或水平高度上起脚踢击。

14.1　对胫骨和膝部的踢击

大多数武术家运用或依靠脚踢作为进攻的首要武器是很自然的，因为腿较粗壮且较长。在截拳道中，初次交战先以低侧踢攻击对手的胫骨或膝部，见图14-1。不论是在攻击中起脚还是突然间起脚都具有爆发力，并可一举踢伤对手的膝盖。它还是进行组合进攻中用来缩短间距的一种非常好的技术。即使这一脚不甚厉害，也同样可以使对手丧失主动攻击的勇气，并将其拒于一定的距离之外。

图14-2

图14-3

图14-4

图 14-5

图 14-6

图 14-7

对付右手在前站立的对手，如图 14-2，李小龙扬手分散对手的注意力，如图 14-3。接着便迅速地接近对手，并对准对手的膝盖狠狠地踢击一脚，将其踢倒在地。此时，李小龙仍可继续进攻，如图 14-4。请注意，图 14-4 中李小龙踢到对手时与对手的距离。

在对付左手在前的对手时，如图 14-5，李小龙用了同样的向上挥手动作，如图 14-6。在这同时，他又向对手的左膝盖发出一记侧踢，如图 14-7。注意李小龙在接近对手时，是两眼盯住对手的面部，而不是看膝盖或要踢击的目标。李小龙这样便可隐蔽进攻的企图，使对手捉摸不定。

14.2　前脚侧踢

在截拳道中，侧踢的威力最大。它强大到即使对手多次采用阻挡措施也难免被踢中或受伤。这种攻击，可在中等距离上发起。若是从较远的地方冲过去，可利用冲击的惯性增加攻击力量，见图 14-8。

对付右手在前的对手，如图 14-9，李小龙在中等距离之外一扬手，如

图 14-8

图14-9

图14-10

图14-10，另一只手在下面防备反踢。然后快速向对手的肋部踢去，如图
14-11，将对手踢出，如图14-12。尽管这一脚十分有力，但如果对手属防
守型拳手，这一脚踢便不算很结实。再说对手用防御措施即可向一侧躲闪

图 14-11

图 14-12

或向后退来防止被踢中。此外，对手还可躲开以抓住踢来的脚。

　　对付左手在前的对手，如图 14-13，李小龙一边向前靠近，一边研究对手的反应，如图 14-14。当对手向后退却时，李小龙便毫不犹豫地向他扑过

图14-13

图14-14

去，如图14-15，并以比对手更快的速度追上他，接着便是对其侧面踢出一脚，如图14-16。

在图14-17至图14-19这一组图片中，李小龙面对的是一个左手在前的

图 14-15

图 14-16

对手，如图 14-17，他向前移动时，仍以扬手假动作的老办法分散对手的注意力，如图 14-18。但对手对此没有做出反应，于是李小龙更换了战术，将脚高高踢起，超过对手防御的双手，踢在他的脸上，如图 14-19。

图 14-17

图 14-18

图 14-19

14.3　勾　踢

　　勾踢是截拳道中一种最主要的腿法，因为它的命中率很高。这种腿法比其他腿法具有更多的起脚机会，同时还可保证你在中距离交战时的安全。它既可被迅速地运用，又可变化多样。例如它可以瞄准对手的头部、中盘及裆部，见图14-20。

　　对付右手在前的对手，如图14-21，李小龙佯装踢击对手的小腿，来诱使对手的防御之手向下移动，如图14-22。一旦对手上了当，李小龙便向对手的面部发出一脚高处的勾踢，如图14-23和图14-24（俯视图）。

　　假动作一定要做得十分逼真，方能使对手做出反应。为了确保假动作有效，必须限制做假动作的次数。一次攻击之前，如果做两次以上的佯攻动作，

图14-20

图 14—21

图 14—22

图 14—23

俯视图

图 14-24

那将是十分危险的。复合攻击的动作越是复杂，其成功的可能性就越小。

假动作是缩短距离的一种方法，当使用第一个假攻击之后，与对手间的距离至少要缩短一半，使用第二个假攻击之后，就应该达到预期的位置。假攻击的速度要适中，要有足够的时间让对手做出反应。但是时间也不宜过长，因为时间过长会使对手利用这段时间做好阻止攻击的准备，你必须在对手做好准备之前完成假动作。所有假动作的幅度都要小，只要能引起对手做出反应即可。

在与右手在前的对手交手时，如图 14-25，李小龙扬手分散对手的注意力，使其暴露出身体的中间部位，如图 14-26。对手一上当，李小龙便向其身体的左侧发出一脚勾踢，如图 14-27。

图14-25

图14-26

图14-27

　　对付左手在前的对手，如图14-28，李小龙沉下身体，如图14-29，假装做向下勾踢，其目的在于诱使对手的左手下移，以保护其下部，如图14-30。当对手上当后，李小龙便给予一记高位勾踢踢击其头部，如图14-31。当对付右手在前的对手时，这一招较容易施展。

图 14-28

图 14-29

图 14-30

图 14-31

14.4　旋　踢

在截拳道中，使用旋踢应当特别慎重。因为，防守型或进攻性不强的对手会在旋转当中背向他时攻击你。但是，尽管如此，对付一个粗心大意、一直前冲的对手，这种腿法还是极有价值的。

旋踢是所有腿法中最难掌握与运用的一种，因为在旋踢中很容易失去身体平衡。此外，击中目标也不容易，因为当你旋转到背向对手时，眼睛看不到目标，但还得要击中目标。

旋踢大多用于反击之中，但在进攻中，也常用它向对手突然地袭击，见图14-32。对付右手在前的对手，如图14-33，李小龙在逼向对手时，先扬手以分散对手的注意力。到达合适位置后，他便突然以左脚为轴转动身体，

图14-32

图 14-33

图 14-34

图 14-35

如图 14-34。他尽量盯住对手，判断出距离，在对手还来不及做出反应时，李小龙的旋踢便已经踢中对手的身体中部，如图 14-35。一些武术家在横扫或抽打中使用旋踢，因此它是从侧面踢来的。但在截拳道中，它常常是猛冲直进，直接从正面打击目标的。

　　用上盘旋踢攻击右手在前的对手，如图 14-36，李小龙用前手做假动作，如图 14-37。但是对手并未对此做出反应，所以李小龙很快便以右脚为轴转动，高高地一脚踢向对手的面部，如图 14-38，迫使其后退，如图 14-39。

　　对付左手在前的对手，如图 14-40，李小龙先扬手，如图 14-41，接着便迅速地转过身体，如图 14-42，发出一脚旋踢，从其防御的两手之间踢过，

图 14-36

图 14-37

图 14-38

图 14-39

图 14-40

图 14-41

图 14-42

图 14-43

并将其踢倒，如图14-43。

虽然旋踢对一个粗心的好斗型选手是最好的，有时对付一个没有预料的选手也是非常有效的。这是在截拳道中，由警戒式用后脚踢击的少数腿法之一。

14.5 扫 踢

扫踢在截拳道中是极少采用的。原因如下：首先，在对付右手在前的对

图14-44

图14-45

图14-46

图 14-47

脚的轨迹图

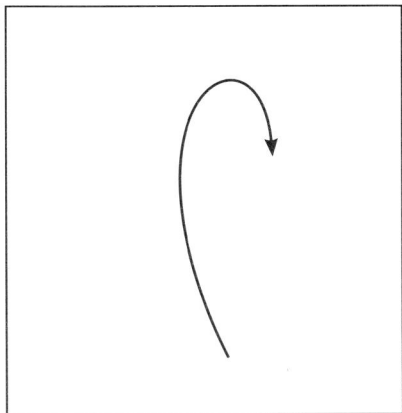

图 14-48

手时，对手总是以右手保护面部；其次，这一脚踢得很高，很容易被有经验的对手抓住；第三，这种腿法的力量不足以踢倒对手。

对付右手在前而又只注意保护身体左侧的粗心大意的对手，运用扫踢就极易奏效了。有的人进攻时习惯性地将前脚高抬以阻挡对手的踢击，这时利用扫踢便可向他突然地发起攻击，见图 14-44。

对付右手在前的对手，如图 14-45，李小龙一开始就用扫踢，如图 14-46。在这种情况下，李小龙的踢法很近似直踢，以便欺骗对手防御下方，这时李小龙便毫无阻挡地踢向目标，如图 14-47。这种踢法的轨迹是由左向右做半圆形的运动，如图 14-48。

对付左手在前的对手，如图 14-49 和图 14-52（俯视图），李小龙以逼近的方式给对手造成假象，即认为李小龙要侧踢其身体的中部，如图 14-50 和图 14-53。当对手准备迎击侧踢时，李小龙起脚越过对手防御之手，直攻其面部，如图 14-51 和图 14-54。

图 14-49

图 14-50

图 14-51

俯视图

图 14-52

图 14-53

图 14-54

第15章

防守与反击

15.1 反击的技巧

反击是一种很具技巧的战术。第一，它运用起来相当安全，却对对手有极大的破坏力，因为对手在逼近时极易遭到反击。

其次，如果和一个与你的技艺差不多的对手交手，你可能会因为对手在发起进攻时处于暴露状态而占据优势。然而无论怎样，你须保持防御状态，以等待对手露出破绽。引诱对手先行攻击，比等待他主动进攻更为可取。

反击的技术，应在刺激对手发出攻击或你故意露出破绽引诱对手上当之后运用。反击时应避开进攻，而在对手失去身体平衡或者防守薄弱时打击他。

进行反击须精通技击术，实际上反击是一种更高形式的攻击。对付攻击有多种反击方法，但你应该立即选择最有效的一种。只有通过长期不断的苦练，才能具有这种快速反应的能力。

反击之后，要趁机一直压制对手，不给他喘息之机，直到将他打倒或他又开始反扑之时。在寻机反攻时，要特别警惕惯用双重攻击的对手。因为他的第一次攻击往往只是引诱，而当你要反击时，他发起了第二次攻击，而这第二次攻击才是真正的攻击。

15.2 前手标指

前手标指是很好的防御武器，也是遏止对手发起攻击以及最后挫败对手的有力反击武器。标指的应用在于击发迅速，在对手来不及进攻时就能戳进其眼睛。运用标指时，手指应伸直，延长你的手，见图15-1。

标指是阻止进攻的有效武器，应在格斗中利用一切机会运用它。它不仅可以使你有力地击中对手，而且能使对手露出破绽。除此之外，还能迅速瓦解那些自信心、攻击力很强的对手的士气。

李小龙是运用阻击技术的典范，在这里，他展示了怎样用这种技术对付一个左手在前的对手，如图15-2。当李小龙看到对手抢拳打来时，便迅速地靠近对手，如图15-3，并以标指向对手的面部猛戳，如图15-4。标指的速度远比抢拳的速度快得多，而且动作幅度小。在这同时，李小龙将防卫之手保持在一定的高度上，以阻截对手的攻击，如图15-5。

当对手开始进攻时，必须选择好时机，并运用阻截、打击技术。截击的概念要正确判断，并在对手进攻的途中截住他，同时进行反击。为了保证自己的安全，应处于进攻者打不到的位置上或采用其他的掩护措施。成

图 15-1

图15-2

图15-3

图15-4

图15-5

功与否取决于能否正确地估计、选择时机和准确地进行打击。

对付抢拳打来的对手，有效的策略是在其运动中选择反击时机（破坏节奏），或对其诸如膝、裆等首要目标及其他暴露的部位施以阻踢。

对付左手在前的对手，如图15-6，李小龙做好了迎击对手进攻的准备。当对手正要以直拳攻击时，李小龙迅速地截住来拳，并以右手标指戳向对手的眼睛，如图15-7。李小龙高抬左手以防备对手的反击。对于进攻来说，时机的选择是十分重要的。判断出对手攻击的路线后，在他发动攻击之前的一瞬间，要截住对手的臂或脚，并不失时机地做出反击。

图 15-6

图 15-7

15.3 右直拳

右直拳和前手标指一样，是对付抢拳对手的很好防御打法，因为你的打击没有送得很远，见图15-8。当右手在前，离对手很近，在对手发动攻击前的一瞬间，便可先向对手发出右拳的攻击。除此之外，对付一个疯狂抢拳或动作迟缓的对手，可以不停地向他的面部猛击，使他不得安宁，无暇防守，最后挫败他。

对付左手在前的对手，如图15-9，当对手企图用右手抢拳攻击时，李小龙以右直拳反击，如图15-10。

李小龙一拳击中了对手的脸，从而阻止了对手的进攻，如图15-11所示。

图15-8

图 15-9

图 15-10

图 15-11

15.4　阻击战术

　　阻击战术用于攻击尚未展开前的一瞬间。这种阻击战术可以是直接的，也可以是间接的。在对手向前逼近准备出拳或起脚时，在做假动作时或在复杂的组合进攻中的间隙，都可以采用阻击战术。

　　对付左手在前的对手，如图15-12，对手企图抡左拳攻击，当李小龙察觉到对手正向后抽回手准备打击时，便迅速地发起攻击，如图15-13。

　　在运用阻击战术时，必须向前跨步或将身体向前倾，这样做是为了避开对手打击的焦点。若不向前跨步，则未必能赶在对手发动攻击之前击中他。

图15-12

图15-13

15.5 对胫骨膝关节的踢击

对胫骨或膝盖的踢击，有时也称之为"阻踢"，见图 15–14。这种腿法是截拳道中最难对付的防御战术。如果熟练地掌握了这种腿法，则几乎可以阻止任何形式的进攻。运用这种腿法的目的是抢在对手进攻之前踢击他。也就是说，必须在对手要加速或要进攻之前截击他。为达此目的，必须具有比对手快得多的速度。这种特质可以通过对意识技巧或预测能力的大量训练来提升。

正如在前文中所提到的，李小龙总是比对方领先一步，这是由于他那敏锐和训练有素的意识。他总是苦练这种意识，以增强对周围事物的敏感性。

用低位侧踢对付右手在前的对手，如图 15–15，李小龙注意观察对手的面部表情，预计他的第一个动作。一旦对手开始攻击，如图 15–16，李小龙向上挥动右手，在对手击中他之前，李小龙便向对手的膝关节发出一记侧踢，如图 15–17。

图 15–14

图 15-15

图 15-16

图 15-17

图 15-18

图 15-19

图 15-20

　　如果对手是左手在前而站，如图15-18，并想用后腿从正面踢击，如图15-19，这时李小龙迅速地抬起前脚在空中截击，如图15-20。必须意识到这种截击踢法并不一定是一次反击，它是专门在某些时候用来阻挡进攻的。

　　对付一个在格斗中总采取半蹲姿势的对手很容易，这是由于这种姿势会让他运动起来不灵便，如图15-21。他的低姿势和向外伸出的腿限制了他进攻和后退的速度。当对手以右直拳进攻时，李小龙迅速地后退，如图15-22，结果轻而易举地就避开了来拳。那是因为姿势低的对手要向前或向后运动时，必须先站直身子，这就会暴露他的意图。避过打击之后，李小龙便向对手的小腿狠狠地踢出一脚，如图15-23。

图 15-21

图 15-22

图 15-23

图 15-24

图 15-25

图 15-26

图 15-27

图 15-28

　　与一名左手在前的对手格斗，如图 15-24，同与右手在前的对手格斗没有什么区别，而且还可能更容易截击对手的前脚，因为双方的前腿正好处在一条线上。当对手扑上来时，如图 15-25，李小龙直接迎击进攻，即使对手已经抢先动作，李小龙凭其迅速的反应也能达到阻止对手攻击的目的，如图 15-26。

　　在近距离内对付左手在前的对手，如图 15-27，李小龙闪开对手左拳的猛击，同时狠踹对手的左膝，如图 15-28。这种反击方法是十分安全的，因为脚踢的距离远比拳打的距离要远。

15.6　侧身阻踢

侧身阻踢和低位踢击胫骨与膝部一样，只是侧身阻踢具有更大的破坏性，它所踢击的目标和位置一般都较高。其攻击目的不仅是要阻止攻击，而且要击倒对手，见图 15-29 和图 15-30。

这种阻踢法在截拳道中被广泛运用，因为在中距离和远距离格斗中都能运用。此外，它还是威力最大的攻击。如果运用得当，一脚便可完全阻止对手。

对付左手在前的对手，如图 15-31，因为间距较大，所以李小龙能有较多的时间准备防御对手的进攻，如图 15-32。弄清对手逼近的路线后，李小龙便迎上去向对手的胸部狠狠地侧踢一脚，如图 15-33，这一脚不仅阻止了对手的进攻，还将他踢翻在地，如图 15-34。

正确选择时机和保持适当的距离，是阻击成功的关键。当双方间距较

图 15-29

图 15-30

图 15-31

图 15-32

图 15-33

图 15-34

大时，对手一般是要想一下该如何进攻的，这时，你就应向对手发起攻击。

精明的拳手在没有初步掌握对手的时机选择和手的位置之前，是不会发起攻击的，而是以各种方式引诱对手做出拦截、还击，目的是将对手的手脚引入打击范围，然后加以制服。

通常阻击法是在对手直线进攻或踢击时才使用的，但是也可在对手脱离接触、反脱离、下蹲和闪避时运用。

李小龙在中等距离的位置上迅速阻截，并打击想以后脚踢击他的对手，如图15-35。一旦发起攻击，李小龙毫不犹豫地以后腿向前滑动，并用右腿向对手的胸部侧踢，如图15-36，沉重的打击将对手打倒在地，如图15-37。

对付由中距离冲过来的对手，如图15-38，当李小龙看到对手的右手抢拳打来时，他反而迅速靠近对手，并在这时起脚侧踢，如图15-39。这一击不仅阻止了对手的攻击，还迫使其后退，如图15-40。

阻击，对于那些不采取防御措施、一味疯狂进攻或站得过近的对手，是最好的防御手段。有时你必须调整身体的角度，以便发现破绽或控制住对手的手。

对付左手在前，并在近距离的位置上小心移动的对手，如图15-41，李小龙专心地等待着进攻的到来。当对手用左直拳打来时，李小龙稍向后退，刚好躲过打击，如图15-42。

接着李小龙迅速地换步，以右脚侧踢，如图15-43。踢这一脚时，身体需挺直或前倾，否则就没有力量。

另一种有效的方法是，当对手进入了打击范围而又在躲闪不后退时，就要以简单、直接的进攻对付他，而且是在对手的身体重心正向前移动或当重心略有变化时击中他。

在另一种近距离的格斗环境中，李小龙还是等待对手先采取行动，如图15-44。当对手开始运动时，李小龙稍向后退，两手准备应付意外的攻击，如图15-45。当他站稳后便以右脚侧踢反击，如图15-46。

在某些时候，迫使对手穷于应付，使其无法恢复原来的防御姿势，无法对付你的闪避和反击，的确是很聪明的手段。但是你必须搞清楚，对手是否在利用假的阻击引你上当。

图 15-35

图 15-36

图 15-37

图 15-38

图 15-39

图 15-40

图 15-41

图 15-42

图 15-43

图 15-44

图 15-45

图 15-46

15.7　勾　踢

　　勾踢在截拳道中是动作最敏捷、速度最快的踢法之一，如图15-47，主要用以进攻。它起腿迅速，不会暴露进攻意图，是一种极好的攻击和反击踢法。与侧踢相比，虽然它的力量稍差一些，但十分有效。踢击的目标，应选择对手极易受攻击的部位。

　　对付快速攻击时，如图15-48，李小龙迅速地以后脚为轴转动，并将身体重心移至后腿，从对手进攻的路线上闪开。在这同时，他保持住了身体

图 15-47

图 15-48

图 15-49

图 15-50

图15-51

图15-52

图15-53

的平衡，如图15-49。接着他便向对手的脸上踢出一记勾踢，从而阻止了对手的进攻，如图15-50。

对付一个保持中等距离、小心谨慎的对手，如图15-51，李小龙以右拳向其面部虚晃一下，如图15-52，当对手也以右拳打来时，李小龙边闪避边顺势捉住对手的右腕，然后向其裆部勾踢一脚，如图15-53。

这一系列的攻击被称之为一个完整的攻击。对手扑过来后，李小龙闪开他的打击，挡开他的首次进攻，然后趁他前冲过来未收住脚或恢复原防御姿势的过程中向他反攻。对手在完成进攻动作的短暂时间里，他的脚是不会再有其他动作的。

　　对付一个做好多种准备的对手，要在他向前跨步并以手发起攻击时，牵制住对手，使他不能动，或者迫使他做出反应，以便给你的拳打、脚踢制造机会。

15.8　旋　踢

　　旋踢是一种突发性的反击战术，但它并不被用作攻击手段，因为这种踢法较难掌握。然而，一旦你能熟练地运用它，它就很可能成为对付老练对手的最佳武器，如图15-54。

图 15-54

图 15-55

图 15-56

图 15-57

图 15-58

图 15-59

　　这种腿法应该有节制地使用，主要用来对付直线进攻的对手。如果以此对付正在反击和防守型的对手，那将是困难的。

　　李小龙与对手遥相对峙，如图 15-55，彼此都在相互试探。当李小龙正准备迎击进攻时，对手突然冲上来，如图 15-56，李小龙轻而易举地用一记旋踢准确地踢在了对手的脸上，如图 15-57。

　　一般来说，在面对一个与你保持中等距离、小心谨慎的对手的情况下，如图 15-58，是不采用旋踢的，但是李小龙却熟练地采用了，如图 15-59。如果遇到的是一个大意或动作迟缓的对手，那么施展这一招也是可以奏效的。

第16章

攻击五法

文 / 黄锦铭

在李小龙生命中的最后几年里，他开始教授和注释他称之为"攻击五法"的格斗技术。这些技术和术语深受李小龙对击剑研究成果的影响。

简单来说，这攻击五法分别是：

1.简单角度攻击（Simple Angle Attack，SAA）

2.封手攻击（Hand-Immobilizing Attack，HIA）

3.渐进间接攻击（Progressive Indirect Attack，PIA）

4.组合攻击（Attack by Combination，ABC）

5.诱敌攻击（Attack by Drawing，ABD）

16.1　简单角度攻击

简单角度攻击源自击剑，有时称之为简单攻击。它是最难以掌握的一种攻击方法，因此很少被有效利用。截拳道中的前手直拳是一个简单角度攻击的例子，如图16-1和图16-2。简单角度攻击非常重要，你只有完全掌握了它才有可能去学习其他的攻击方法。其他四种攻击方法的有效实施取决于你完成简单角度攻击时的熟练程度。在截拳道中，前手直拳是所有技术的核心，所有的截拳道技术都是由前手直拳衍生出来的。由于熟练地掌握前手直拳有极大的困难，人们就逐渐开始忽视它的重要性，从而导致练

图 16-1

图 16-2

图 16-3

图 16-4

图 16-5

习者能力上的不足与分散。进一步说，如果你很熟练地掌握了简单角度攻击，你便可以随时击中对方。

简单角度攻击是指可以在任何意想不到的角度上发动各种简单的攻击。有时在实施简单角度攻击前会先加上一个假动作，但是这不是简单角度攻击中必须考虑的部分。其要点在于发现并捕捉住对手在直接反应的瞬间暴露出的漏洞。简单角度攻击完全是建立在时机和速度基础上的一种攻击手段，攻击方必须在对手做出防守反应前击中他。

所有形式的攻击，包括简单角度攻击，都需要灵活的移动，因为这些攻击大多是建立在利用步法去调整距离的基础上。至于简单角度攻击，当对手把他的手从格斗线上挪开时，将会为发动攻击提供很好的机会。这是因为他决定向对面的方向移动时，必须通过改变路线来完成防御，从而使自己易于遭受攻击，并有可能令自身失去平衡，如图 16-3 至图 16-5。

16.2　封手攻击

封手攻击是指在抑制住对手的头、头发、手或脚的同时，穿过对手的防御对其进行攻击的一种攻击方法。通过封阻或固定对手身体的一部分，为自己创造一个安全的攻击空间。换句话说，封手攻击就是迫使对方露出空当，如图 16-6 和图 16-7。

封手攻击既可以单独使用，也可以与其他四种攻击方法组合使用。要想在对手试图对你实施攻击时有效地使用封手攻击，就必须对对手的意图有清晰的认识，同时要求自己做出快速的反应。更多封手技术，详见本书第 7 章。

16.3　渐进间接攻击

渐进间接攻击通常是以假动作或未完全奏效的首次攻击作为先导，以引发对手做出反应，从而给你创造时间，在对手暴露空当时击中他。"渐进"

图 16-6

图 16-7

图 16-8

图 16-9

图 16-10

图16-11

图16-12

图16-13

可以被理解为"拉近距离"，而"间接"可以看做是"赢得时间"。简单角度攻击是一种单一、向前的动作，没有回收；渐进间接攻击则与之相反，它需要假动作引导，并且通常包含两个单独的动作。

　　渐进间接攻击可以在缩短间距的同时，有效地制造空当。关键是通过假动作伪装你即将趋前攻击的事实，在这个过程中缩短你与对手之间的距离。有些时候，如果你的对手防守十分严密，渐进间接攻击可以迫使他移开他的手臂，从而暴露出空当。为了有效地达到这一目的，假动作或佯攻要做得十分真实，才会让你的对手相信并做出相应的反应，如图16-8至图16-10。

16.4　组合攻击

　　组合攻击是指一系列自然连续的击打，而且这些击打往往从多条线路打出。这些组合攻击犹如一系列的铺垫，迫使你的对手呈现某种特定的姿势，或露出某种空当，从而为最后一击找到突破点。

　　"连续三击"在组合攻击中十分常见。其中前两次击打是用来破坏对手的防守，为最后一击打开突破口。另一种"连续三击"，也可以称之为"安全三击"，是由一些基础的、具有特定节奏的组合组成。在"安全三击"中，最后一击的落点往往与第一击是一致的，如可能的组合是"头部→身体→头部"或者"身体→头部→身体"，如图16-11至图16-13。

　　组合攻击的应用中最重要的，是能够随时随地调整攻击路线以及准确预测对手会做出怎样的反应动作，这也是新手和专家的区别所在。专业级的格斗者会利用一切出现的机会，连续创造空当，有效攻击，直到打出干净漂亮的最后一击。

16.5　诱敌攻击

　　诱敌攻击是以你为先导，在诱使对方趋前攻击时进行反击的一种攻击

图 16-14

图 16-15

图 16-16

方法。这一陷阱会令对手误以为他抓到了一个明显的空当，或者把握到了一种规律的节奏或模式，然而实际上这些破绽你都是有意暴露的。诱敌攻击就是要诱使你的对手产生一种安全的错觉，使他误以为他抓到了一个空当。而当你的对手暴露出向某个方向移动的意图后，他就失去了有效改变自身路线的能力，如图 16–14 至图 16–16。

渐进间接攻击与诱敌攻击的区别在于两者的意图不一样，渐进间接攻击是为了找到空当，而诱敌攻击是为了制造反击机会。渐进间接攻击是利用佯攻做为首次攻击去迫使对方暴露空当，而诱敌攻击则是利用假象来吸引对方出拳，让你有机会在二次攻击中截击对手。你可以用渐进间接攻击或者其他攻击方法为诱敌攻击做铺垫。诱敌攻击更像是在下国际象棋，它会计算如何有目的地露出空当以吸引对手，从而展开反击。

本书前面所讲的基础与高级的技术被视为成功运用攻击五法的必备工具，你必须反复磨练这些技术。唯有彻底地回顾、审视这些技术，你才能逐步走向成功。

第17章

特质与战术

17.1　速　度

　　一个人必须具备某种特质才能成为武艺高超的技击家。这种特质可以后天培养，也可以是天生的。例如，敏捷是天生的特质，但也可以靠后天发展，如果生来就缺乏敏捷力，那么就必须天天练习才能掌握它。如果你有一定的敏捷力，但是还想进一步提高它，也须苦练。更多的有关速度训练和特质练习的内容，见第五章。

　　这里讲的速度，实际上是指身体各部分的敏捷性，如：

　　（1）感知速度，是指眼睛能否在对手的运动和静止状态中迅速地发现其破绽。

　　（2）大脑思维反应的速度，是指与对手交手时正确、迅速地选择进攻或反击战术的能力。

　　（3）执行速度，是指人体从静止状态到运动时，手、脚等部位的加速运动，并在运动中使身体或身体某一部分增加速度的能力。

　　（4）启动速度依赖正确的身体状态和心理准备，所以你的动作是有效而直接的。你的意图应该直接且无多余的动作，初始速度也基于有效率的动作。

　　（5）变向速度，是一种在中途迅速转变方向的能力，也就是在格斗中变换方向的能力。

　　速度是一种综合的特质，它包括几方面的因素，如机动性、弹性、恢复力、耐力、身体和头脑的机敏性。判断和反应都需要时间，形势越复杂，反应就越慢，因为需要较长的时间去思考应对。

要获得较快的速度，需要注意下列几方面：

（1）为减少血液的粘滞性和增强灵活性，做大量的热身运动；

（2）正确的动作姿势；

（3）视觉与听觉意识；

（4）对习惯方式的快速反应。

视觉意识或者敏锐的感知速度，不是先天性的，必须通过长期坚持训练才能获得。这种练习应该成为每天训练内容的一部分，也就是说，要集中做短暂、迅速的观察练习。但是，这应该是道场以外的对长期训练的补充，在第5章中有解释。

当你对听到枪声、看到旗子落地这种简单事件能做出快速反应时，你的洞察力也就有了很大的提高，原因在于你能够集中精力对一个简单的现象做出反应。下一步要做的就是要缩短反应时间了。换句话说，也就是你的感觉越敏锐，反应的时间也就越短。

下列原因都会使你延长反应时间：

（1）当你特别容易激动时；

（2）当你十分疲劳时；

（3）当你不再训练时；或

（4）当你的注意力集中不起来时。

选择性的反应要比本能、灵敏和准确的反应更复杂、更慎重。像速度一样，当你的注意力集中在几件事或行为上时，你的反应也一定会较为迟缓的。因为在你做出反应之前，你必须要有一定程度的专注。

正因为如此，在训练中，要尽量减少不必要的选择性反应。如果能让对手做出各种不同的反应，就可以迫使他处于一种动作迟缓、犹豫不定的状态。

当视觉与意识刺激相结合时，例如：当对手呼气时，当他刚刚完成动作

图 17-1

图 17-2

时，当他的注意力和洞察力都受到干扰时，以及失去身体平衡时，他的反应时间就会比较长。

一个反应和做出攻击都迟钝的人，可以通过快速观察、感觉、判断来克服这一不利因素。一个只能充分利用右手和右脚进攻的拳手，应该学会使用双手、双脚。只能从一侧进攻的人将让对手占有优势，因为他知道你的攻击将主要局限于一侧。

图 17-1 和 17-2 对感知速度、启动速度和执行速度作了示范说明。攻击者和持靶人两人在互动配合做他们速度训练的练习。持靶者练习的是他的感知速度（其眼睛对他的对手动作的快速反应）和他的启动速度（非闪电式攻击或简单和直接反击其对手的能力）。攻击者练习的是他的执行速度（缩小差距的能力，即让其肌肉收缩，从启动位置快速移动跨越该距离）和他的启动速度。

17.2　时　机

把握时机的原则是速度与整体动作的协调统一。时机意味着能够把握正确的时刻，抓住机会，采取行动。你可能本能地或有意识地抓住这个完美的时刻，这个时刻可能是在对手行动之前、之中或之后。

你的一击可能会让对手有所准备或打算移动，如图 17-3 和 17-4，在动作之前，你可能会发现对手的精神萎靡不振，或者注意力不是很集中。这是一个趁他警惕性不高，打击和擒获他的好时机。你应该总是保持敏锐的意识，利用你的优势，本能地拦截对手的意图或抓住注意力不集中的机会。

如图 17-5 至图 17-8，当你的对手处于运动之中时一击落下。对手正在进攻的时候是拦截其运动和攻击的关键时刻。当你的对手全力进行进攻性打击时，他是不可能成功进行反击的。

你也可以如图 17-9 至图 17-13 所示，在你对手的攻击被挫败或失效时落下一击。当对手展开冲击时，或者处于行动恢复过程中时，正是攻击的时机。因为在其动作恢复的过程中，对手是没有全部能力进行防御的，所以这是攻击的好时机。

图17-3

图17-4

图 17-5

图 17-6

图 17-7

图 17-8

图 17-9

图 17-10

图 17-11

图 17-12

图 17-13

17.3　心理状态

　　一个有"必胜信念"的运动员，显得很自信和轻松，他感到自己在驾驭着局势。但在比赛前，他也可能会产生精神紧张，或因紧张而发抖、恶心甚至呕吐，这对于新手，甚至许多有经验的运动员来说，都是一种很自然的现象。

　　有自信的运动员一旦出现在运动场或拳击场上，就能够控制住自己的情绪，以最佳状态进行比赛。但是一个新手或一个极力想取胜的冠军，就可能紧张得肌肉发僵，导致动作变得呆滞、笨拙。

　　一个拳手绝不能是一副无精打采的样子，他应当在格斗或训练中保持全速度，还能有适度而行的念头，在关键时刻还要能随意加快速率。真正的竞争者在训练和比赛时都是全力以赴，甚至比赛时要比平常更迅速和勇猛。只有这样，才能培养出良好的精神状态。

　　经验证明，运动员在需要时可以最大限度地发挥其能力，如果这种发挥达到某种极限状态，那么他本身潜在的精力或者说"重振精神"（二次冲击）就会起作用。

　　但是有经验的运动员和老运动员是不会滥用精力的，著名的运动员总是有效地发挥其技巧从而保持体力，很少做徒劳的动作。

　　如果想发挥得更好，就尽量少做很费劲的动作，尤其是大肌肉群的消耗。这种冲劲应留在冲破对手的抵抗时使用。还应注意，如在必须做突然或急剧的变向时，曲线运动要比直线运动省劲。

　　必须清楚的一点是：当你与一个不熟悉的对手相遇时，一种很自然的倾向是动作过多或过分用力。你应该在一种简单、容易、自然的节奏下进行训练，这样就可以平稳地、得心应手地发挥技术。当你启动的肌肉不受限制时，你的动作将会更加准确和轻松。

　　要想成为冠军，必须在思想上对准备工作有正确的看法，应当乐于做最冗长乏味的工作。对付某种挑战时，准备得越充分，其结果就越令人满意；相反，准备得不充分，在格斗时就越会感到急躁。

17.4 战 术

拳手可以分为力量型和智慧型两种。力量型的拳手,在每次交手中都沿用相同的模式,打击方式是机械、重复运用的。

一个机智的拳手则不然,为了运用合适的打法,他不断地根据对手的技艺和格斗方式来变换自己的战术。每次逼近对手时,所采用的战术都是以预先分析、充分准备和良好技艺为基础的。

对对手的初步分析,是在最初的交手中进行的。它包括研究对手的习惯、弱点和强项。他是进攻型的还是防守型的?他的主要进攻和防守的方法是什么?还必须用假进攻诱使对手暴露其速度、反应和技巧。

摸清对手的战斗力之后,便要做出准备,要充分利用其弱点,制定出智胜对手的方案。如果打算采取攻势,则必须控制好局势,以假进攻将其引入歧途。接着,展开真正的攻击,不断地变换攻势,将对手置于混乱、穷于招架而无法取得主动的境地。如果对手试图采用突然截击或反击,那就必须做好躲闪的准备。

虽然准备与进攻是一整套连贯的运动,然而实际上做好准备和对付可能的反攻是两个独立的部分。

在开始准备进攻时,应能毫不费力地迅速停止前进,要注意保持身体平衡和步法的灵活性。快速的小碎步,要比大跨步容易控制得多。

特别是在近战中,可以向处于准备阶段的对手发起攻击,并在其未来得及防御或反击时便打击他。这通常包括用某些动作来改变对手的领先优势,或当假动作失败时引起反应打开缺口,还允许采用距离的变化。

有准备的进攻,也可用作对付一个保持精确距离又很难以接近的对手。这种对手总是在攻击范围之外,以保证自己的安全。要想接近他,就必须先向后退一步,将其引入攻击的距离之内。

但如果过于频繁地重复这种有准备的进攻,那将会招致阻击而不是格挡。因此,应最大限度地消除或缩短易受攻击的时间。故意露出破绽,也应恰到好处,能引对手上当即可。要练习把准备工作放在交手、交手变化以及佯攻对手期间。

实施真正的攻击须具有突发性、高速度、流动性和良好的时机,思维必须果断、警觉和注重实效。如果对手取得了主动权，就必须以不间断的、虚张声势的反击，攻击其外侧和打破其防御以干扰他的注意力，重新夺回主动权。

战术，是一种比对手有先见之明的能力。运用战术，必须有准确的判断力、发现空当的能力、预见性和勇气。机动能力是贯彻战术的必备条件，但是单单靠机动能力不能保证取胜，还必须靠对对手做理智的分析，然后有针对性地运用自己的技能。

一位优秀的拳手，首先是以灵活的步法控制距离，然后不断地用假动作、佯攻和短促有力的打击来破坏对手的节奏。

学会利用自己的节奏，使对手陷于混乱，然后进行快速的突然袭击。另一有效的方法是时间差进攻法，也就是在击中对手前的一瞬间稍做停顿，此举可以破坏对手的防守。

新手的节奏，可能因为不规律而很难判断。他可能对你的引诱不上当，但他会惊慌失措，并以毫无目标的胡乱抢打阻挡你的攻击，甚至会意外地抓住你的手臂。为避免这一点，要学会有耐心，要在对手露出破绽时才迅速、简便地直接攻击之，切勿采用复杂的复合攻击。

一个新手不规律的节奏，很可能成为无意识的时间差进攻，以至一些没有预料到这一招的颇有经验的老拳手都会被其愚弄。在这种情况下可保持一定的距离，当笨拙的对手为了打中你而把动作做得过火时，你再行反击。

一个聪明的拳手，总是采取不同的办法与对手交战。他会用直接进攻、复合进攻和反攻来改变战术，也会对每一个对手改变距离和位置。

一个应注意的问题是，不要采用复杂的技术，除非必须借此达到目的。首先应当运用简单技术，如不奏效再使用较复杂的技术。从防守式上突然发起简单攻击，常常可以使对手猝不及防，特别是用在一连串的佯攻和假动作之后时，效果更为明显。因为防守者预想的是复杂运动或是有准备的攻击，对这种迅速又隐蔽的打击并无准备。在与一个优秀的对手交手时，如果运用组合攻击动作，那只能使对手感到高兴。因为你暴露了技术水平，如果在这种情况下仍能以简单直接的攻击打中对手，那更说明你的技艺是十分娴熟的。

如果能洞察到对手要干什么，那就等于先胜了一半。对付一个镇静、耐心的对手，不要采用直接进攻，因为这样的人一般对自己的防护都是很严密的。对付这样的对手，要避免做任何的准备，只保持相当的距离。如果他还精通阻击、阻踢，那么对付他就应以假动作诱其进行阻击，而后牵制或扭住他再施打击。在这种情况下，假动作的时间应稍长一些。

但是如果要对付一个十分紧张的对手，则假动作应较为短促，以使紧张的对手更加不安。但是不论对付紧张还是镇定的对手，自己都必须很放松。

矮个子对手，一般喜欢进攻逼近他的目标，以弥补其打击距离短的弱点。如果他很强壮，他就宁愿靠近你格斗。如果遇到这样的对手，则不要与其做近距离的格斗，而应将防守的范围扩大，以此破坏和限制他的战略。

高个子对手，通常动作较慢，但其打击距离较大，力量较强。对付这样的对手，要保持安全距离，寻机靠近。对付连续攻击和步步进逼的对手，也要保持好距离，但不要总是后退，因为那样做恰恰是对手所希望的，你应该迎上去破坏其动作的节奏。

迫使对手不断改变战术十分重要。例如，可以用反击对付惯用拦截打法的对手，可以用拦截对付惯用假动作的对手。但是对付一个防守型的对手，发动频繁的进攻是不明智的。

笨拙的对手总是虚张声势或者采用无法预料的动作。对付这种人，可站在一定的距离上，当他要击中你的最后一刻再闪开。因为他的攻击是简单而直接的，最有效的战术是阻击或做对抗击打。

对付一个出手或出脚犹豫不决的对手，要不失时机地冲上去，给他新的、迅速的回击。通常一连串的高位假动作，可以使对手的下部露出空当，特别是膝盖和胫骨。

在实战中，两眼应紧盯对手。在近战中，应注意其身体下方，保护好自己的面部。在距离较远的格斗中，要盯住对手的眼睛。迫使他处于防守地位，并让他捉摸不定。一旦对手遇到了麻烦，就要从各个角度进攻、逼近他。要引诱对手前来，并在其向前迈进时攻击他。集中攻击对手的弱点，并迫使他按你的意志去打。

老手和业余者的区别就在于老手能发现机会，并能迅速地利用它。老手能充分运用自己的技术和智慧，每击一拳、踢一脚都是胸有成竹。你要在发出最有力、最具摧毁性的攻击之前，促使对手不断地露出破绽。

第四部分
自卫技术

第18章
对突然袭击的防御

　　对突然袭击的最好防御是不惊慌，这也就是李小龙一贯强调的：一个武术家必须始终对周围的事物保持警觉，时刻警惕，绝不能在进攻之前给对手以可乘之机。

　　在本章中，你将会了解到，李小龙凭借他的警觉性，能让大部分的进攻都被他的防御瓦解。

　　在这里，李小龙试图演示出在日常生活中可能出现的情况。他一向认为最好的防御是比进攻者更敏捷。

　　然而欲达此目的，就必须不断地训练。所有的技法都必须运用得流畅、有力而且迅速。

图 18-1

图 18-2

图 18-3

18.1 来自侧面的攻击

当李小龙沿街向前走时，他注意到有人站在拐角处，如图 18-1。为了不让那人靠近自己，李小龙留出足够的距离以防中了埋伏，如图 18-2 和图 18-3。袭击者进攻时，李小龙用快速有力的侧踢反击，踢击对方的前膝，如图 18-4。李小龙的这一脚，踢得袭击者摇摇摆摆地向后倒退，如图 18-5。李小龙用多种勾拳和直拳攻其面部，迫使对方失去平衡，如图 18-6。

图 18-4

图 18-5

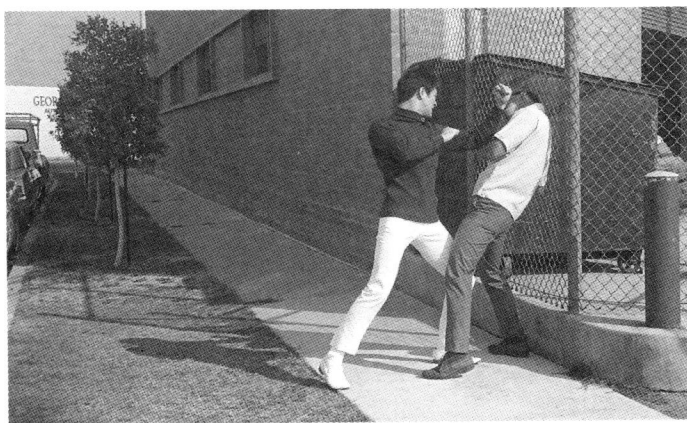

图 18-6

　　注释：必须用重沙袋不断地进行侧踢练习。沙袋以 31.75 公斤（70 磅）为宜，以便增强力量。注意，李小龙在侧踢时，始终与袭击者保持一定的距离。

图18-7

图18-8

图18-9

18.2　上汽车前的攻击

　　当李小龙准备上汽车时，他意识到有人要袭击他，如图18-7。当进攻者企图踢击时，李小龙出其不意地用侧踢攻其膝部，如图18-8和图18-9。这一脚将进攻者踢倒在地，如图18-10和图18-11。李小龙随即再用勾踢攻其头部，如图18-12。

图 18-10

图 18-11

图 18-12

注释：看起来袭击者好像比李小龙更有优势，其实任何看过李小龙技击的人都知道他的反击动作是何等之快。他能够用流畅而迅速的动作进行反击。然而要做到动作迅速，必须做快速的空踢练习，或者踢击轻沙袋。切记做这种练习时，不要踢得太重，因为那样会损伤膝盖。只有在踢击重沙袋时，才能使用有力的踢击。

图 18-13

图 18-14

图 18-15

图 18-16

18.3 来自背后的袭击

袭击者跟随在李小龙的身后，而李小龙已意识到有人跟随却假装没有看见，如图18-13至图18-15。在袭击者要向李小龙打出一拳之前，李小龙便用侧踢进攻袭击者的膝盖，打得他连连后退，如图18-16至图18-18。李小龙随即转过身来，再向袭击者的裆部踢出一脚，如图18-19和图18-20。

图 18-17

图 18-18

图 18-19

图 18-20

　　注释：如果李小龙转过身来面对袭击者，就会使对方占有准备发出攻击的优势。而采取谨慎态度且假装未发觉对方，则会增添自己的优势。

图 18-21

图 18-22

图 18-23

图 18-24

图 18-25

图 18-26

图 18-27

图 18-28

18.4　隐蔽的袭击

当李小龙准备进汽车时，袭击者突然向他发起攻击，并企图踢击其身体中部，如图 18-21 和图 18-22。李小龙后撤一步，如图 18-23。随即，待袭击者的脚一落地，李小龙便对准他的膝盖后部位发出一脚侧踢，如图 18-25 至图 18-26。接着，李小龙快速上前扼住了袭击者的喉咙，如图 18-27 和图 18-28。

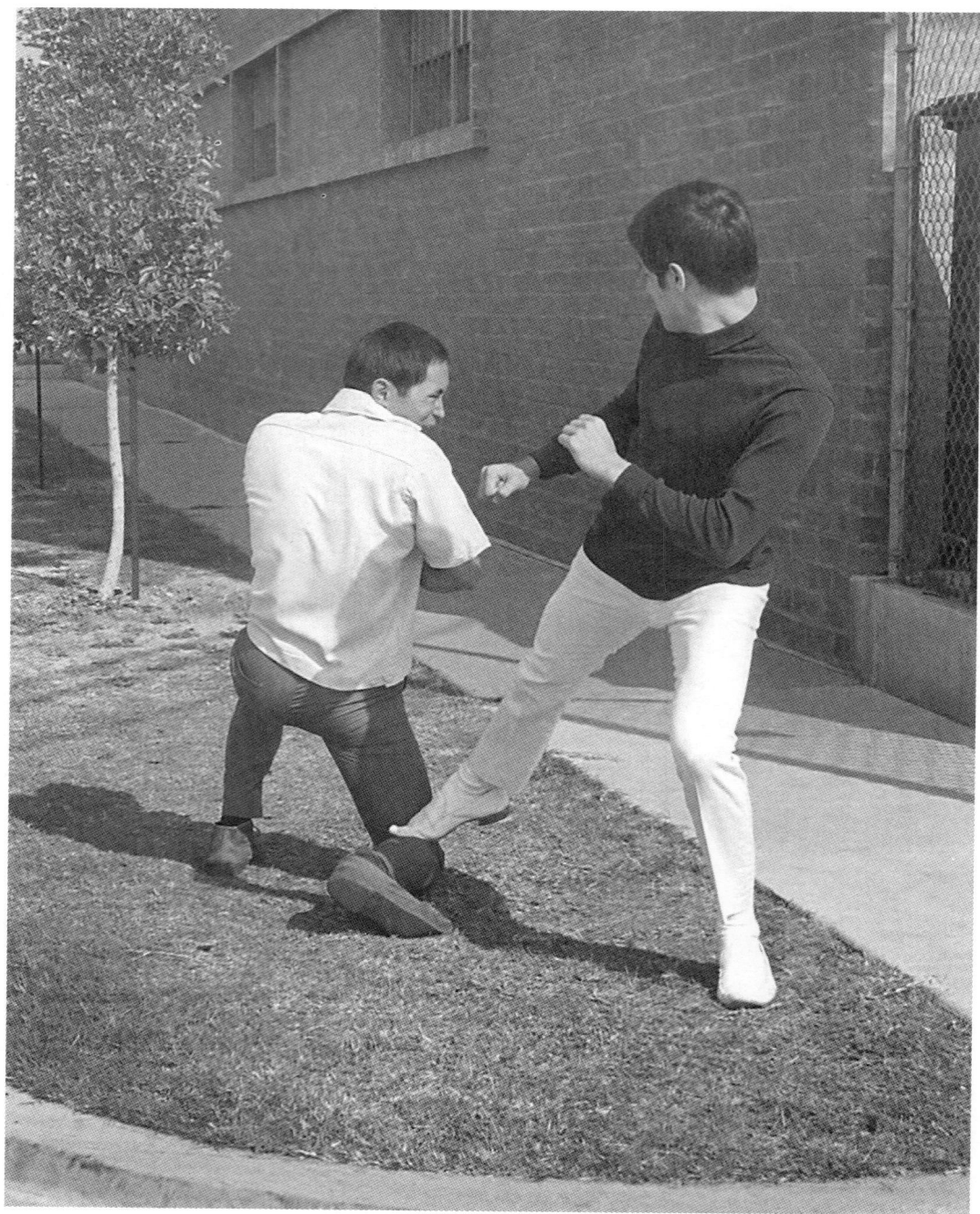

第19章
对徒手袭击者的防御

在这一章中，李小龙演示了如何对付几种不同形式的突然袭击。多年来，李小龙一直讲，研究"建立模式"（对打比赛）会耗费大量精力，甚至会降低自己的效能。他认为："实战是简单而又全面的。"

在这一章里，有些逼近你的攻击者看起来可能是缺乏理性的。但是，正如李小龙自己说："如今在街上有许多缺乏理性的人。"

图 19-1

图 19-2

图 19-3

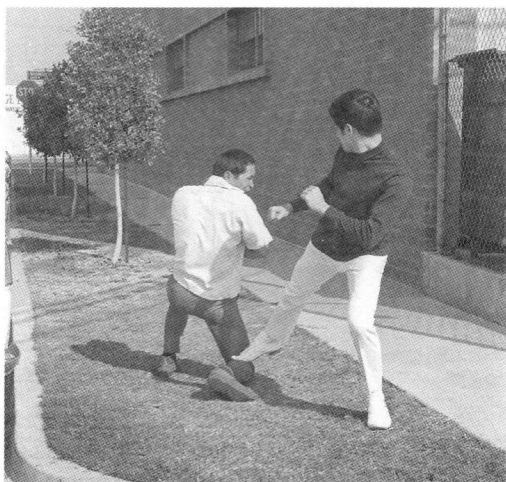

图 19-4

19.1 对下蹲式进攻的防御

袭击者用一种反常的进攻方法，即下蹲逼近李小龙，如图 19-1。李小龙在左面对准袭击者前膝的外侧就是一脚侧踢，欲使其跌落在地，如图 19-2 至图 19-4。然后李小龙抓住其衣领向后拖拽，随后再用脚后跟狠踹他的脸，如图 19-5 至图 19-8。

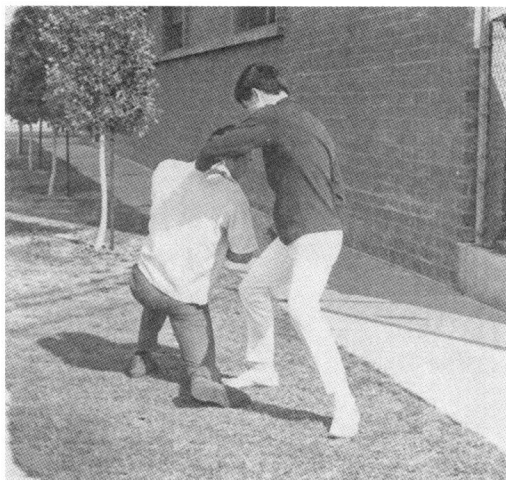

图 19-5

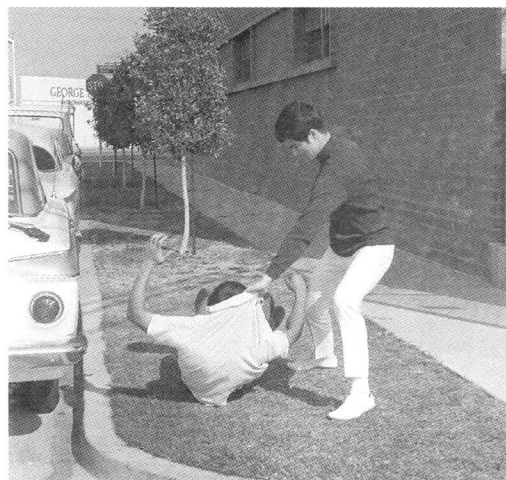

图 19-6

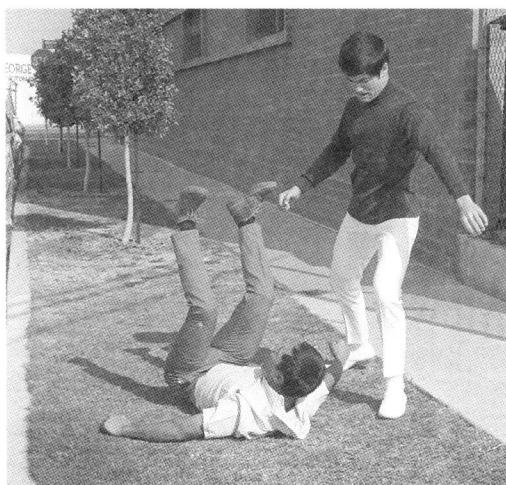

图 19-7

图 19-8

　　注释：鉴于有些武术学校未曾教授学生应付这种情况，李小龙特别把这一项包括在他的自卫术里了。此外，有些学校还教学生在把进攻者击倒之后便停止进攻，但李小龙认为，袭击者的企图是严重伤害或杀害你，所以你必须做到使对手无法进行反击为止。

图 19-9

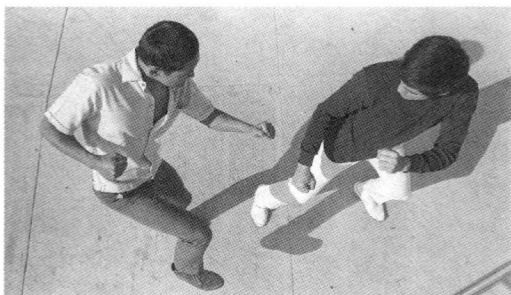

图 19-10

图 19-11

19.2　对反手拳的防御

在图 19-9 至图 19-11 这组俯视图中，李小龙演示了如何用简单的招式挫败对手的进攻。当袭击者向前移动，企图打出右拳时，李小龙用前脚对其裆部就一脚侧踢，如图 19-9 至图 19-11。

注释：许多空手道学校教授学生反击前先做一次或者几次阻截，而李小龙认为：他在这里所演示的即时反击是较有效的方法。不过，运用者一定要比进攻者动作快。

图 19-12

图 19-13

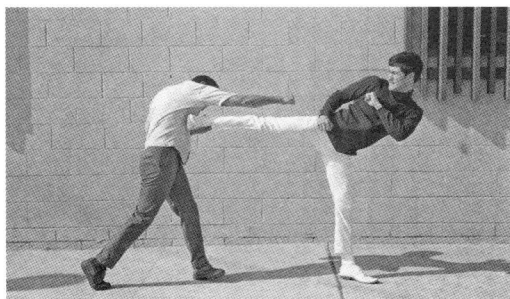

图 19-14

19.3　对抢拳的防御

对付抢拳，李小龙有较多的时间进行反击，那是由于袭击者手臂张开的动作，暴露了自己的意图。在对方抢出一拳击中他以前，李小龙将身体重心移至后腿，并对准袭击者的胸部就是一脚侧踢，如图 19-12 和图 19-14。

图 19-15

图 19-16

图 19-17

19.4 对勾拳的防御（一）

从图 19-15 和图 19-16 的俯视图中，可以看到袭击者企图用右勾拳向李小龙发起攻击。李小龙挡开了对其头侧的攻击，并随即用标指戳击袭击者的眼睛，如图 19-17。

图 19-18

图 19-19

图 19-20

19.5　对勾拳的防御（二）

　　当袭击者企图用右勾拳时，如图 19-18，李小龙顺时针扭动髋部，并迅速地将身体重心均匀分布于两脚，见图 19-19。李小龙毫不犹豫地用标指戳向袭击者的眼睛。标指之手和身体位置的变化使袭击者的勾拳失去了目标，如图 19-20。

图 19-21

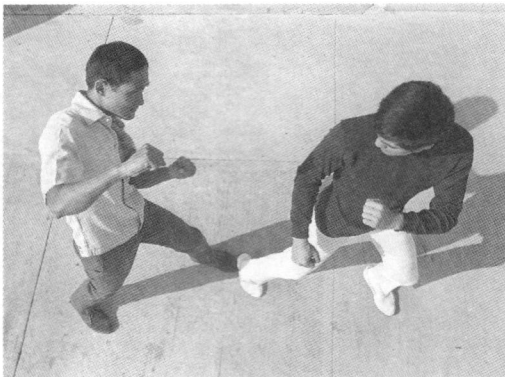

图 19-22

图 19-23

图 19-24

19.6 对勾拳的防御（三）

当袭击者企图运用右勾拳时，李小龙旋转髋部，将身体大部分重心移至后腿，如图19-21和图19-22。并用前脚对袭击者的裆部发出一脚侧踢反攻，如图19-23和图19-24。

注释：在防御对手屈肘打出有力一拳的情况下，李小龙有较多的时间反应，因为这种攻击暴露的意图较多，所以李小龙就能够移步闪开攻击，并用侧踢进行反击。在对勾拳的防御（一）及（二）中，李小龙演示了用标指进行反击的两种变化。李小龙个人认为，从运动效率的原则来说，第二种标指反击是很实用的。

图 19-25

图 19-26

图 19-27

19.7　对抱摔的防御（一）

　　像对付展臂抡拳的攻击一样，李小龙有较多的时间反击企图抱摔他的对手。当袭击者企图抱摔他时，李小龙略向回撤，然后对着袭击者的面部就是一脚前踢，如图 19-25 至图 19-27。

图 19-28

图 19-29

图 19-30

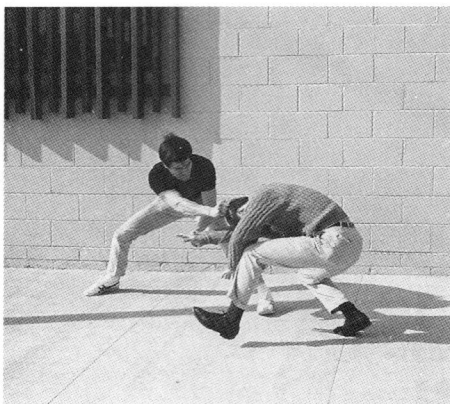

图 19-31

19.8　对抱摔的防御（二）

当袭击者企图抱摔李小龙时，如图 19-28 和图 19-29，李小龙向后撤步，一把抓住袭击者的头发和手，并将其拖倒在地，如图 19-30 至图 19-32。然后李小龙利用袭击者自己的冲力使其翻转，如图 19-33 至图 19-35，这样就可以踩住他的脸，如图 19-36。

注释：李小龙总是认为，自卫意味着由某种处境中摆脱出来，或者用某种手段保护自己。通常在实际格斗中他是不抓头发的，但是这一方法在某些情况下是十分有效的。

图 19-32

图 19-33

图 19-34

图 19-35

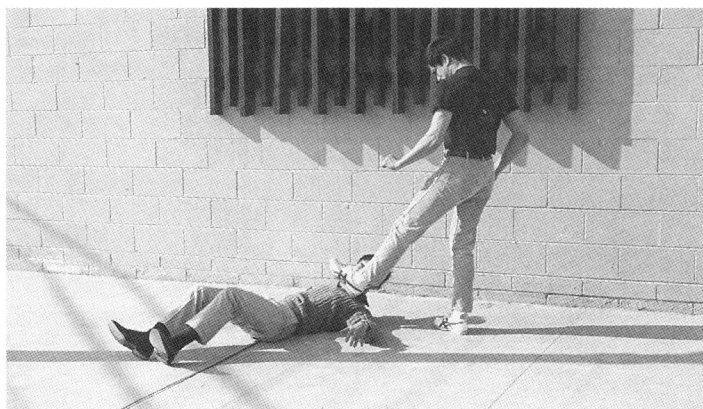

图 19-36

图 19-37

图 19-38

图 19-39

图 19-40

图 19-41

图 19-42

19.9　对抱摔的防御（三）

当袭击者扑来时，防御者的后脚要稍向后滑动以撑住自己，如图 19-37 和图 19-38。接着趁袭击者冲来时抓锁住他的头颈，如图 19-39 和图 19-40。前脚向后滑动，并将袭击者按倒在地上，迫使其处于窒息的状态，如图 19-41 和图 19-42。按倒动作一定要快，否则裆部将会受到攻击。

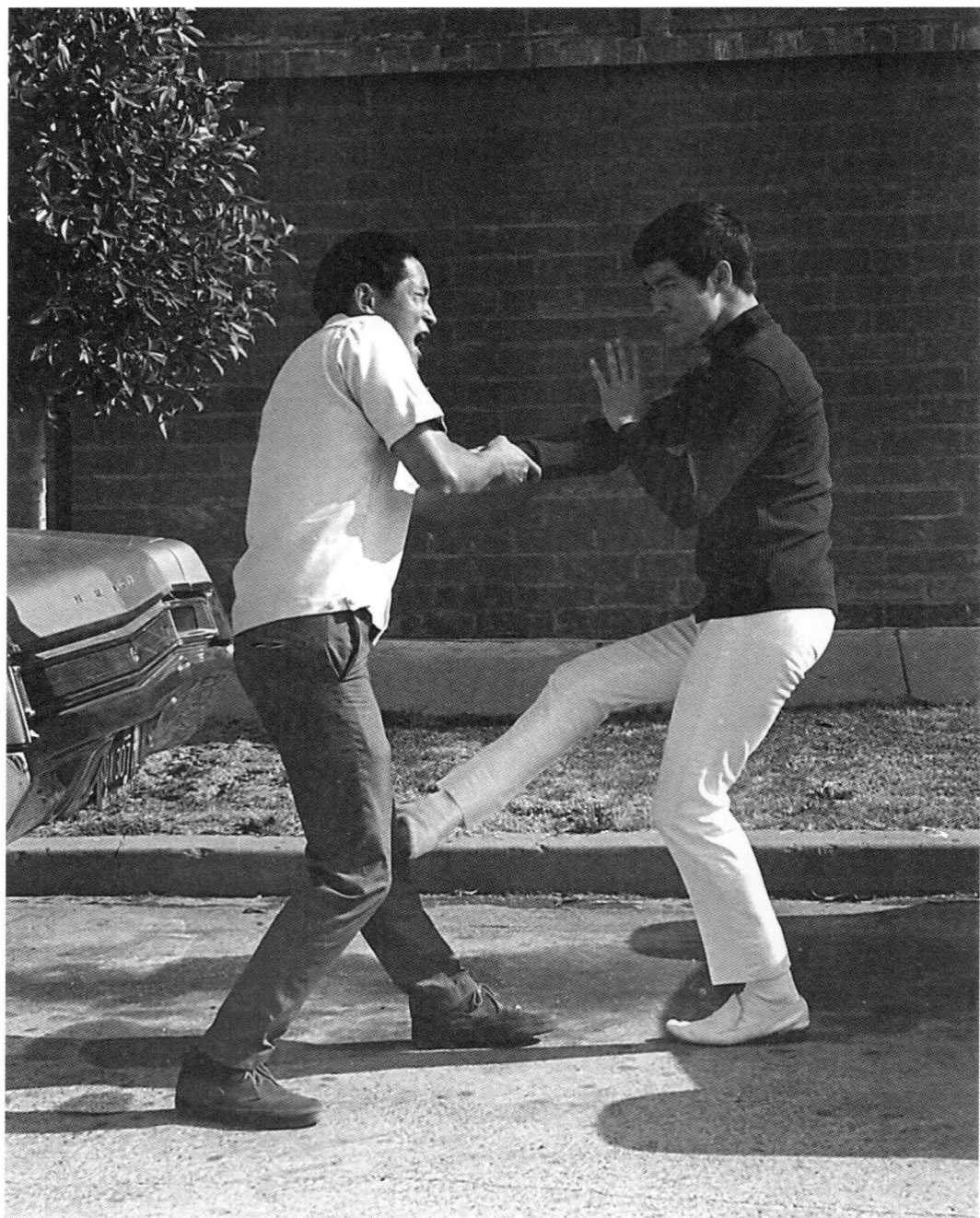

第20章

对抓拿的防御

当一个袭击者要抓拿你时，往往是向你猛扑过来。但是这并不表明他占有优势，因为他不知道你将做出何种反应。

当你在很近的距离内被抓拿住时，最实用的防御手段是用手防御，因为如果你想发出有效的踢击，距离太近了。但是，如果袭击者离你有足够的距离，就可以起腿踢击他。例如，倘若他抓拿你的腕部，那你就有踢击他的小腿和膝关节的距离了。

图20-1

图20-2

图20-3

图20-4

20.1 对胸部被抓的反击

袭击者用左手一把抓住李小龙的前胸，如图20-1，并企图以膝攻击他的裆部。李小龙用左手一拍，阻截了袭击者的膝盖，如图20-2。然后抓住袭击者的左手，同时用右拳向其裆部捶击，如图20-3和图20-4。随后，李小龙又用左手戳击其咽喉，并将其向后推翻在地，如图20-5至图20-7。李小龙跃上前去，不失时机地一脚踩住袭击者的脸，见图20-8和图20-9。

注释：必须反复、有效地进行这一技术的练习，因为这里包括很多动作。在图20-6至图20-8中，如果不用一只手抵住袭击者的咽喉，另一只手像杠杆一样托住袭击者的胳膊或抓住其衣袖，并顺时针向下推他，那么就不能将袭击者击翻在地。

图 20-5

图 20-6

图 20-7

图 20-8

图 20-9

图 20-10

图 20-11

20.2 对抓手臂的反击（一）

袭击者用两手抓住李小龙的手臂，如图 20-10。李小龙快速地面对袭击者，如图 20-11，并对其膝部做低位迅猛的踹踢，如图 20-12，随后又向其面部打击一拳，如图 20-13。最后李小龙以左脚前踢袭击者的裆部结束，如图 20-14。

图 20-12

图 20-13

图 20-14

图 20-15

图 20-16

图 20-17

20.3 对抓手臂的反击（二）

袭击者用两手抓住李小龙的手臂，如图20-15。李小龙对着袭击者的膝部就是一脚侧踢，一点儿也不拖泥带水，如图20-16和图20-17。

图 20–18

图 20–19

20.4　对抓手臂的反击（三）

袭击者抓住李小龙的右手腕，如图20–18。在袭击者未能发出拳头时，李小龙便用左手交叉拳进行反攻，如图20–19。

注释:有时武术教师也向学生传授用几个动作对付袭击者的方法，然而，如图20–18和图20–19所示那样，也可以用一个简单攻击将其击退。

图20-20

图20-21

20.5 对抓皮带的反击

袭击者抓住李小龙的皮带，并向前拖，如图20-20。由于这时运用踢击法则距离太近，李小龙便闪身躲开来拳，同时又用标指戳击其眼睛，如图20-21。

图 20-22

图 20-23

图 20-24

20.6　对抓锁手腕的反击

袭击者用两手将李小龙的手腕锁住，如图 20-22。李小龙快速地做顺时针转体，并用反肘撞击袭击者，如图 20-23 和图 20-24。

注释：李小龙总是强调，不要转身背对袭击者，但如发生这种状况，只要动作足够迅速，也可有效摆脱这种状况。

图20-25

图20-26

图20-27

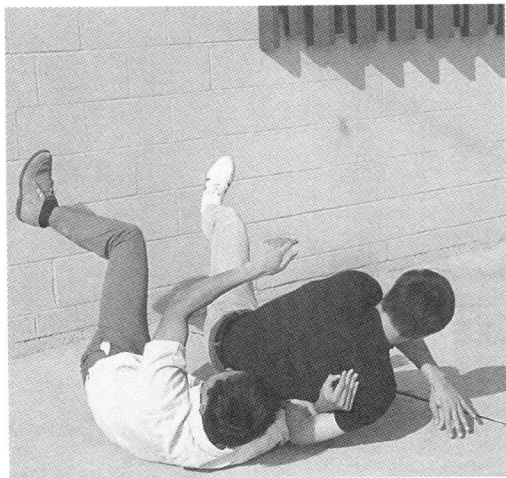

图20-28

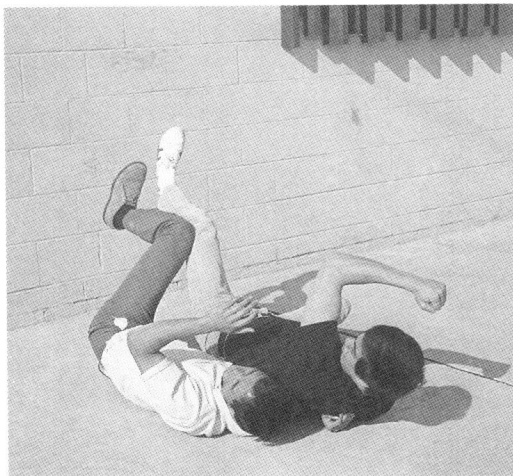

图20-29

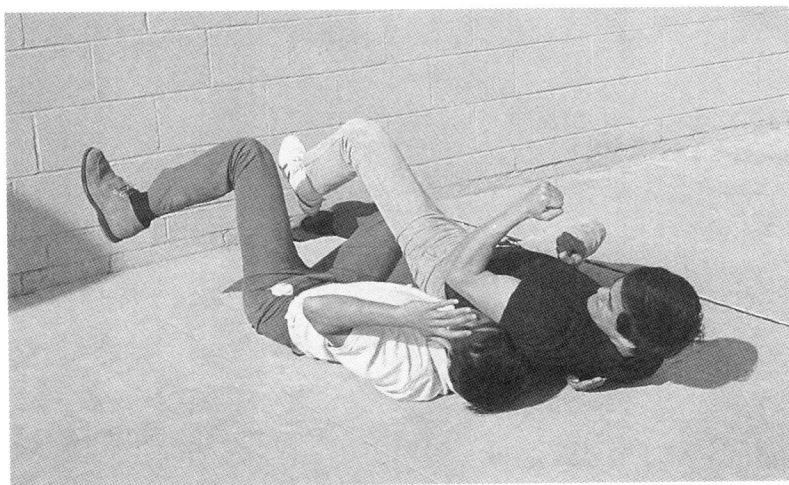

图20-30

20.7 对单臂扣肩压颈的反击

袭击者从身后向李小龙进攻，扭锁住李小龙的右臂，并控制住他的头，如图20-25和图20-26。李小龙借用袭击者的劲力，使身体向锁住的手臂转动（逆时针方向），迫使袭击者失去平衡，如图20-27和图20-28，使袭击者的手臂反锁在李小龙的身下，李小龙对着袭击者便是反肘一击，如图20-29和图20-30。

图 20-31

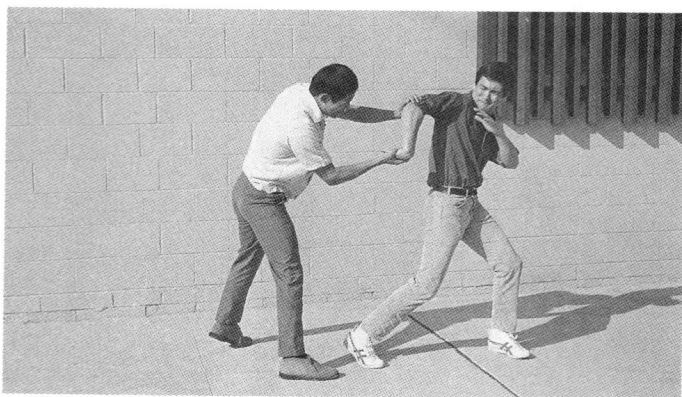

图 20-32

20.8   对反手锁腕的反击

袭击者将李小龙的右手反锁住，如图20-31和图20-32。李小龙用侧踢攻其身体的中部，如图20-33，并用另一只脚旋踢袭击者的同一部位，如图20-34和图20-35。

注释：当有人如图20-32和图20-33那样反锁住你时，在其尚未将你压倒在地之前，必须迅速地反击。

图 20-33

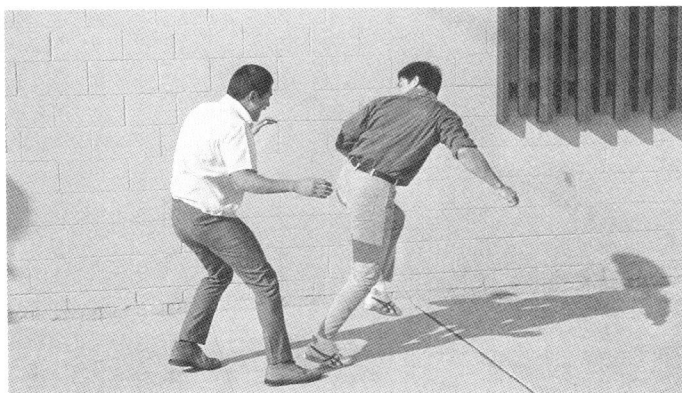

图 20-34

图 20-35

图 20-36

图 20-37

20.9 对两手抓胸的反击（一）

袭击者用两手抓住李小龙前胸，注意李小龙用左手护住自己的裆部，如图 20-36，然后李小龙抬起左手锁住袭击者的手臂，同时发出右交叉拳，横击对方的面部，如图 20-37。

图 20-38

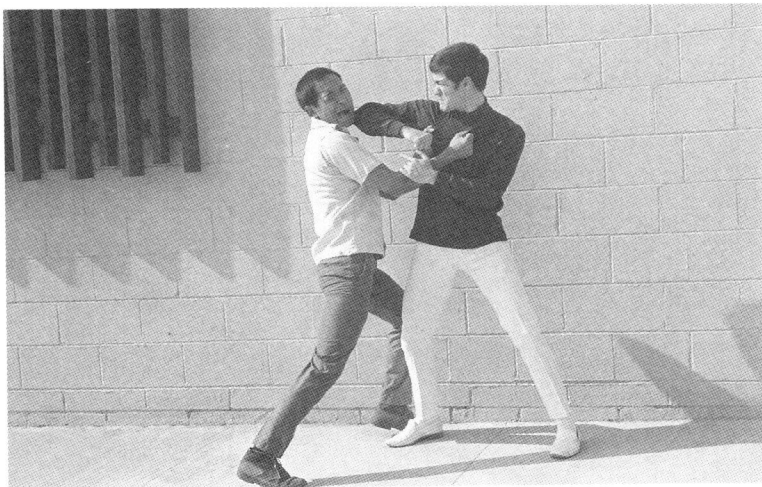

图 20-39

20.10　对两手抓胸的反击（二）

袭击者用两手抓住李小龙的前胸，注意李小龙用左手护住自己的裆部，如图20-38。然后李小龙抬起左手锁住袭击者的手臂，随即出其不意地对其面部施以前肘击，如图20-39。

注释:这一节中的重要战术，是在袭击者伤害你之前，拦住对方的右手。

图 20-40

图 20-41

图 20-42

20.11 对从后背抓袭的反击

袭击者从身后抓住李小龙的肩头，如图 20-40。李小龙扭转身体，对袭击者的面部就是一记翻背拳，如图 20-41 和图 20-42。

注释：要使这一翻背拳击得有力，就必须略向后移步，并在发拳的同时转动髋部。

图 20-43　　　　　　　　　　图 20-44

图 20-45　　　　　　　　　　图 20-46

图 20-47　　　　　　　　　　图 20-48

20.12　对单手抓胸的反击

袭击者用左手抓住李小龙的前胸，并向李小龙的面部发出右摆拳，如图 20-43 和图 20-44。李小龙不加阻截，而是用左手标指直戳袭击者的眼睛，如图 20-45 和图 20-46。他随即抓住袭击者出击之手，同时用右手上勾拳击打袭击者，如图 20-47 和图 20-48。

注释：用标指对付同时间袭来的摆拳，看起来容易，真正做起来就难了。你必须通过不断的练习才能正确地掌握。

图 20-49

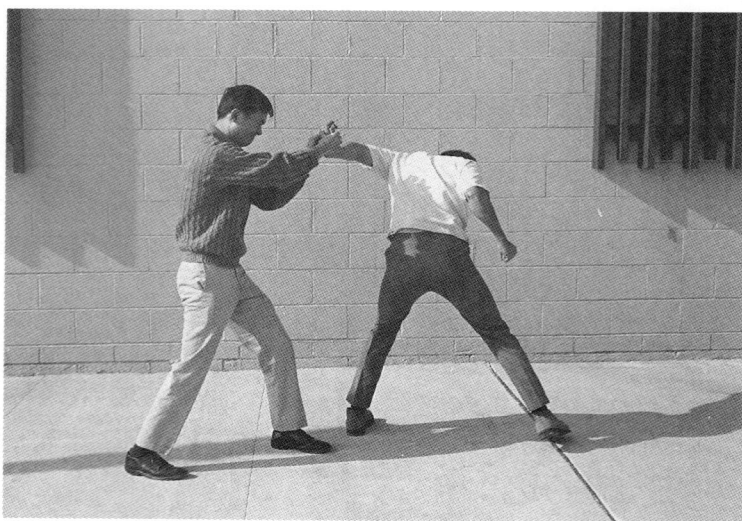

图 20-50

20.13 对高位反锁手腕的反击

当袭击者高位反锁你的手腕时，如图20-49和图20-50，你要顺时针转动身体，并发出一脚后踢，如图20-51和图20-52。

图 20-51

图 20-52

注释:尽管被人抓住并反锁手腕并不常见,但是,如果发生了这种情况,
还是有准备为好。

图20−53

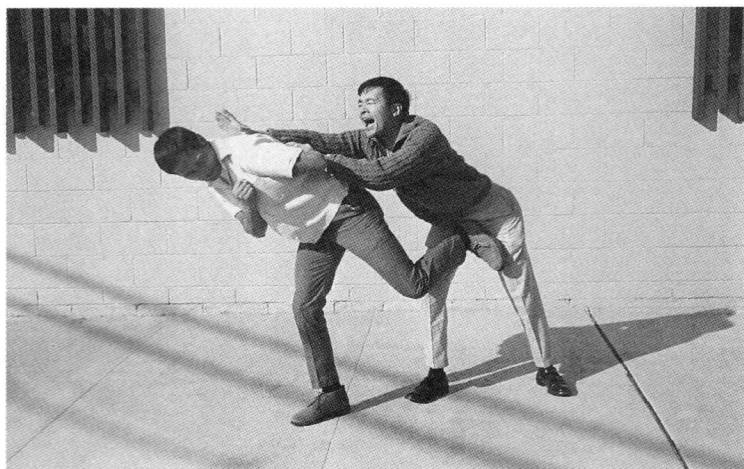

图20−54

20.14　对背后锁臂的反击

　　当你被袭击者抓住，并且手臂也被扭向背后时，是很难解脱的，如图20−53。最快的解脱方法是用后踢踢击对方的裆部，如图20−54。

　　注释：懂得这一反击的袭击者，有时会将脚和身体紧靠住你，使你无法起脚。在这种情况下，常用的战术是要使自己的身体与对方之间留有足够的距离，以便起脚。

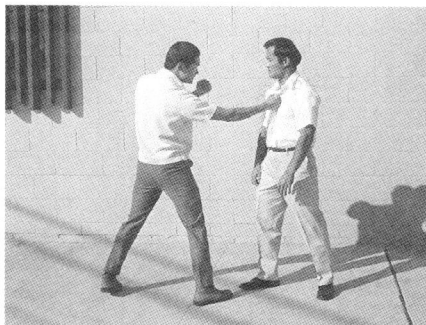
图 20-55

图 20-56

图 20-57

图 20-58

图 20-59

20.15　对抓胸并以拳相击的反击

袭击者抓住你的前胸，并企图用拳攻击你的面部，如图 20-55。你用左手抓住袭击者的腕部，同时对准他的下颚就是一拳，如图 20-56。随即用脚将袭击者扫倒在地，如图 20-57 至图 20-59。

注释：若用标指戳击代替向袭击者下颚击拳，同样是有效的。将袭击者打倒后，可用手或脚再次打击他。

第21章

对勒掐和熊抱的反击

　　一个好的武术家总是保持警觉，遇事不慌。以下的自卫术就是在受到意外攻击时，能够从容地从勒掐和擒抱的困境中解脱出来的演示。

　　李小龙总是解释说：最好的自卫术应是最简单而有效的，尤其是对付勒掐。在这一章中，李小龙演示了如何用直接和简单的反击从困境中逃脱出来并进行报复。

　　他还演示了对肘的运用，以及以裆部为目标的击打。

图 21-1

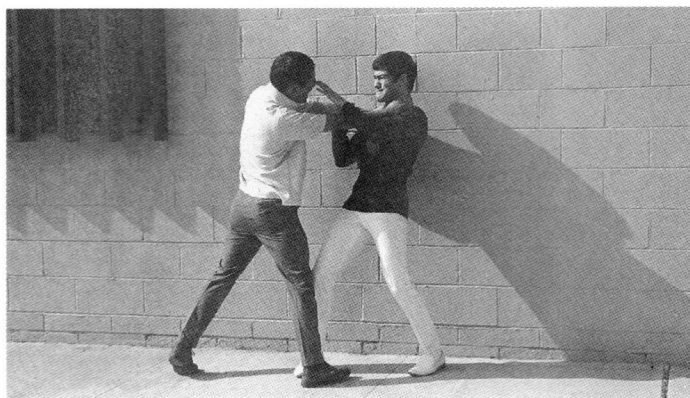

图 21-2

21.1　对正面被勒掐的反击（一）

袭击者勒掐住李小龙，李小龙抓住袭击者的手腕以减轻对咽喉的压力，如图 21-1。李小龙用一只手握紧袭击者以保证自己的安全，并快速地戳击袭击者的眼睛，如图 21-2 和图 21-3。随即用膝部撞击对方的裆部，如图 21-4 和图 21-5。

注释：李小龙做这套动作时，是毫不浪费时间的。他用直接的反击来代替试图解脱握紧的拳头。注意李小龙用右脚抵住了袭击者的右脚，以防袭击者踢击或膝撞。

图 21-3

图 21-4

图 21-5

图21-6

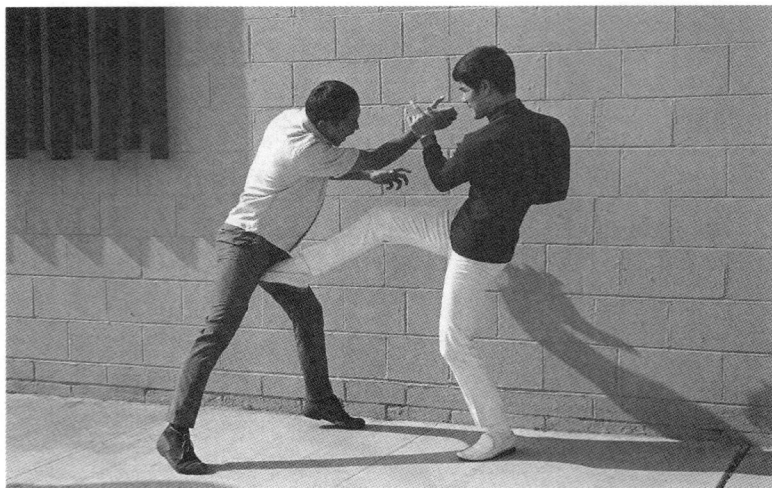

图21-7

21.2　对正面被勒掐的反击（二）

袭击者勒掐住李小龙，并将其推向墙壁，如图21-6。李小龙侧步向外迈出，并对袭击者裆部就是一脚前踢，如图21-7。

注释：当袭击者勒掐住李小龙时，他在这种情况下仍能摆脱出来，并稍向后撤，以便有足够的距离进行前踢。

图 21-8

图 21-9

图 21-10

21.3　对勒锁头部的反击（一）

　　袭击者夹住了李小龙的头，如图21-8。李小龙快速地用自由的标指戳击袭击者的眼睛，如图21-9和图21-10。

图 21-11

图 21-12

图 21-13

21.4　对勒锁头部的反击（二）

袭击者夹住了李小龙的头，如图21-11。李小龙将其右手越过袭击者的肩头，并抓其面部，如图21-12和图21-13。

图 21-14

图 21-15

图 21-16

21.5　对勒锁头部的反击（三）

袭击者夹住了李小龙的头，如图21-14。李小龙转动身体向袭击者靠近，并用自由的手捶击袭击者的裆部，如图21-15和图21-16。

注释：无论何时，若被勒锁住头，就必须快速地反击，否则就会被对方拖倒在地，难以从困境中解脱出来。

图 21-17

图 21-18

21.6　对从背后勒锁的反击

袭击者在李小龙的身后勒住了他，并抓住了他的右手，如图21-17。李小龙稍向右移动身体，并用左肘撞击袭击者的肋骨，如图21-18。

注释：袭击者试图勒住李小龙，并将李小龙的身体向后弯曲。但李小龙在被置于易受伤的位置之前，他将身体向右移动，对着袭击者暴露的软肋就是一肘。

图 21-19

图 21-20

21.7 对从背后熊抱的反击（手臂受限）

袭击者从身后抱住李小龙，如图 21-19。为了脱身，李小龙的右脚向外迈出，身体略向下沉，使身体松沉，同时用左手猛捶袭击者的裆部，如图 21-20。

注释：这几个动作需要反复练习，因为你必须在身体错开的瞬间做出协调的动作，尤其是在对付强壮有力的袭击者时更是如此。

图 21-21

图 21-22

21.8　对从背后熊抱的反击（手臂自由）

袭击者从身后将李小龙抱住，不过李小龙的手臂还是自由的，如图21-21。李小龙并没有尝试从被擒中脱身，反而用反肘向袭击者的面部撞击，如图21-22。

注释：为了在用肘攻击时能更加有力，发力时要转动髋部。

图 21-23

图 21-24

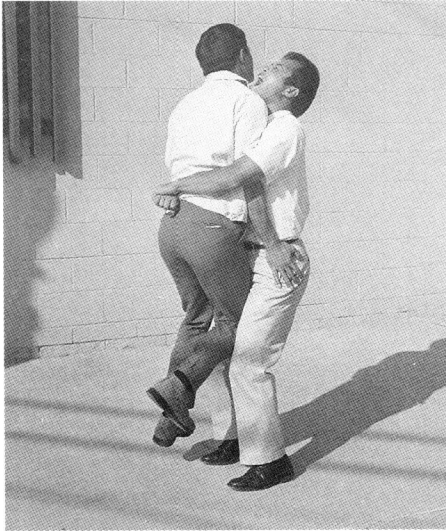

图 21-25

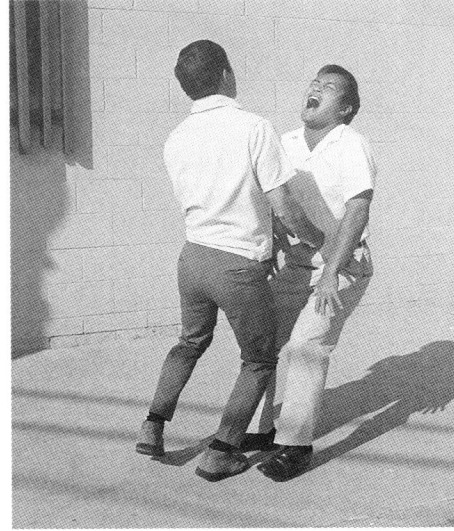

图 21-26

21.9　对前熊抱举起的反击

　　如果袭击者从面前将你离地抱起，如图21-23，则可将脚向后摆起，随后用膝向上撞击袭击者的裆部，如图21-24至图21-26。

图 21–27　　　　　　　　　　　　　　图 21–28

21.10　对背后熊抱举起的反击

　　如果袭击者从你的身后将你离地抱起，如图 21–27，则可用右手击其裆部，也可向后摆头撞其面部，如图 21–28。

　　注释：从你的面前熊抱你的袭击者，不可能对你做些什么。所以即使你第一次未击中其裆部，也还有两三次机会。而如果有人从身后熊抱你的话，你就要面临脑袋开花的危险了。但你放心，袭击者也会受到损伤。

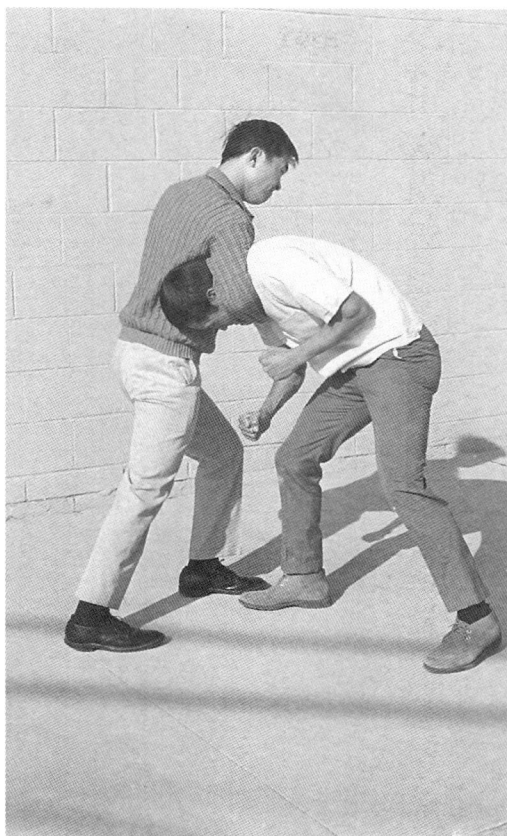 

图 21-29   图 21-30

21.11　对头部从正面被锁住的反击

袭击者从正面将你的头锁住，如图 21-29。在袭击者将你摔倒之前，你要看准并狠击其裆部，如图 21-30。

注释：有时在近距离的格斗中，你也许会因为头部被锁住而遭到失败。最重要的是，在你被摔倒之前就要发出快速的反击。

第22章

对持凶器来犯者的防御

对徒手袭击者的防御和对持刀或枪的人的防御是大不相同的。如果你是和用玩具武器或模拟武器的进攻者进行自卫练习，那你可能会做得很娴熟、精练，可是如果你第一次就应付一个手持真刀真枪者，尤其是你意识到一旦失手就会死亡，你就会感到脊梁骨发凉，甚至全身发抖。

只有经常不断地练习，才能有安全感和自信心。但是，尽管如此，练习与在街上的情况仍不一样。对付手持棍或棒的袭击者就不像对付持刀和枪的袭击者那样可怕。

最危险的武器还是枪。挥舞短棒、刀子或长棍的袭击者可预示出他的动作，但持枪的袭击者，你只能注意他扣扳机的一点微小动作。

李小龙演示了对付手持凶器的袭击者的一些技术，但是他经常强调："对付手持武器者时，你是处于劣势，因此要保持一定的距离。"

图 22-1

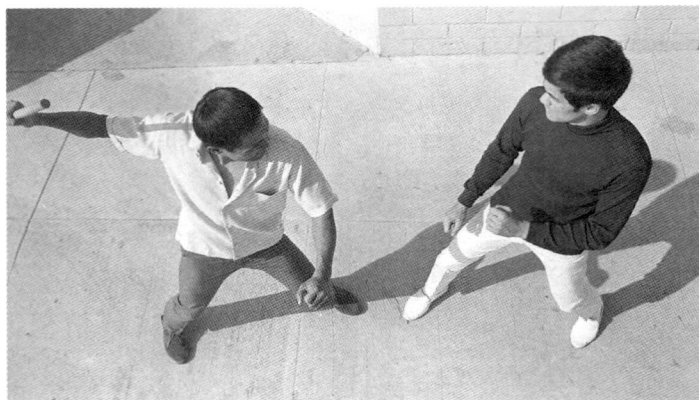

图 22-2

22.1　对挥棒者的防御（一）

袭击者挥棒向李小龙打来，如图 22-1 和图 22-2。李小龙向后撤步，使这一棒落空，随即对着袭击者就是一脚侧踢，如图 22-3 至图 22-5。

图22-3

图22-4

图22-5

图22-6

图22-7

图22-8

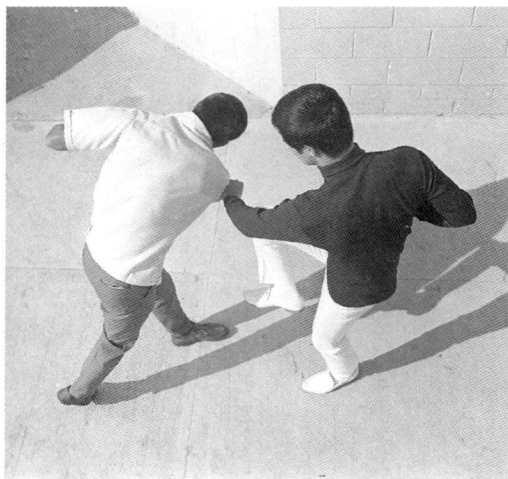

图22-9

22.2 对挥棒者的防御（二）

袭击者挥棒击打李小龙，李小龙下蹲闪过，如图22-6和图22-7，随即抓住袭击者的衣袖，迫使他的手向下移动，如图22-8。再立即用膝攻击袭击者的面部，如图22-9。

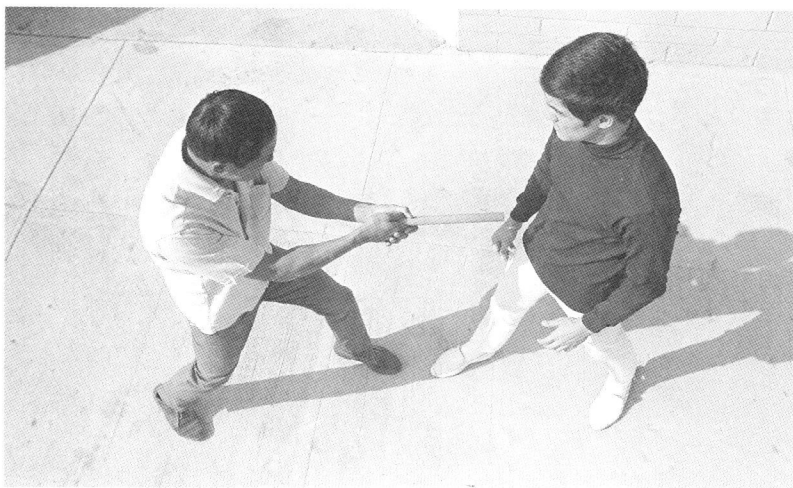

图 22-10

图 22-11

22.3　对持棒者的防御（三）

袭击者两手握棒，戳向李小龙的身体中部，如图22-10，李小龙阻截这一标指并向侧移动髋部，随后用标指攻击袭击者的眼睛，如图22-11。

注释：在对付一个持棍或短管的袭击者时，必须掌握好时机和距离。因为一旦失手就可能令你处于极大的危险境地，而且一般情况下是没有第二次机会的。练习非常重要。

图22-12

图22-13

图22-14

图22-15

22.4 对持长棍者的防御——堵截法

袭击者挥棍向李小龙打来，如图22-12。李小龙快速地向袭击者移动，用左手挤住其手臂，同时用右手对其身体打出一拳，如图22-13和图22-14。

图 22-16

图 22-17

图 22-18

图 22-19

李小龙握住袭击者的手臂，用勾踢攻其踝关节，使其跌倒，如图 22-15 和图 22-16。李小龙向袭击者打出一拳后，并以重重的一脚踏向袭击者的软肋而结束了战斗，如图 22-17 至图 22-19。

图 22-20

图 22-21

22.5   对持长棍者的防御——下蹲闪避法

袭击者手持长棍向李小龙打来，李小龙快速地下蹲，从棍下躲过，如图
22-20至图22-22。长棍从头顶一划过，李小龙便迅速提膝向袭击者的裆部
踢去，如图22-23和图22-24。

图 22-22

图 22-23

图 22-24

图 22-25

图 22-26

图22-27

22.6　对持长棍者的防御——后撤躲避法（一）

袭击者抡长棍向李小龙打来，李小龙向后闪身，刚好躲过这一攻击，如图22-25和图22-26。

长棍一扫过，李小龙便迅速地向前移动，并提膝对着袭击者的头部就是一脚勾踢，如图22-27。

图22-28　　　　　　　　　　　　图22-29

图22-30

图 22-31　　　　　　　　　　　　　图 22-32

图 22-33

22.7　对持长棍者的防御——后撤躲避法（二）

　　袭击者抡长棍向李小龙打来，李小龙向后移动，刚好躲过这一攻击，如图 22-28 至图 22-30。长棍一扫过，李小龙便迅速地跃起，用一记逆勾踢或扫踢攻击袭击者的面部，如图 22-31 至图 22-33。

图 22-34

图 22-35

图 22-36

22.8　对持长棍刺击的防御（一）

　　袭击者持长棍向李小龙冲来，企图戳刺其身体中部。李小龙侧步闪开，并一把抓住棍子，如图 22-34 和图 22-35。随后，李小龙用侧踢攻其胸部，手仍然握住棍子，如图 22-36。

图 22-37

图 22-38

图 22-39

22.9　对持长棍刺击的防御（二）

袭击者持长棍向李小龙冲来，企图戳刺其身体中部。李小龙侧身闪开，并一把抓住棍子，如图 22-37 和图 22-38。然后，李小龙起前脚踢击袭击者的手臂，如图 22-39。

注释：对付手持长棍的袭击者，你有两个优势，那就是袭击者不能事先把武器藏起来，另外就是手持长棍的袭击者会比持短棒或刀子的袭击者更多地预示出行动的趋向。不利的因素是袭击者有较长的攻击距离，他可以从远处向你发出攻击。因此在拉近距离时不容出现判断错误，这点很重要。此外，在对持长棍的袭击者的防御中，时机的掌握也十分重要。

图22-40

图22-41

图22-42

图 22-43

图 22-44

图 22-45

22.10　对持刀者的防御：连抓带刺

袭击者抓住李小龙的衣襟，并企图用刀刺他，如图 22-40 和图 22-41。李小龙迅速地抓住袭击者的左手，并摆动右臂撞击袭击者的肘部，如图 22-42。与此同时，李小龙用右脚扫踢将其绊倒，如图 22-43。袭击者一跌倒在地，李小龙便用有力的一脚踹向他的身体，如图 22-44 和图 22-45。

图 22-46

图 22-47

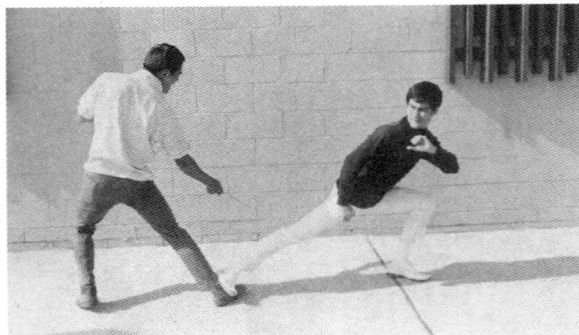

图 22-48

22.11 对持刀刺击的防御（一）

李小龙面向持刀的袭击者，在对方尚未进攻之前，李小龙便以标指佯攻其面部，迫使其做出反应，如图22-46和图22-47。李小龙在这一瞬间，掌握与对手之间的距离，踢击其踝关节，如图22-48。

图 22-49

图 22-50

图 22-51

22.12 对持刀刺击的防御（二）

袭击者持刀向李小龙逼近，如图 22-49。李小龙对准袭击者的腕部猛踢一脚，将其手中的刀踢落在地，如图 22-50 和图 22-51。

图 22-52

图 22-53

22.13　对持刀挥舞者的防御

在和一个持刀挥舞的袭击者面对面僵持的情况下，一旦他挥刀向你袭来，你要迅速地向后移步，闪开其进攻，如图 22-52 和图 22-53。在刀子划过后的一瞬间，可看到有一空当。这时，你要迅速地向前移动，并用侧踢踢击袭击者的膝后部位，将其踹倒，如图 22-54 和图 22-55。

图 22-54

图 22-55

　　注释：面对持刀的袭击者是相当令人惊恐的，除非你具有丰富的实践经验，对所发生的情况又有充分的心理准备。若有一天遇到有人用刀子捅你，而你不想在那一刻冻结的话，就应该马上开始训练。

　　注意：你一定要尽可能避免与持有凶器的人遭遇。

图 22-56

图 22-57

图 22-58

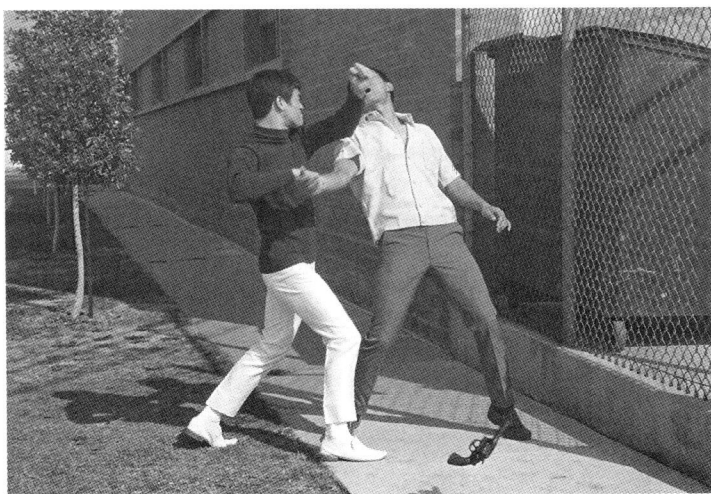

图 22-59

22.14　对持枪者的防御（迎面）

　　袭击者持手枪对准李小龙，如图 22-56。李小龙迅速地向前迈步进行反抗，他转动髋部，同时格挡并抓住了袭击者的腕部，并置身于对方火力线之外，如图 22-57。李小龙用其自由的手攻击袭击者的咽喉，然后再抓住其手腕，接着又以左手做了一个翻背拳，如图 22-58 和图 22-59。

图22-60

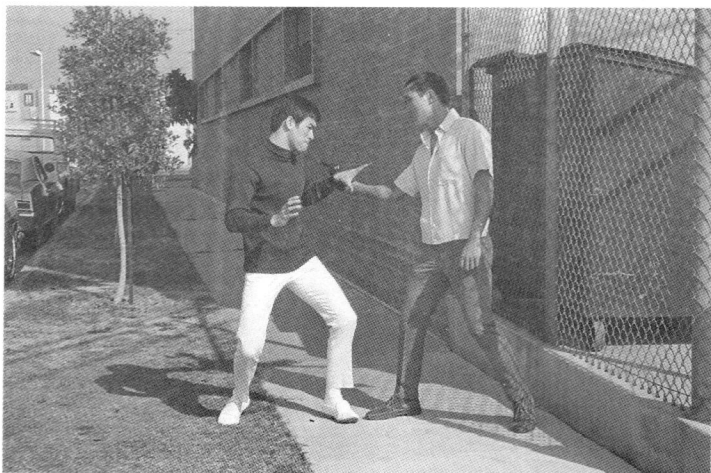

图22-61

22.15　对持枪者的防御（背后）

袭击者用手枪对准李小龙的后背，如图22-60。李小龙逆时针方向转动身体进行反击，并用其手臂挡住袭击者的手，这样就避开了袭击者的火力线，如图22-61。然后，李小龙抓住他的手腕，并用另一只手攻击其咽喉。随后又对其头部进行多次击打，如图22-62和图22-63。

图 22-62

图 22-63

　　注释：如前文所述，要从一个人手里抢夺手枪是很危险的，而且在一定的距离外也是无法把手枪夺到手的。因为在你触及袭击者之前，只有扣动扳机开枪那一瞬间的反击时间。近距离对枪是你唯一的机会，但这也是困难的，你不能犯任何错误，因为不会有第二次机会。

第23章

对多个袭击者的防御

　　在同时遭到两个或以上袭击者攻击的时候，倘若你比他们有更充分的准备，就不一定是处于劣势。虽然李小龙解释说，他在格斗中采用非正规式或"左撇子式"的姿势，因此也是依赖右腿和右手。但是要对付多个袭击者，必须娴熟地运用两腿和两手。

　　当然，对付多个袭击者的防卫比对付单人要困难得多，因为你不得不注意到所有袭击者的位置。如果被两个或多个袭击者围住，要脱身的可能性是不大的。因为袭击者合起来的力量和重量可能是你的几倍。

图 23-1

图 23-2

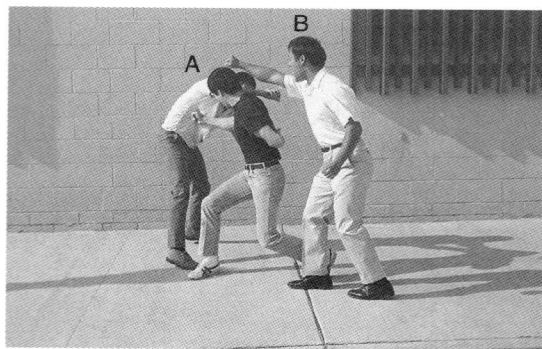

图 23-3

23.1　对前后夹击的防御

　　袭击者 A 在李小龙的身后抓住李小龙的左手，并从身后抓住他的衣服，如图 23-1。袭击者 B 向李小龙的面部打出右拳，如图 23-2。李小龙蹲下闪

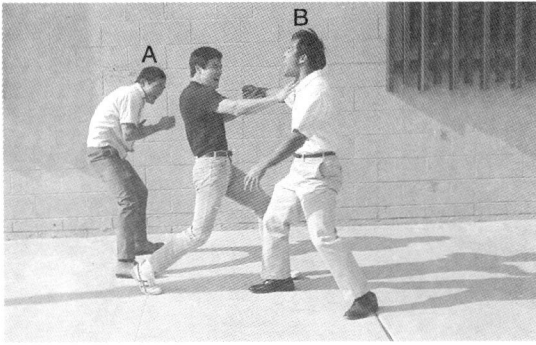

图 23-4

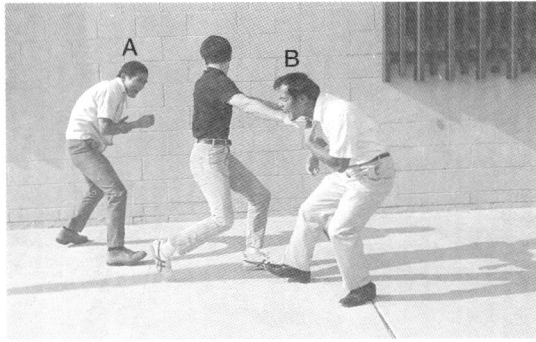

图 23-5

图 23-6

开 B 的袭击,把胳膊从 A 那里解脱出来,身向右转,用翻背拳打击 A 的肋骨,如图 23-3。然后,李小龙对准 B 的咽喉用标指戳击,再用一脚高位侧踢踢击 A,如图 23-4 至图 23-6。

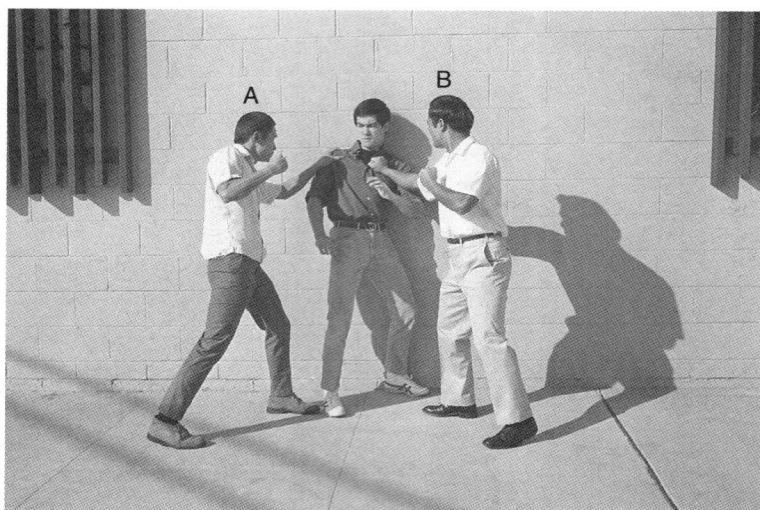

图 23-7

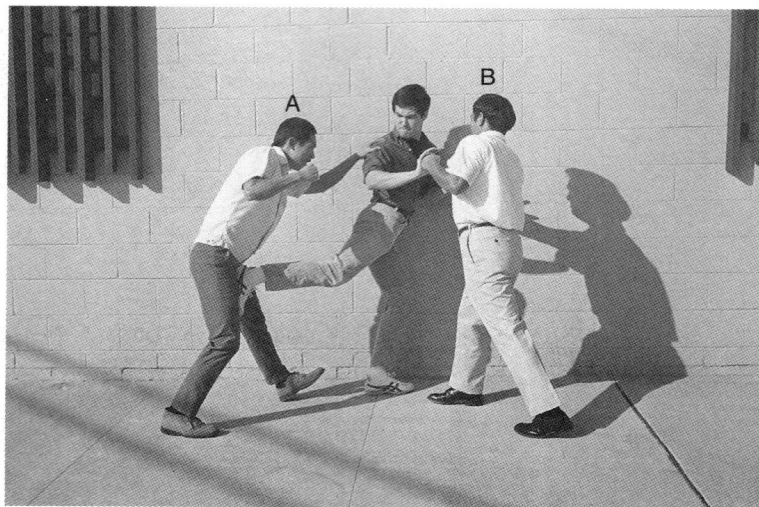

图 23-8

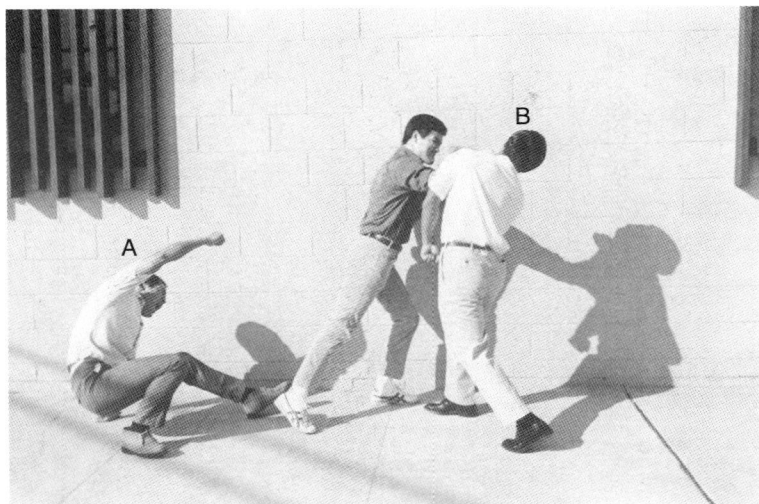

图 23-9

图 23-10

23.2　被袭击者逼靠在墙时的防御

李小龙被两个袭击者逼到墙根，如图23-7。李小龙迅速地用侧踢踢击A的裆部，并阻截住B的左直拳，如图23-8。随后，李小龙用右交叉拳攻击B，并对着其裆部就是一脚前踢，如图23-9和图23-10。

图 23-11

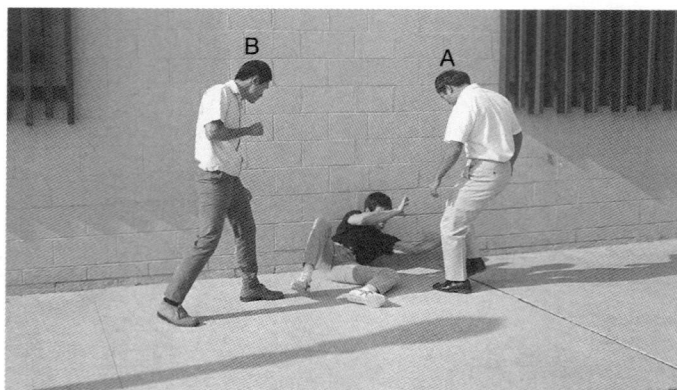

图 23-12

23.3 躺倒时对袭击者的防御

当李小龙倒在地上时，受到来自两个方向的袭击者的进攻，如图 23-11。李小龙用手截住了 A 的踢击，同时又猛然地截踢 B 的膝盖，使其跌倒在地，如图 23-12 和图 23-13。李小龙紧紧缠住 A 的脚，然后对准其裆部就是一脚，如图 23-14 和图 23-15。

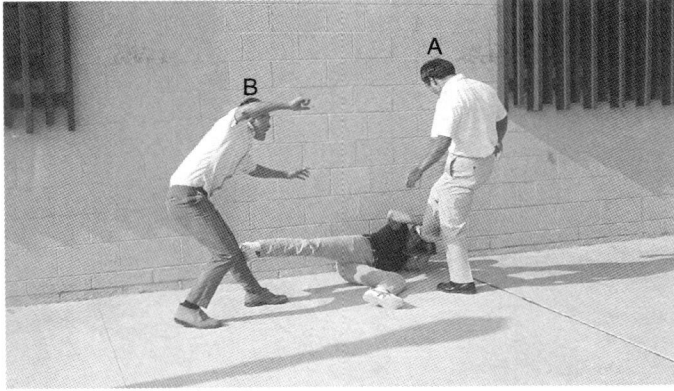

图 23-13

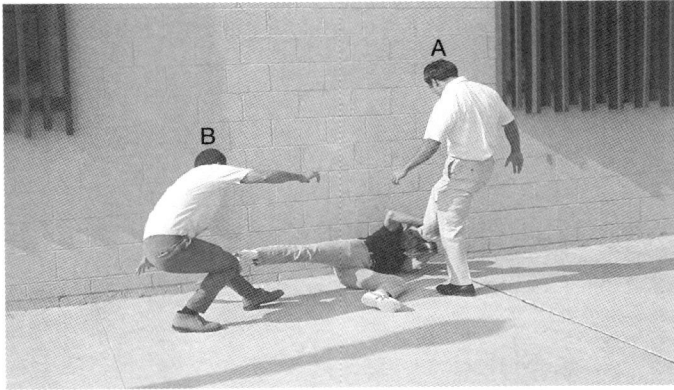

图 23-14

图 23-15

图 23-16

图 23-17

图 23-18

图 23-19

图 23-20

图 23-21

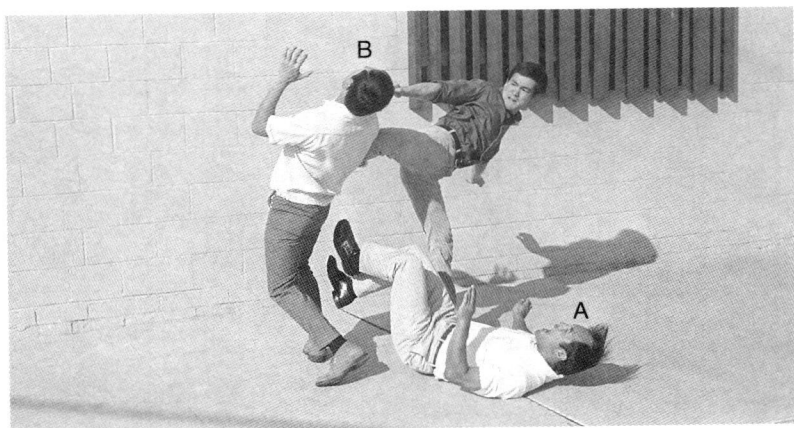

图 23-22

23.4　对伏击者的防御

　　当李小龙独自散步时，被袭击者 A 截住了，如图 23-16 和图 23-17。李小龙抓住 A 的手腕，并用手戳击其眼睛，随后又用一记勾拳击打其下颚，使 A 在他面前翻倒在地，如图 23-18 至图 23-20。当 B 过来帮助跌倒的同伴时，李小龙就用勾踢迎上去踢击他的胸部，如图 23-21 和图 23-22。

图 23-23

图 23-24

图 23-25

23.5 对身后被熊抱、前方遭攻击的防御

袭击者 A 从背后将李小龙抱住，并锁住他的双臂，袭击者 B 准备挥拳击打他，如图 23-23。李小龙用左前脚踢击乙的裆部，如图 23-24。然后，

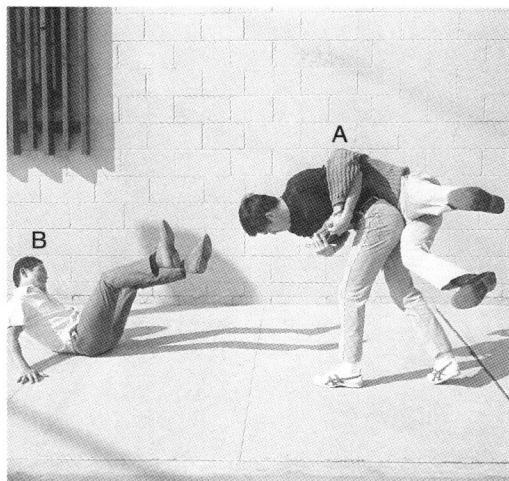
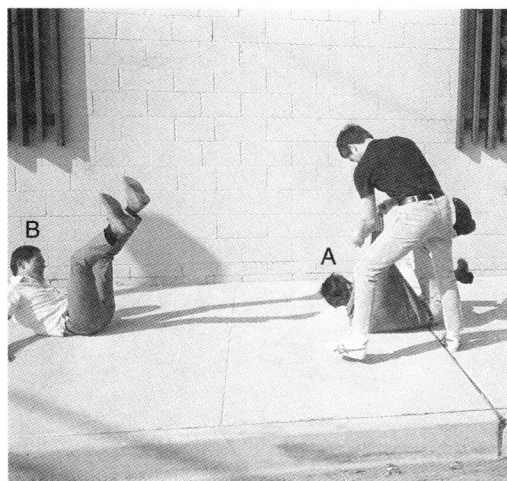

图 23-26　　　　　　　　　　　图 23-27

图 23-28

撤回左脚，抓住 A 的手臂，并转动身体将其摔倒在地，如图 23-25 和图
23-26。李小龙对 A 的面部又是一记直拳，从而结束了战斗，如图 23-27 和
图 23-28。

图23-29

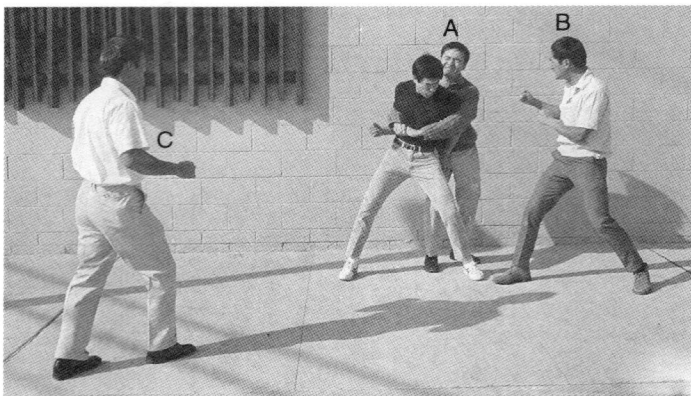

图23-30

23.6 对身后被熊抱、两人从前面攻击的防御

李小龙被袭击者A从背后抱住，袭击者B和C准备向他靠近，如图23-29。李小龙迅速地对袭击者A的小腹发出攻击，如图23-30。再用一个横扫的动作，以左手劈砍袭击者A的咽喉，并用右拳攻击袭击者B，如图23-31和图23-32。李小龙又用一脚侧踢袭击者C的胸部，从而结束了战斗，如图23-33。

图 23-31

图 23-32

图 23-33

图 23-34

图 23-35

图 23-36

图 23-37

23.7　对双臂扣肩压颈及正面攻击的防御

　　当你被袭击者A完全勒锁住，袭击者B向你扑来时，要向空中跃起，用脚踢击B的胸部，使他向后倾倒，如图23-34至图23-36。你的脚一落地，

图 23-38

图 23-39

图 23-40

身体要向前弯曲，并抬起右脚，用力蹬踩袭击者 A 的脚内侧，如图 23-37 和图 23-38。当袭击者 A 松开他抱紧的手臂时，用肘对其面部进行反击，如图 23-39 和图 23-40。

图 23-41

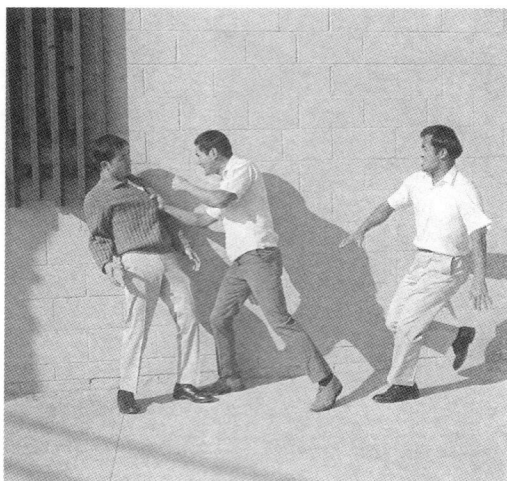

图 23-42

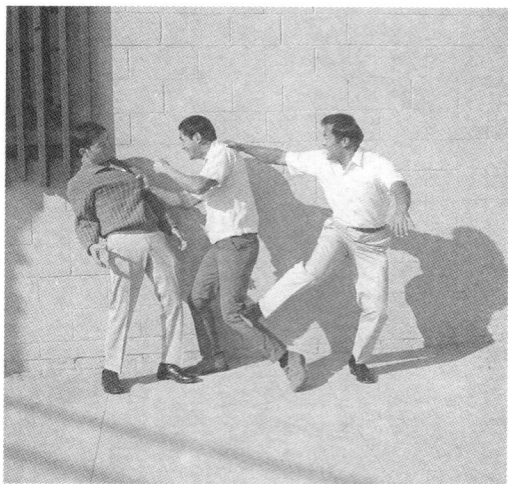

图 23-43

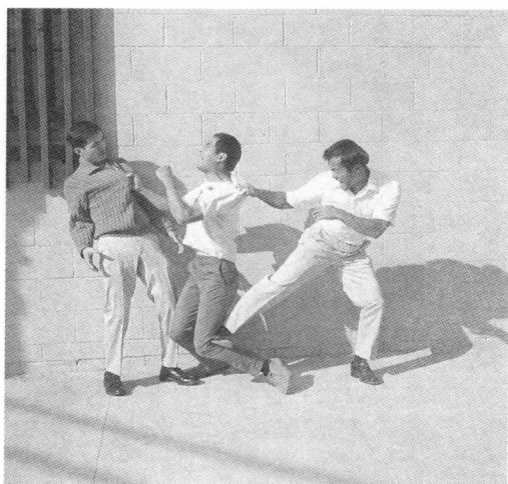

图 23-44

23.8 援助受害者或朋友

当朋友正被暴徒袭击，而暴徒并没有看见你时，你要悄悄地迅速靠近他，如图 23-41 和图 23-42，抓住暴徒的肩，对准他的膝后部位就是一脚侧踢，使其跪下，如图 23-43 至图 23-44。然后，你和朋友一起抓住他的手腕，将其擒住，并把他面朝下按在地上，如图 23-46 至图 23-48。

图 23-45

图 23-46

图 23-47

图 23-48

　　注释：当有两三个人袭击你一个人时，他们往往过于自信而粗心大意，这就增加了你的优势，因为他们这样做必然给你留下空当，这在"一对一"的格斗中通常不会出现。由于对抗多人的袭击常常是没有第二次机会的，所以在格斗中要确保你所运用的技术都能有效实施。你不必担心伤害袭击者，你必须竭尽全力地击败对手。

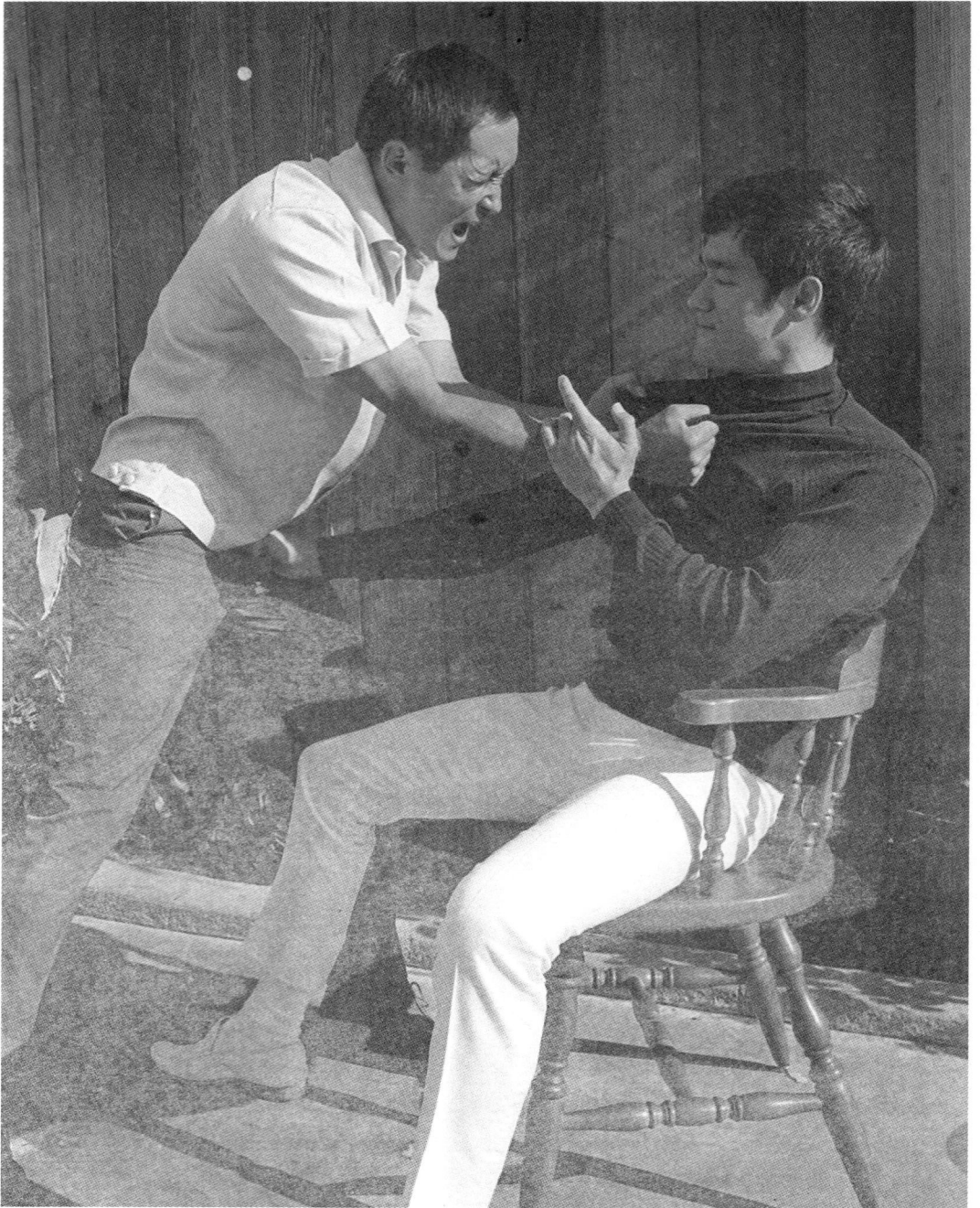

第24章

处于易受攻击位置的防御

李小龙相信攻击可以来自任何地方，即使你坐在椅子上或躺着。你可能会惊讶，当你被人骑压在背上，你必须从卧姿进行反抗搏斗。

对于李小龙来说，任何自卫都是可以的，意思是你发出的拳脚并不一定要做得那么漂亮、别致。在自卫中，抓、咬、掐等每种方法都是可行的，只要它能使你在不受伤的情况下摆脱危险的困境就算达到了目的。

图24-1　　　　　　　　　　图24-2

图24-3

24.1　坐在椅子上的防御（正面攻击一）

　　李小龙坐在椅子上，进攻者向他靠近，如图24-1。进攻者在没有警告的情况下向李小龙冲了过来，但李小龙并没有站起来，而是本能地用快速的向前刺踢攻击对方的裆部，如图24-2和图24-3。

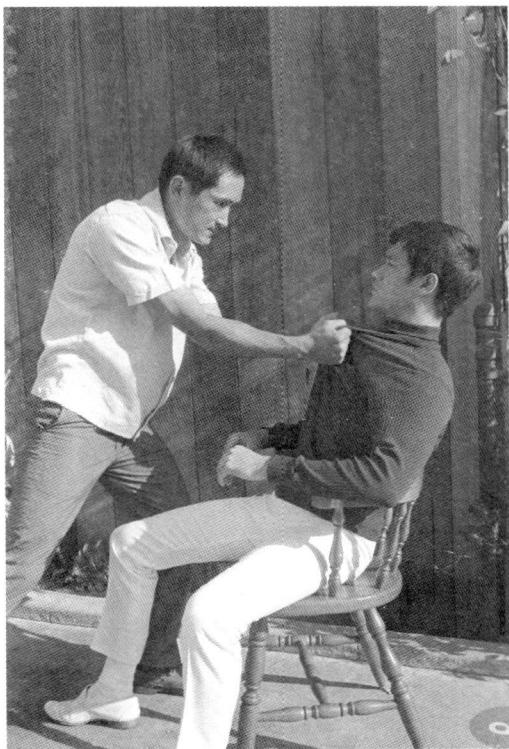 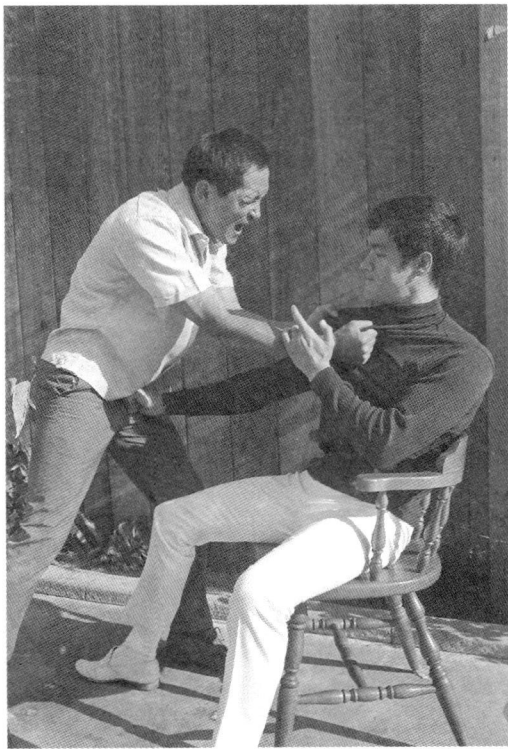

图 24-4　　　　　　　　　　　　　　　　图 24-5

24.2　坐在椅子上的防御（正面攻击二）

当李小龙坐在椅子上时，一个进攻者用两手抓住了他的衣服，使他吃了一惊，如图 24-4。李小龙迅速地进行反击，用一记右直拳打在他的裆部，如图 24-5。

注释：对付以上这些进攻，运用的反击技术一定要快速有效。因为你处于劣势，如果对动作反应得迟钝就意味着吃亏。例如，进攻者从椅子上将你推倒并擒住，你就不得不再用其他技法，那就不那么简单了，再想获取自由或制服对手就要花较长的时间。

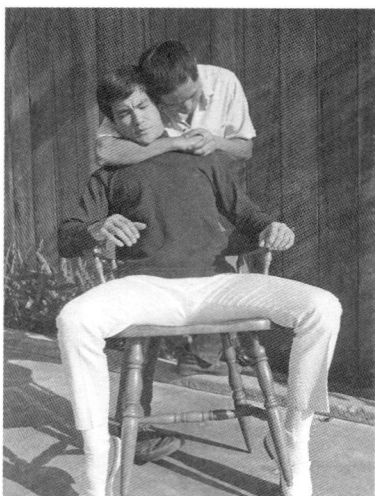
图24-6

图24-7

图24-8

24.3 坐在椅子上的防御（背后攻击）

李小龙正坐在椅子上，进攻者从背后勒锁他的头，使他吃了一惊，如图24-6。李小龙用一只手抓住进攻者的头发，用另一只手戳击进攻者的眼睛，如图24-7和图24-8。

图 24-9

图 24-10

图 24-11

图 24-12

24.4　倒地时的防御（头被勒锁）

进攻者将你按倒在地，并掐住你的头，按住了你的右手，如图 24-9。这时，你要用自由的左手抓住进攻者的耳朵，并向外拉到他被迫松手为止，如图 24-10 至图 24-12。

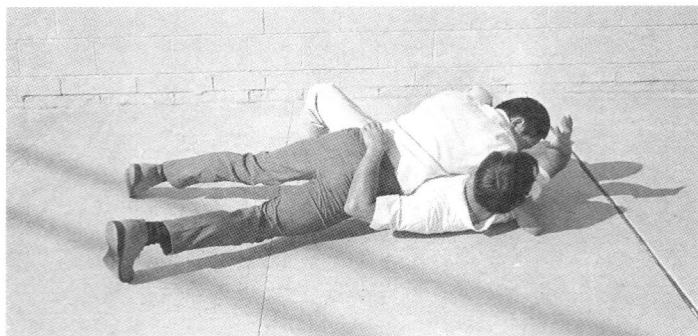

图24-13

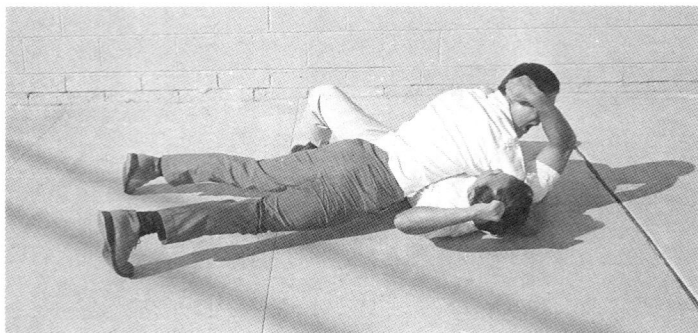

图24-14

图24-15

24.5   倒地时的防御（身体交叉）

　　虽然进攻者以与你成交叉状的姿势横压在你的身上，但你的两手是自由的，如图24-13。你除了用右手抓住进攻者的耳朵之外，还要用左肘撞击他的身体，如图24-14和图24-15。

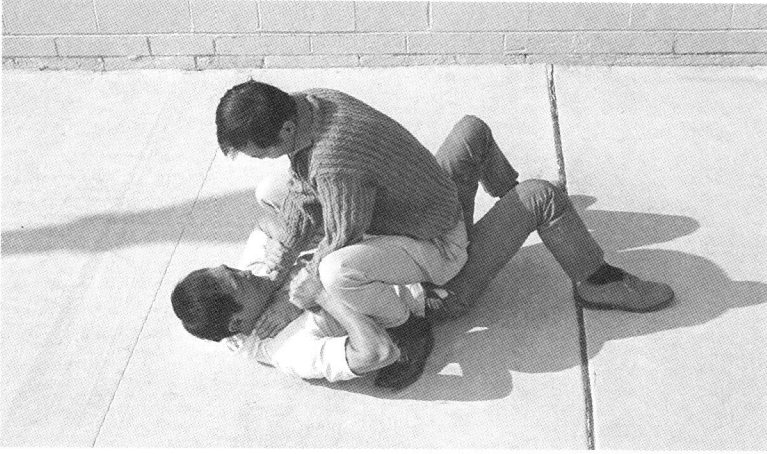

图 24-16

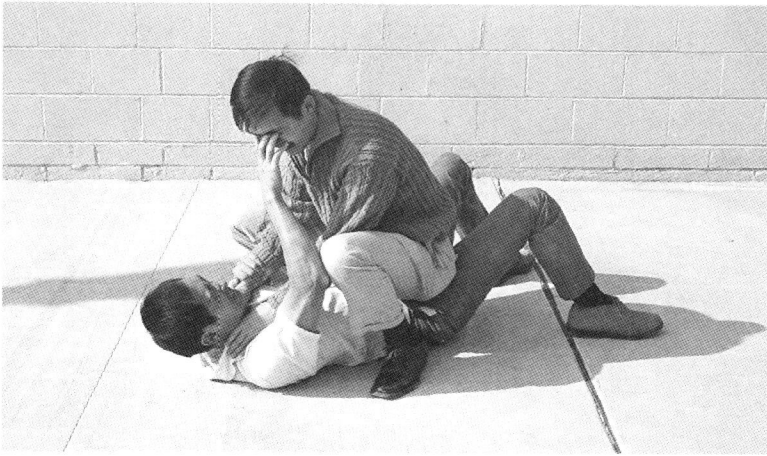

图 24-17

24.6　倒地时的防御（颈被勒掐）

你仰面倒在地上，被进攻者两脚岔开蹲坐在你的胸上，并掐住了你的咽喉，如图 24-16。你要用一只手抓住进攻者的手腕，以减轻对咽喉的压力，而用另一只手戳击进攻者的眼睛，如图 24-17。

注释：处于卧倒的位置进行自卫，要比直立时的自卫困难得多。首先，你的活动能力会降低；其次，是你的拳脚技法的运用受到了限制；第三，由于你的活动受到限制，就很容易被两个或更多的进攻者征服。

图 24-18

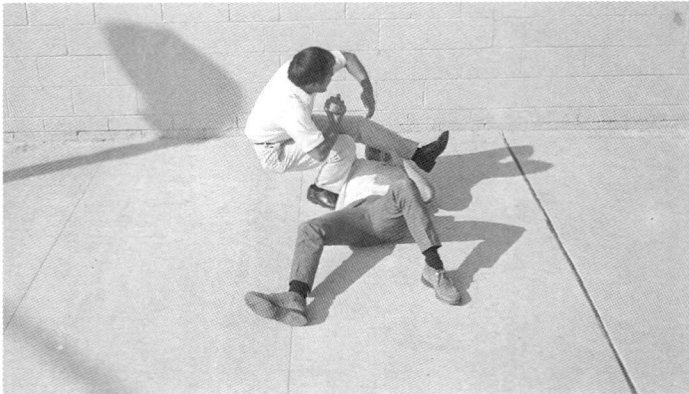

图 24-19

24.7 倒地时的防御（遭遇踩踏）

你仰面躺倒在地，进攻者的两手握住你的右腕，并企图踩踏你的胸部，如图24-18。那么你应快速地向进攻者滚动身体，将其摔倒在地，如图24-19和图24-20。然后，用你的左勾拳捶击其裆部，如图24-21和图24-22。

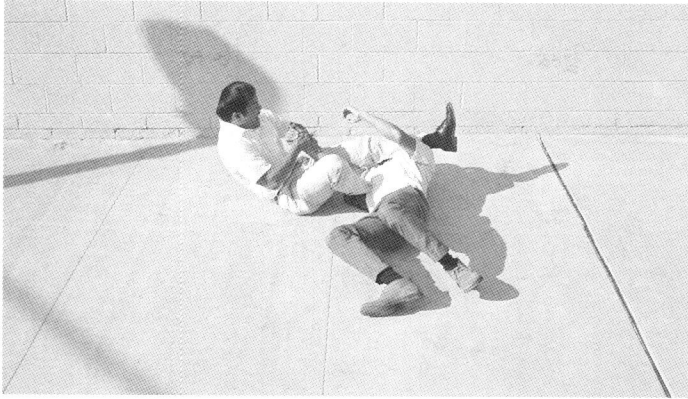

图 24-20

图 24-21

图 24-22

重要词汇

A

Abdominal muscles　腹肌

Aerobic exercises　有氧运动

Air bag　气袋

Alteration speed　转变速度

Ambush　伏击

Antagonistic tension　对抗的张力

Apparatus and equipment　装置和设备

　　air bag　气袋

　　canvas（wall）bag　帆布墙靶

　　dummy　木人桩

　　Exercycle　（室内）健身脚踏车

　　Flexibility　灵活性

　　heavy punching bag　重沙包

　　medicine ball　实心球

　　paper target　纸靶

　　punching pad　拳靶

　　rubber ball　橡皮球

　　shield　盾靶

　　skipping rope　跳绳

　　speed bag　速度球

　　staff（use of）　棍子

　　steel cylinder　钢管

　　weight training　负重训练

Arm grab　抓手臂

Attack by combination　组合攻击

Attack by drawing　诱敌攻击

Attack entering a car　上汽车前的攻击

Attack from side　来自侧面的攻击

Attack，rear and frontal　前后夹击（腹背受敌）

Attack，simple　简单攻击

attacks with kicks　腿法攻击

Awareness　意识

Axis to generate power　轴心作用产生的力量

B

Back arm lock　背后锁臂

Backfist punch　翻背拳（挂捶）

Backward burst　疾步后退

Backward shuffle　后滑步

Bad habits in sparring　对打中的坏习惯

Balance　平衡

Bear hug　熊抱

Beating　敲打

Belt hold　控制腰带

Bobbing　摇闪

Boxer　拳击手

Boxing　拳击

Bridging the distance（gap）　缩短距离（间距）

Broken rhythm 破坏节奏

C

Canvas（wall）bag　帆布墙靶

Cardiovascular system　心血管系统

Center of gravity　重心

Centerline　中心线

Chair（defense from）　椅子（坐在椅子上的防御）

Chest grab　抓胸

Chi　气

Chi sao（sticky-hands exercise）　黐手

Choke　窒息

Clapping game　合掌游戏

Classical style　传统风格

Clenching fists　紧握拳头

Climbing，stairs　爬楼梯

Close or infighting　近战或格斗中

Club　短棒

Compound attack　复合攻击

Counterattacking　反击

Counter-disengagement　反脱离

Counter-time　反击时间

Crossing feet　交叉步

Crouching attack　下蹲式攻击

Cut-off　截止

D

Decoy of false attack　佯攻诱敌

Defense against an armed assailant　对持械攻击者的防御

 club　短棒

 gun　手枪

 knife　匕首

 staff　棍子

Defense against an unarmed assailant　对徒手攻击者的防御

 crouching attack　下蹲式攻击

 full swing　抡拳

 hook punch　勾拳

 reverse punch　反手拳

 tackle　抱摔

Defense against choke holds and hugs　对锁喉和熊抱的防御

 bear hug　熊抱

 front choke　正面锁喉

 front head lock　正面锁头

 head lock　锁头

 rear stranglehold　自后勒颈

Defense against grabbing　对抓拿的防御

 arm grab　抓手臂

 back arm lock　背后锁臂

 belt hold　控制腰带

 chest grab　抓胸

 chest grab and punch　抓胸与拳打

 half nelson　单臂扣肩压颈

 high reverse wristlock　高位反扭手腕

 one-hand chest grab　单手抓胸

 reverse wristlock　反手锁腕

 shoulder grab form rear　自后抓肩

 two-hand chest grab　双手抓胸

 wrist lock　锁腕

Defense against multiple assailants 对多个攻击者的防御

 ambush　伏击

 bear hug and frontal attack　熊抱与前面

attack by combination　组合攻击

attack by drawing　诱敌攻击

Flexibility exercises　灵活性训练

Flicky kick　弹踢（轻击）

Flowing energy　流动能量

Footwork　步法

Forearm exercises　前臂练习

Forward burst（lunge）　疾步快进（刺）

Forward drop　前坠

Forward（advance）shuffle　前滑步

Front kick　前踢

Full nelson and frontal attack　从后全锁
与前面攻击

Full swing(defense against)　抢拳(反击)

G

Good from　好的起点

Gun（defense against）　枪

H

Half-beat　半拍

Half nelson（defense against）　单臂被锁
（反击）

Hand-immobilizing attack　封手攻击

Hand techniques for offense　防御手法

Head lock（defense against）　锁头

Heavy punching bag　重沙袋

High hook kick　高位勾踢

High side kick　高位侧踢

Hips（rotation of）　髋关节（转动）

Hook kick　勾踢

Hook punch（defense against）　勾拳

I

Initiation speed　启动速度

Inner gate　内门

Inside high parry　内侧高位格挡

Inside kick　内侧踢击

Inside low parry　内侧低位格挡

Intelligent fighter　聪明的斗士

Isometric exercise　静力练习

J

JKD stance　截拳道姿势

JKD delivery of punch　截拳道的出拳方
式

JKD movement　截拳道动作

Jogging　慢跑

K

Ki

Kicks　腿法

flicky　弹踢

front　前踢

high hook　高位勾踢

high side　高位侧踢

hook　勾踢

shin or knee　胫／膝关节

side　侧踢

snap　弹抖

spin　旋踢

stop-kick　阻踢

sweep　扫踢

thrust　直刺

Kinesthetic perception　运动知觉

Q

Quick advance（lunge） 快进步（刺）

Quick retreat 快撤步

R

Reaction time 反应时间

Renewed attack 重新攻击

reverse cur 反向卷曲

reverse extension 反向伸展

Reverse punch（defense against） 反手拳（防御）

Roll-and-trap maneuver 滚动与诱捕的策略

Rolling 旋转

Rubber ball 橡皮球

Running 跑步

S

Science of fighting 技击的科学

Shield 盾靶

Shin or knee kick 胫/膝关节踢

Short-long-short rhythm 短-长-短的节奏

Short-range sparring 短距离对打

Shorten the gap（distance） 缩小间距（距离）

Shoulder grab（defense against） 肩部被抓的自卫

Shuffle 拖步

Side stepping 侧步

Simple angle attack 简单角度攻击

Sit-ups 仰卧起坐

Skill in movement 移动技巧

Skipping rope 跳绳

Slipping 滑动

Snap kick 快踢（快出快收，其声如打响指）

Southpaw stance（see also unorthodox stance） 左撇子站姿（详见左侧站姿）

Sparring 对打

Speed 速度

Speed bag 速度球

Speed in kicking 踢打速度

Speed in punching 出拳速度

Speed training 速度训练

Spin kick 旋踢

Staff（defense against） 对持长棍者的防御

Staff（use of） 棍子（使用）

Steel cylinder 钢管

Step-in and step-out maneuvers 踏进和踏出的演练

Stop-hit 阻击

Stop-kick 阻踢

Stranglehold（rear，defense against） 勒颈（后方，防御）

Sweeping hand 扫手

Sweep（reverse）hook kick 扫踢（逆钩踢）

T

Tackle（defense against） 抱摔（防御）

Tactics 战术

Targets 目标

Thrust kick 刺踢

Timed hit 对抗动打

Timing 时机

Trampoline exercises 蹦床练习

Trapping of immobilizing　封手

U

Unorthodox stance（see also southpaw stance）　左侧站姿（详见左撇子站姿）
Uppercut　上勾拳

V

Vertical-fist punch　立拳击打
Vulnerable sports　易受攻击的运动

W

Warming-up exercises　热身活动练习
Weaving　摇闪
Weight-training　负重训练
Wing Chun　咏春
Winning attitude　获胜心态
Wrist lock　锁腕
Wrist lock（reverse）　反锁腕

跋

这仅仅只是一本书，却是一本深刻地影响了国际武术界及全球武术爱好者的一本书。

自20世纪70年代在美国出版以来，它曾以九种语言的版本风行世界，也是美国《黑带》出版公司几十年来一直高居畅销书榜首的李小龙截拳道经典原著。这本书，就是李小龙的弟子、《黑带》创办人水户上原编辑整理的《李小龙技击法》。

1988年2月，历经曲折，差点因为讲"打架"而导致出版夭折的这本书的第十种语言版本——中文简体字版，由于译者，现任中国截拳道国际联盟（CJIF）主席、著名武术家钟海明先生的不懈坚持，以及得益于当年出版社领导的开明，终于由人民体育出版社付梓发行。从此，这本书深刻地影响了中国武术界以及几代的中国武术散打运动员，特别是截拳道爱好者们。可以说，这本书的发行，为国内那些对李小龙和截拳道早已充满浓厚兴趣的专业的和业余的武术人士提供了不可多得的权威资料。钟海明先生亦由此成为将李小龙原本的截拳道体系推介、引入到国内的第一人。

这本书曾影响了中国散打界的很多人。中国散打王赵子龙在他16岁时得到了那本中文版《李小龙技击法》，自此，他一直随身珍藏，经常翻阅学习和研究，同时，以其专业的散打训练，结合自己对于截拳道的研修心得，逐渐形成了他自己的独特散打风格。2011年，通过那本早已翻破了封面的《李小龙技击法》的结缘，找到钟先生，并在湖南娄底潇湘职业学院，钟先生和我们俩正式接受了赵子龙的拜师。随后，他代表中国截拳道先后征战

"紫禁之巅"和"锐武"综合格斗大赛，并于2013年2月，成功加冕中国首批MMA全国93kg级冠军，夺得百万奖金。这只是围绕这部《李小龙技击法》发生的众多耐人寻味故事中的其中一个。事实上，今日中国李小龙截拳道的第一代、第二代的修行者、研究者、传播者乃至爱好者们，无不阅读过此书，无不受到其深刻影响，他们的故事，同样也精彩纷呈。

2010年，中国截拳道国际联盟举办了第二届截拳道国际导师长沙讲习会，在交流中发现，和我们一样，在来自英国的讲习会导师汤米·克鲁瑟斯的截拳道修行生涯中，《李小龙技击法》对他的影响，也曾是举足轻重，无可替代，区别仅仅是各自阅读的语言版本不同。

截止到1996年，人民体育出版社版《李小龙技击法》发行量达到近30万册，可以说创下了今日武术类单本图书发行难以企及的纪录，亦是今日图书市场上，绝大多数所谓畅销书也会为之惊叹的发行记录。遗憾的是，由于各种原因所限，到2013年，中文版《李小龙技击法》绝版至今已经是第17个年头，无疑也是全体中国截拳道人心中的一大憾事。多年来，中国截拳道国际联盟同仁曾想尽各种办法，试图获得美国版权方《李小龙技击法》的中文版正式授权，但由于版权复杂，机缘交错，一直未能如愿。

让人钦敬的是，北京后浪出版公司的出版人，凭借他们专业人士的独具慧眼和特有渠道，以长达七年的坚持，在今年终于成功的拿到了《李小龙技击法》的中文版权，并决定与中国截拳道国际联盟合作，以2008年出版的精装完全版《李小龙技击法》为蓝本，通过多轮次的原中文译稿再修订，按照中文精装版标准，以崭新的面貌，再次面向全国隆重出版发行。可以预见，此书必将在中国图书市场上，在中国武术人之中重演洛阳纸贵的发行盛况，进而再次掀起新一轮李小龙截拳道的修习和研读热潮。

《李小龙技击法》是一部图文并茂，通过科学细致的连续技术图解，为您展示截拳道技击原理及其技战术细节的教学参考书，是一部由一代宗师李小龙亲自带领他的两大亲传弟子丹·伊鲁山度、黄锦铭演示截拳道技击法的世界级的武术经典专著。鉴于此书在李小龙早期截拳道体系介绍方面的专业性和不可替代性，中国截拳道国际联盟决定将此书列为联盟和旗下截拳道道馆及其修行者们的指定教材，并向全国读者们热烈推荐。

　　这只是一本书，但《李小龙技击法》是一本值得您珍藏，并一读再读的经典专书。

郝　钢　朱建华

2013年6月于古城长沙岳麓山下

注：两位作者分别为中国截拳道国际联盟的共同主席和秘书长

译后记

二十世纪八十年代初，我有缘因翻译李小龙的原著《李小龙技击法》而开始逐步了解和认识李小龙。回想当年把《李小龙技击法》一书和截拳道引入中国之事，乃是三十多年前一段令人十分感慨的往事。

1980年我在北邮院念研究生时，由于多年习武的经历被泄露后，时常有前来切磋的习武者和希望拜师及学拳者来访。其中一位非洲留学生引起了我的注意，他在当时十分"特殊化"的留学生小院的帐篷中吊起了沙袋等各类器械，墙上挂了一幅相貌十分英俊的中国人的巨幅照片，这给我的视觉带来了强烈的冲击。走进他的宿舍，满墙都是这位英俊武生的练功照和杂志画版，我第一次从这位留学生的口中了解到这就是Bruce Lee——李小龙。从这位非洲男孩的神情和言语中透射出对这位中国人的无比敬佩。他告诉我，"世界上他知道的中国人只有两个，一位是毛泽东，另一位就是Bruce Lee（李小龙），甚至后者的知名度还会高于前者。"对于我们从毛泽东那个年代走过来的人来说，这一比喻确实太让我震惊了。然而，那时李小龙这位世界武坛巨星离我们而去已有七八年了，而国人却对这位让外国人彻底改变"中国人东亚病夫"形象的伟人还一无所知，这实在太可悲了。

究竟是什么让世界各地无数的外国人对这位年轻的中国人佩服得五体投地呢？我与他达成了默契，我指导他一些练功的技法。他把珍藏的全套练功教材《李小龙技击法》（四册）借给我一阅。

我一气读完了四册全书。对于仅看过老版武术书和五六十年代体育类书籍的我来说，真可谓是耳目一新，该书从基本功、拳法、腿法、步法到组合实用和实战技巧，都十分系统而实用，是一部实战武技的经典之作。

于是，我译写了该书的简介，又将全书复印件一起送到同住在楼下的国家体委副主任、中国武协主席徐才同志手上，并介绍了该书的背景情况，希望能由人民体育出版社来出。然而，当时还处于改革开放初期的出版社竟然认为"这是本介绍打架的书"，担心在社会上容易给青少年带来不良影响，需要慎重考虑，一拖便是两三年。

由于当时正值读研，研究课题任务很紧，为早日完成译稿，便邀请即将出国担任驻外武官的好友徐海潮联手翻译，最后再由我来统稿。历时半年多译稿终于脱稿了，我再次将书稿送到了出版社。然而，审稿一拖便是四年多。由于此前从来没有翻译出版过英文的搏击对抗类书籍，甚至也无同类的中文书籍借鉴。于是在名词术语和动作过程的描述上也时有分歧。仅仅书名一项，最终排除了"李小龙武打技法"和李小龙实战技法"等众议，坚持了《李小龙技击法》的译名。对其中截拳道相当于"门户"的基本动作（on guard position）一词，坚持定为警戒式，而非"预备式"、"戒备式"等。屈指一算，在出版社众多编辑和编审的共同努力下，从1982年交稿到1988年正式出版竟然用了近六年的时间。

此后，《李小龙技击法》一直是出版社的一本专业畅销书，发行达数十万之多，然而至加入国际版权组织后就停止出版了。二十多年来，虽然关于李小龙和截拳道的书出了不少，但多数是习练者抄来抄去的多，其中也不乏"职业"抄手以此谋生。若出于对广大爱好者和习练者负责的话，还是应当让广大初习者能多看到一些原始的东西，系统地去学习和了解李小龙及其所创立的截拳道的武道哲学和技法。

此次，后浪出版公司历经艰难，在吴兴元总经理的坚持和努力下，终于正式引进了该书的中文出版权。在这次重新出版的过程中得到了各方面的大力支持和协助，年轻一代的截拳道传播者史旭光参与了新版第16章（由黄锦铭撰文）和前言（由李香凝撰文）、索引的翻译。由于新版《李小龙技击法》增补了一些内容，责编王頔也对新版全文作了详细认真的校审工作。无疑，新版中文《李小龙技击法》能赶在李小龙逝世40周年之际发行，将对李小龙及截拳道在全球华人中的传播再次起到极大的推动作用。

钟海明
2013年6月于武医书院

出版后记

李小龙是战无不胜的功夫之王，是万人景仰的武学宗师，他在武术上的成就震古烁今，堪为后世所有习武者之楷模。然而他却在32岁时猝然离世，留下了无数惋惜与悲叹，也让他独创的截拳道训练和技击体系从此失传于世间。

李小龙生前曾计划出版一本截拳道专著，他系统地拍摄了一些动作示范照片，并为之增写说明文字，但书的出版却因为种种原因而搁置。1966年至1976年，李小龙遗孀琳达女士和《黑带》杂志原主编水户上原根据李小龙生前拍摄的动作照片和手稿，终于将本书整理出版以飨读者，也了却了李小龙的生前夙愿。作为李小龙最经典的武学名著，本书一经出版，就在全球武术爱好者中掀起了畅销风暴。本着要将李小龙武学经典带回国内的心情，我们经过数年的努力，终于获得了本书的正式中文授权，进而有机会让这部截拳道经典教材呈现在中国读者面前。

本版解决了中文旧版图片和文字分离、图片清晰度低、印刷质量不高等问题，力求将一代功夫之王的技击艺术完美再现于读者面前。感谢译者钟海明、徐海潮先生为本书出版付出的辛劳，他们精准的翻译和细致的修订让本版增色不少。截拳道传播者史旭光先生也参与了新版的部分翻译（第16章、前言、重要词汇）和校对工作，特此感谢。除已出版的《生活的艺术家》《李小龙技击法》之外，我们还将引进出版李小龙其他经典原著，敬请期待。

服务热线：133-6631-2326　　188-1142-1266

服务信箱：reader@hinabook.com

后浪出版咨询（北京）有限责任公司

2013年7月

图书在版编目（CIP）数据

李小龙技击法 / 李小龙著；（美）水户上原编；钟海明，徐海潮译. ‒‒北京：
北京联合出版公司，2013.7
ISBN 978-7-5502-1651-8

Ⅰ. ①李…　Ⅱ. ①李…②水…③钟…④徐…　Ⅲ. ①技击（体育）—中国　Ⅳ. ①G852.4

中国版本图书馆 CIP 数据核字（2013）第 145681 号

李小龙技击法（全新完整版）

作　　者：李小龙
编辑整理：水户上原
译　　者：钟海明　徐海潮
选题策划：后浪出版咨询（北京）有限责任公司
出版统筹：吴兴元
特约编辑：王　頔　史旭光
责任编辑：刘　凯
封面设计：王碧娴
版面设计：王雨薇
营销推广：ONEBOOK
装帧制造：墨白空间

北京联合出版公司出版
（北京市西城区德外大街83号楼9层　100088）
北京盛兰兄弟印刷装订有限公司印刷　新华书店经销
字数491千字　720毫米×1030毫米　1/16　32.5印张
2013年10月第1版　2014年5月第2次印刷
ISBN 978-7-5502-1651-8
定价：128.00元（精装）

生活的艺术家

著　　者：李小龙

编辑整理：约翰·里特

译　　者：刘军平

书　　号：978-7-5502-1350-0

字　　数：180千

出版时间：2013年4月

定　　价：32.00

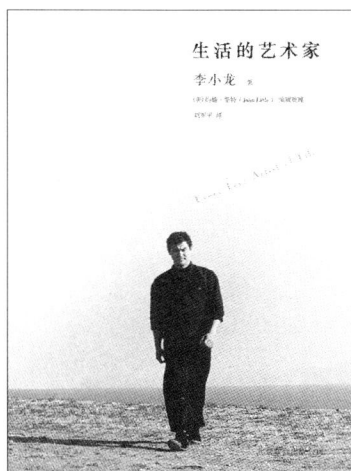

李小龙传世遗作震撼面世　梁文道《开卷八分钟》诚意推荐

他是战无不胜的功夫之王，

却深谙玄妙的东方哲学，用无为的道家思想诠释功夫的真谛。

他是叱咤风云的好莱坞巨星，

却厌倦浮华喧嚣的名利场，在宁静的自我思省中探求人生的真理。

翻开本书，你会遇见一个不一样的李小龙。

西方人对李小龙的认识，是已经把他抬到一个哲学家的地步了。

——梁文道《开卷八分钟》

在这里，小龙剥掉了他内心灵魂的层层外衣，向世界展示他的真我。

——琳达·李·卡德维尔，李小龙夫人

李小龙是许多人的偶像，其最伟大之处在于他激励着千百万年轻人追随他的足迹。

——施瓦辛格

叶准教咏春：木人桩法

作　　者：叶准、梁家锠、陈振良
书　　号：978-7-5502-0958-9
字　　数：161 千
出版时间：2012 年 9 月
定　　价：35.00 元

你是否想学咏春却苦于无师可从？
一代宗师叶问长子叶准开坛授课
亲身示范最正宗叶问系咏春拳法
以叶问《116 式木人桩法》为蓝本全新升级
咏春叶问木人桩绝技重现江湖！

本书特点

1. 咏春泰斗 80 年武学心得倾囊相授　字字珠玑不容错过
2. 700 余张清晰彩图逐步示范　一招一式尽收眼底
3. 30 余个重难点精讲实练　复杂动作轻松掌握
4. 独家揭秘叶问经典木人桩范本弥足珍贵

著者简价

　　叶准：咏春宗师叶问长子，家学渊源。在叶问去世之后，子承父业，致力于向海外推广咏春拳。叶问 1972 年去世后，他继承父业，致力于向海外推广咏春拳术。叶准在香港咏春体育会、沙田大会堂、香港城市大学、科技大学、佛山科技学院设点授徒。目前，叶准及其门徒在世界 60 多个国家组织有咏春拳会近 3000 家。因在世界武术推广的卓越贡献，叶准还获得美国奥委会的嘉奖。